buch

Autoren

Anne Bühring
Thidavadee Camsong
Chong Ja Chon-Sung
Angelika Ilies
Reinhardt Hess
Martina Kittler
Bikash und Marcela Kumar
Roland Marske
Veronika Müller
Petra Räther
Cornelia Schinharl
Marlisa Szwillus
Kim Lan Thai
Liu Zihua

Einführungstexte:
Reinhardt Hess

Unser Wokbuch Nr. 1

GU

Einführung

Inhalt

Rezepte

Trotz der Verschiedenheit der asiatischen Küchen ist aus den meisten ein Universalkochgerät nicht wegzudenken: Der Wok, der vor etwa 3000 Jahren in China erfunden wurde. Wok bedeutet im Kantonesischen einfach Topf. In seiner ursprünglichen Form ist er eine halbkugelige Pfanne aus Eisenblech mit ein oder zwei Griffen. Diese Wokform taugt aber nur für chinesische Kochstellen, die ein Loch enthalten, in das der halbrunde Boden des Topfes genau hineinpasst und die Hitze des Brennmaterials nahezu verlustfrei aufnimmt.

Eigentlich sind Topf und Herd aus einer Not heraus entstanden, denn Brennmaterial war in China rar und teuer. Deshalb wurde darüber nachgedacht, wie Gemüse, Fleisch und Fisch rasch zu garen sind. Erst kam die Erkenntnis, dass zerkleinerte Zutaten schneller gar sind als große Stücke. Dann, dass man zum raschen Garen eine bestimmte Technik anwenden muss, sonst wird ein Teil des Gargutes schwarz, während der Rest noch roh ist. Dies lässt sich verhindern, indem man die klein geschnittenen Zutaten in sehr heißem Öl ständig umwendet, sodass sie von allen Seiten gleichmäßig im Öl braten können. Dazu wäre eine Pfanne, wie wir sie kennen, nicht zu gebrauchen, beim Wenden würden die Zutaten eher aus der Pfanne hüpfen als braten. Aber an den hochgezogenen halbrunden Wänden eines Woks lässt sich mit einer Bratschaufel das Gargut aus dem heißen Öl heben und umwenden, ohne dass es aus dem Topf fällt. Diese Garmethode, die mit »Pfannenrühren« übersetzt werden kann, heißt auf Chinesisch »chao« (Sie finden auf den Speisenkarten meist die englische Schreibweise »chow«).
Dieses rasche Braten bei starker Hitze mit relativ wenig Öl wäre nicht zum »Renner« geworden, wenn es nur den Vorteil gehabt hätte, Energie zu sparen. Genauso wichtig ist das Geschmackserlebnis, denn durch das scharfe Braten bilden sich köstliche Röstaromen, Fleisch erhält eine knusprige Kruste, Gemüse bewahrt im Kern seinen Biss und seinen natürlichen Geschmack, wie es mit keiner anderen Gartechnik zu erzielen wäre. Dank der kurzen Zubereitungszeit werden auch Vitamine und Vitalstoffe kaum zerstört. Also eine höchst moderne Gartechnik.

Ein echter chinesischer Wok ist nur für spezielle Öfen geeignet, in die der halbrunde Topfboden eingesetzt werden kann und die mit Holzkohle eine sehr starke Hitze entwickeln.

Kein Wunder, dass sich Gerät und Garmethode über ganz Asien ausbreiteten – in Nordchina heißt der Wok »Guo«, in Indien wird er »Karai« genannt und die Indonesier sagen »Kuali« oder »Wajan« dazu. Aber auch nach Amerika und Europa brachten Chinesen ihren Wok. Da westlichen Haushalten die geeignete Kochstelle meist fehlt, veränderten sich Form und Material des Ur-Woks. Am ehesten lässt er sich auf Gasherden einsetzen, hierfür gibt es Standringe, in die sich halbkugelige Woks einsetzen lassen. Allerdings ist hier die Hitzeverteilung anders als beim Kohleherd: Gasflammen bilden eine ringförmige Hitzequelle, sodass der untere Bereich der Wokwand stärker erhitzt wird als der Boden. Deshalb braucht man mehr Öl und muss das Gargut ständig an der heißen Wandung entlang führen.

Auch für Elektrokochplatten gibt es eine Lösung: Woks, deren Boden flach ist und die auf allen normalen Herden verwendet werden können. Sie sind aus Gusseisen, Edelstahl oder Aluminium, unversiegelt, email- oder antihaftbeschichtet und haben meist einen gut leitenden Boden. Ihre Wandung ist nicht so kugelig gerundet und sie speichern mehr Hitze, reagieren nicht so schnell auf die Veränderung der Hitzezufuhr, sodass das Pfannenrühren eher zu einem Braten und Schmoren gerät.

Multi-Talent

Egal, welchen Wok Sie benutzen, er eignet sich noch für viele andere Garmethoden. Eigentlich gibt es kaum einen Kochvorgang, für den man den Wok nicht verwenden könnte. Durch seine Form eignet er sich gut zum Frittieren – Sie benötigen wenig Fett oder Öl, und die ausladende Rundung verhindert, dass heißes Fett den Herd verschmutzt. Bei vielen Woks gehört ein Metallgitter zur Grundausstattung. Auf ihm kann das ausgebackene Gargut abtropfen und wird dabei noch warm gehalten.

Dass die Woks auch zum Schmoren geeignet sind, versteht sich von selbst. Dabei aber nur kleine Mengen portionsweise scharf anbraten, herausheben und dann erst die nächste Partie braten. Zum Schluss alles vereinen und zugedeckt bei schwacher Hitze schmoren. Diese Methode ist übrigens auch in der klassischen chinesischen Küche sehr beliebt, vor allem für das Garen von durchwachsenen, sehnigen Fleischstücken wie Haxe, Wade oder Beinfleisch, die durch das lange Garen bei sehr schwacher Hitze eine fast geleeartige Sauce ergeben.

Auch für das in Asien beliebte Dämpfen, also Garen über kochendem Wasser, ist der Wok ideal. In China werden hübsche Dämpfkörbchen aus Bambus verwendet, die es auch bei uns in Asienläden gibt. Der geflochtene Deckel nimmt – im Gegensatz zu einem Deckel aus Metall oder Glas – den aufsteigenden Dampf auf, sodass keine Feuchtigkeit auf das zu garende Gericht tropft. So gelingen zarte Zutaten wie Fisch oder Meeresfrüchte perfekt und aromatisch.

Versuchen Sie nicht, asiatische Gerichte in größeren Mengen als angegeben zuzubereiten. Bereiten Sie für eine größere Runde immer mehrere Gerichte zu, die Sie nacheinander servieren, oder halten Sie die Speisen im Ofen warm. Da nur die Vorbereitung länger dauert, die Zubereitung aber nur wenige Minuten, ist auch eine größere Gästeschar leicht zu bewirten.

Wenn jetzt vor allem von der chinesischen Küche die Rede war, liegt das daran, dass sie zu einer der ältesten der Welt gehört und andere Küchen Asiens beeinflusst hat. In keinem anderen Land wurde schon immer so viel über die Zubereitung und das Essen nachgedacht wie in China. Während bei Kaisern und Aristokraten die reiche Auswahl an Zutaten und Speisen im Vordergrund stand, waren es beim Volk Hunger und Mühsal, die die Küche prägten. Mit Fantasie wurden aus einfachen Zutaten köstliche Gerichte gezaubert. Wenn Sie asiatisch kochen, sollten Sie daran denken, dass das Essen nicht nur Genuss, sondern viel mehr ist. Eine gute Mahlzeit bedeutet Leben, zugleich auch Gesundheit und Glück, denn nur wer gut essen kann, schützt seinen Körper vor Krankheiten und erhält ihm seine Leistungskraft. Deshalb ist es in der asiatischen Küche stets wichtig, alle Sinne zu erfreuen, um Körper und Geist bei Gesundheit zu erhalten.

Zugegeben, bei vielen chinesischen Restaurants ist es schwierig, dies nachzuvollziehen. Nicht weil es schwierig wäre, die Zutaten zu bekommen, denn die meisten erhalten Sie in Asienabteilungen von Supermärkten und Kaufhäusern, sondern weil viele Köche nicht alte Traditionen pflegen und eine euro-amerikanisch-asiatische Küche praktizieren. Aber mit etwas gutem Willen ist es gar nicht schwierig, die faszinierenden Gerichte dieses Buches nachzukochen.

Chinas Küchen

Im Land der Mitte gibt es viele Regionen mit unterschiedlichen Landschaften und Produkten, sodass man nicht von *einer* Küche sprechen kann. Vier große Stile gibt es, die sich durch bestimmte Rezepte und Zutaten unterscheiden lassen. Im Süden herrscht die Kanton-Küche der Provinz Guangdong und von Hongkong vor. Ackerbau und die Nähe zum Meer prägen den Kochstil, der sich früh im Westen etablieren konnte. Gedämpfte Teigtaschen (Dim Sum) und Schweinefleisch in süßsaurer Sauce sind typisch für diese Region.

Bekannt ist auch die Küche der westlichen Provinz Sichuan, die oft scharf, würzig und aromatisch ist. Hier wird besonders gern mit Chillies und Sichuanpfeffer gewürzt, viele der Gerichte sind interessant, aber mit einfachen Zutaten zu bereiten.

Die klassische Küche findet man in Chinas Norden mit der Hauptstadt Peking. Mongolische Nomaden führten die Vorliebe für Lammfleisch ein, die Staatsbediensteten aus den reichen südlichen Provinzen brachten ihre Köche mit, sodass sich hier eine raffinierte Palastküche entwickeln konnte, die auch exotische Zutaten schätzte. Am bekanntesten ist sicherlich die Peking-Ente, doch heute sind die Gerichte meist einfacher, Produkte aus Weizen ersetzen den Reis, gedämpfte Brötchen, Nudeln und Teigtaschen sind beliebt.

Die Huaiyang-Küche ist bei uns recht wenig bekannt, sie entstand im unteren Bereich des Jangtse-Flusses und profitierte vom Anbau von Reis und Gemüse sowie vom Fang von Fischen und Meeresfrüchten, die bis zum Hof von Peking transportiert wurden. Die Köche verwenden hier eine besonders große Sorgfalt auf die absolute Frische und das sorgfältige Schneiden der Zutaten, das Garen im Wok muss schnell und aromaschonend geschehen. Andere Huaiyang-Gerichte werden dagegen bei schwacher Hitze lange gedämpft oder geschmort, die sonst allgegenwärtige Sojasauce wird weniger häufig verwendet als in anderen Gebieten.

Schon vor Tausenden von Jahren ließen sich Chinesen auf den Inseln von Indonesien nieder, brachten ihre Kochkunst und ihren Wok mit. Die meisten Zubereitungen und Gerichte ähneln dort daher der chinesischen Küche, nur werden viel mehr scharfe Gewürze, vor allem frische Chillies, für Currys verwendet. Diese Currygerichte und die Vorliebe für viele Gewürze haben die Indonesier wiederum von den Indern übernommen. Doch während die Inder in ihrem Karai (Wok) gerne mit Jogurt schmoren, verwendet man in Indonesien reichlich Kokosmilch aus frischen Kokosraspeln.

Auch in Thailand, vor allem im Süden, liebt man cremige Currygerichte mit Kokosmilch. Und hier gilt – wie in China – dass eine Mahlzeit eine ausgewogene Vielfalt von Geschmack und Konsistenz bieten soll, also dass zu scharfen Gerichten milde serviert werden, zu knusprigen weiche und flüssige. Auch Zutaten und Farben sollen ein möglichst abwechslungsreiches Bild bieten. Allerdings sind viele Thais Buddhisten, dürfen also selbst keine Tiere töten. So findet man in der thailändischen Küche sehr viele fleischlose Gerichte.

Das Spektrum der indischen Küche ist vielleicht am größten. Im Norden spielt die Mogulenküche, von Mongolen türkischer Herkunft eingeführt, eine wichtige Rolle und begeistert mit aufwändigen Fleisch- und Geflügelgerichten, die mit Jogurt, Mandeln, Pistazien und Safran zubereitet werden. Andererseits hat sich bei Hindus und Buddhisten, die kein Fleisch essen, eine köstliche vegetarische Küche entwickelt, wie sie vielfältiger und abwechslungsreicher kaum sein könnte. Für Inder ist die Nahrung gleichzeitig Medizin, das Essen soll den Menschen zu körperlicher und geistiger Harmonie verhelfen und die Entstehung von Krankheiten verhindern. Deshalb werden, nach altem Wissen um die Heilkraft von Lebensmitteln und Gewürzen, diese beim täglichen Kochen sorgfältig zusammengestellt. Die reichlich verwendeten aromatischen und scharfen Gewürze sollen die Energie im Körper aktivieren und ihn entgiften.

Ob in der Garküche im Freien, im Restaurant oder zu hause – der Wok spielt in allen asiatischen Küchen die wichtigste Rolle.

Ein Grundprinzip aller asiatischen Küchen ist es, die Produkte so frisch wie möglich zu verwenden. Dazu gibt es eine ganze Reihe von altüberlieferten Regeln, wie mit den Zutaten umzugehen ist. Besonders die klassische chinesische Kochkunst kennt für jedes Nahrungsmittel ganz besonders geeignete Zubereitungsarten. Und für jede Garmethode gibt es eine dem Produkt angemessene Zerteilungsart. Deshalb dauert die Ausbildung von anerkannten Köchen (leider bei unseren China-Restaurants selten zu finden) viele Jahre.

Die Vorbereitung

Weil die am häufigsten angewandte Garmethode im Wok, das »Pfannenrühren«, sehr rasch geht, müssen vorher alle Zutaten bereitgestellt und hergerichtet sein. Fleisch und Fisch werden oft zerkleinert und in eine Marinade eingelegt, um sie zart und würzig zu machen – beginnen Sie mit dieser Arbeit.

Gemüse muss klein geschnitten werden, damit es beim Pfannenrühren in kurzer Zeit gar ist – das ist der nächste Schritt. Das Gemüse wird nach Sorten getrennt in Schüsseln gegeben und mit Folie abgedeckt kühl gestellt. So lässt es sich auch einige Zeit aufbewahren. Schließlich werden Brühen und Saucen zum Aufgießen fertig gestellt und die Geräte bereitgelegt. Dann kann die Zubereitung beginnen.

Zum Zerkleinern nimmt man in China die typischen Küchenbeile (siehe Seite 14), doch Sie können auch Ihre vorhanden Messer benutzen. Grundregel: Form und Schnitt der Hauptzutat bestimmen auch Form und Schnitt der übrigen Zutaten. Wird Rindfleisch für ein Gericht in feine Streifen zerteilt, werden auch Zwiebeln und Gemüse in Streifen geschnitten. Ist die Hauptzutat, zum Beispiel Schweine- oder Hühnerfleisch, in Würfel geschnitten, werden auch die Gemüsezutaten gewürfelt. Von dieser Regel gibt es natürlich viele Ausnahmen, aber als Anhaltspunkt ist sie ganz nützlich. Wichtigste Ausnahme: Werden mehrere Zutaten mit unterschiedlichen Garzeiten gleichzeitig in den Wok gegeben, so müssen diejenigen, die am schnellsten gar sind, besonders groß, die mit der

Die Vorbereitungen sind das Wichtigste in der schnellen Wokküche. Die Zubereitung dauert meist nur Minuten.

längsten Gardauer besonders klein geschnitten werden. Die meisten Formen, die die asiatischen Köche für Fleisch und Gemüse verwenden, sind auch in der westlichen Küche bekannt. Allerdings wird viel sorgfältiger und geduldiger gearbeitet, damit das fertige Gericht auch ansprechend aussieht. Vor allem Chinesen schneiden die Zutaten natürlich auch so zurecht, dass sie leicht mit Stäbchen zu essen sind. Kleine Würfelchen sind dafür weniger geeignet als längliche, streichholzähnliche Streifen.

Scheibchenweise

Fleisch (vor allem Innereien), Fisch und Gemüse werden oft in Scheiben geschnitten. Dabei gilt unsere klassische Methode, das Fleisch quer zur Faser zu schneiden, in China nur für Rindfleisch, weil es sehr fest ist und beim Garen nicht zerfällt.

Schweine- oder Geflügelfleisch dagegen wird, da es viel weicher ist, für längere Garvorgänge vorwiegend längs zur Faser geschnitten, damit es sich nicht zu einem faserigen Brei auflöst. Zum Pfannenrühren sollten die Scheiben hauchdünn sein, zum längeren Schmoren werden sie dicker geschnitten.

Gemüse, Fleisch oder Fisch in Stäbchen oder Streifen zu teilen ist ganz einfach. Schneiden Sie die Zutaten erst in gleichmäßig dicke oder dünne Scheiben, legen Sie mehrere davon aufeinander und teilen Sie diesen Block in gleichdicke Streifen. Stäbchen sollten etwa 1 cm dick und 4 cm lang sein, Streifen etwa die Dicke und Größe von Streichhölzern haben.

In Stücken

Schneidet man die Streifen noch quer durch, so erhält man Würfel. Die kleinsten sind etwa 1 mm groß, die größten etwa halb so groß wie ein Stück Würfelzucker. Auf diese Größe wird auch Fleisch (Schweine- oder Geflügelfleisch) gebracht, wenn es rasch im Wok pfannengerührt wird.

Heißt es bei der Zubereitung, Zutaten sollen gehackt werden, so geschieht das in Asien mit einem schweren Messer, nie mit einem elektrischen Blitzhacker. Das fertig Gehackte soll dann in etwa reiskorngroße Stücke zerteilt sein. Sollen Fleisch oder andere Zutaten sehr fein gehackt werden, so müssen sie zum Schluss wie durch den Fleischwolf gedreht aussehen – obwohl in China nie ein Fleischwolf verwendet wird, weil er den Saft aus dem Fleisch presst. Längliche Gemüsesorten wie Möhren und Gurken werden gerne dreieckig geschnitten. Dazu das Gemüse schälen, Gurken längs halbieren und entkernen. Nun quer ein Stück sehr schräg abschneiden, den nächsten Schnitt an der Ecke ansetzen und wieder schräg schneiden – so erhalten Sie gleichmäßige Dreiecke.

Einkerben

Bestimmte Zutaten, zum Beispiel Nieren, Fische oder Tintenfischtuben, werden in dichtem Abstand eingekerbt. Solche Stücke nehmen eine Marinade gut auf und sind schnell gar, weil die Hitze und das Öl die Stücke gleichmäßig durchdringen kann. Außerdem sehen sie natürlich auch sehr schön aus. Werden Tintenfische noch in etwa dominosteingroße Rechtecke geschnitten, rollen sie sich beim Braten ein und sehen dann aus wie Tannenzapfen. Möhren werden gern der Länge nach rundum fein eingekerbt und dann quer dazu in dünne Scheiben geschnitten, die dann wie kleine Blütensterne aussehen. Sie werden vorwiegend zum Garnieren verwendet.

Den Wok, ursprünglich aus gehämmertem Eisenblech hergestellt, gibt es inzwischen aus den unterschiedlichsten Materialien und in verschiedenen Formen. Traditionelle Woks finden Sie in gut sortierten Asienläden, sie sind aber nur für gas- oder kohlenbeheizte Herde geeignet.

Wok modern

Woks für Elektroherde müssen einen flachen Boden haben, damit sie die Hitze der Platte aufnehmen. Dabei ist es wichtig, dass der heiße Wokboden auf der Herdplatte plan aufliegt. Bei guten Woks wird das dadurch erzielt, dass der Boden in kaltem Zustand leicht zum Topf hin eingewölbt ist. Durch die Ausdehnung beim Erwärmen wird er dann völlig eben. Billige Woks aus gezogenem Aluminium biegen sich dagegen auf der Herdplatte nach außen und sitzen nur noch in der Mitte auf – Sie erkennen das daran, dass der Wok sich leicht drehen lässt. Damit wird viel Energie verschwendet und der Topf wird nicht richtig heiß. Bessere und teurere Woks haben einen Sandwichboden, der aus mehreren gut wärmeleitenden Schichten aufgebaut ist und der auch bei starkem Erhitzen fest auf der Herdplatte aufliegt.

Während bei den klassischen Eisenwoks die Wärmeleitung nicht so wichtig ist, weil die Hitze des Brennmaterials über den gesamten Boden einwirkt, ist sie beim »Woken« auf dem Elektroherd von großer Bedeutung. Das Material, das am besten Hitze weiterleitet, ist Kupfer. Doch Kupfer bildet mit Säuren giftige Stoffe, sodass Kupfertöpfe innen immer mit Zinn oder Edelstahl versiegelt sein müssen. Solche Woks sehen zwar auf dem Tisch edel aus, sind aber extrem teuer.

An zweiter Stelle steht Aluminium, das fast so gut die Hitze weitergibt wie Kupfer. Woks aus Aluminium gibt es in zwei Ausführungen. Für die sehr preiswerte Version wird eine Aluminiumplatte durch starken Druck halbkugelig geformt. Dadurch sind Boden und Wände unterschiedlich dick und der Boden kann nie richtig eben sein. Alublech-Woks eignen sich nur zum Garen auf dem Gasherd. Die teuren Woks aus diesem Material werden gegossen, das heißt, Aluminium wird geschmolzen und mit starkem Druck in Formen gepresst. Diese Woks sind sehr gut wärmeleitend, halten gut die Hitze, sind sehr stabil und robust und trotz ihrer Größe leicht zu handhaben. Sie sind auf jedem Herd einzusetzen und gut sauber zu halten. Mit einer Antihaftbeschichtung benötigen sie beim Pfannenrühren wenig Öl oder Fett. Allerdings ist die Beschichtung empfindlich gegen scharfkantiges Rührwerkzeug – für beschichtete Woks nur Wokschaufeln oder Rührlöffel aus Holz oder Bambus verwenden, sonst ist schnell die Oberfläche beschädigt. Ein weiterer Nachteil bei den Aluguss-Woks ist ihre Form: Sie können nicht so halbkugelig ausgeformt werden wie die echten Woks, sodass für das Pfannenrühren und -wenden zwei Rührspatel verwendet werden müssen.

Woks aus Edelstahl haben (fast) immer einen Sandwichboden aus gut leitenden Materialien, da Edelstahl selbst kein guter Hitzeleiter ist. Also wird ein solcher Wok praktisch nur am Boden heiß, was beim Pfannenrühren kein Nachteil ist. Allerdings sind auch diese Töpfe eher breit ausladende Schmortöpfe als echte Woks, in denen sich das Gargut herumwirbeln ließe. Das gilt auch für Eisen-Woks mit einer Innenbeschichtung aus Email, die jedoch sehr robust und auch durch scharfkantige Rührwerkzeuge kaum zu zerstören ist.

Am schwersten sind die Woks aus Gusseisen, preiswert und aus einem Stück geformt. Bei ihnen ist der Boden nachträglich flach gefräst, sodass sie auf Elektroherden eingesetzt werden können. Ihr Nachteil ist nicht nur ihr Gewicht, sondern auch ihre Trägheit. Sie benötigen endlos lange, bis sie die fürs Pfannenrühren notwendige hohe Temperatur erreicht haben. Besser geeignet sind sie für längere Garvorgänge, also für unser klassisches Schmoren bei kleiner Hitze. Aber wer vom Garen im Wok begeistert ist, hat sicher bald eine ganze Sammlung von unterschiedlichen Töpfen in der Küche.

Ein Deckel

Obwohl zum Pfannenrühren kein Deckel benötigt wird, ist bei den meisten Woks einer dabei. Das macht sie auch zum Kochen und Schmoren geeignet. Asiatische Woks haben einen leichten Deckel, der nicht dicht schließt, aber zum Dämpfen ausreicht. Europäische Töpfe werden mit stabileren Deckeln aus Edelstahl oder hitzefestem Glas ausgeliefert, sodass sie für alle Garmethoden geeignet sind. Glasdeckel haben noch den Vorteil, dass bei ihnen der Garprozess beobachtet werden kann.

Wichtigste Gargeräte sind der Wok und der Dämpfkorb aus Bambus, den es in verschiedenen Größen gibt.

Dämpfkörbchen

Das Garen im Dampf ist in China eine beliebte Methode, um Fisch und Meeresfrüchte zuzubereiten. Dafür gibt es Bambuskörbchen mit einem Rost aus Bambusstäbchen und einem geflochtenen Deckel. Die hübschen, handgearbeiteten Körbe gibt es in verschiedenen Größen in Asiengeschäften und sind perfekt dem Verwendungszweck angepasst: Bambus liefert ein hartes, dampfunempfindliches Holz, das sich in der Hitze nicht verzieht, der Deckel nimmt die aufsteigende Feuchtigkeit auf und leitet sie nach außen weiter, sodass kein Wasser auf das Gargut tropft. Um damit zu garen, wird etwa 3 cm hoch Wasser in den Wok gefüllt und zum Kochen gebracht, dann das gefüllte und verschlossene Körbchen so hineingesetzt, dass es vom Dampf durchströmt wird, dabei darf der Boden nicht vom kochenden Wasser benetzt werden. Beim Dämpfen ab und zu nach dem Wasserstand sehen.

Welchen Stellenwert das Kochen in Asien hat, erkennt man an den speziellen Geräten, die zum Garen mit dem Wok entwickelt wurden und die es bei uns in guten Haushaltsgeschäften und in Asienläden gibt.

Messerscharf

Das Zerteilen der Zutaten vor dem Garen spielt in Asien eine viel wichtigere Rolle als bei uns, deshalb sind die dort gebräuchlichen Messer nicht nur anders geformt, sondern meist auch schärfer als die bei uns üblichen. Am berühmtesten sind die Schneidegeräte aus japanischen Schmieden, die eine perfekte Verbindung von Material, Form und Verwendungszweck darstellen. Das eher wie ein Küchenbeil aussehende Gemüsemesser hat zum Beispiel eine sehr dünne, flach angeschliffene und sehr scharfe Klinge, mit der selbst weiches und empfindliches Gemüse glatt zerschnitten und nicht gequetscht wird. Mit der breiten Schneide lässt sich das klein geschnittene Gemüse gut aufnehmen und in eine Schüssel oder den Wok befördern. Die Klingen werden oft aus unterschiedlichen Stählen aufgebaut, wobei der Kern aus hoch gehärtetem Kohlenstoffstahl besteht, der mit einem weicheren, meist rostfreien Stahl verschmiedet wird. Kohlenstoffstahl ist wesentlich härter als rostfreier Edelstahl, sodass diese Klingen wirklich messerscharf sind. Sie sollten nur auf einem nassen, feinkörnigen Wetzstein abgezogen werden, damit sie ihre Schärfe behalten. »Moderne« Messer sind aus Molybdän-Vanadium-Stahl gefertigt und auch sehr scharf. Sie sollten öfter mit einem Wetzstahl nachgeschärft werden.

Neben dem Gemüsemesser gibt es das Kochmesser, dessen schwere, breite Klinge mit gebogener Schneide spitz zuläuft, so ist es für fast alle Zerteil- und Zerkleinerungsarbeiten geeignet. Fisch- und Fleischmesser haben eine schmale Klinge und laufen sehr spitz zu, sodass damit Fisch filetiert und Fleisch ausgebeint werden kann.

Chinesische Köche verwenden mit Vorliebe und großem Geschick regelrechte Küchenbeile mit großer, rechteckiger Klinge aus Stahl, mit der sie Gemüse in feinste zierliche Streifen schneiden und auch ein Huhn samt Knochen zerteilen können. Meist wird aber zwischen leichterem »Schneidbeil« fürs Feine und schwererem »Hackbeil« fürs Grobe unterschieden. Mit der flachen Seite des Hackbeils wird auch Fleisch geklopft oder Knoblauch zerdrückt. Auch diese Schneidgeräte sind durch ihre große Klinge bestens geeignet, die zerkleinerten Zutaten aufzunehmen und in Gefäße oder in den Wok zu befördern. Solche Küchenbeile erfordern eine entsprechende Unterlage zum Schneiden, deshalb gehört ein massiver Hackblock aus Hartholz dazu, der mindestens 35 cm im Durchmesser und 10 cm dick sein sollte. Und natürlich auf einer soliden Unterlage rutschfest ruhen muss.

Mörser & Stößel

Über die kleinen Mörser, die in unseren Küchen stehen, können Asiaten nur lächeln. Sie verwenden große Gefäße aus Ton oder Stein mit riesigen Holzstößeln, um getrocknete Gewürze mehlfein zu zerreiben oder aus Knoblauch, frischen Chilischoten und Ingwer eine Currypaste zu stampfen, mit der die Gerichte gewürzt und gebunden werden. Zum Zerkleinern von Gewürzkörnern eignet sich ein Apotheken-Mörser, aber für die Zubereitung von Currypasten ist nur ein stabiler, schmaler und hoher Mörser aus dem Asienladen geeignet. Diese Pasten lassen sich zwar auch im Blitzhacker oder Mixer zubereiten, allerdings ist ihre Konsistenz dann anders. Durch das kräftige und gründliche Zerstampfen verbinden sich die Zutaten innig zu einer cremigen Masse, die beim Garen völlig verkocht, während bei einem Püree aus dem Blitzhacker immer Stücke verbleiben.

Drehen & Wenden

Bei Wok-Sets ist meist ein einfacher Bambusspatel zum Wenden dabei. Speziell zum Pfannenrühren gibt es Wokschaufeln aus Metall, die Sie in Haushaltsgeschäften oder Asienläden bekommen. Diese Schaufeln sind vorn so abgerundet, dass sie sich genau an die Wokwandung anschmiegen. Metallgeräte sind aber nicht für antihaftbeschichtete Woks geeignet, sie würden die Oberfläche rasch beschädigen! Für solche Töpfe müssen Sie spezielle hitzefeste Kunststoff-Kochlöffel verwenden oder zwei Bambusspatel einsetzen, denn mit einem lässt sich der Wokinhalt schlecht wenden.

Sehr praktisch sind die aus Draht geflochtenen Siebschöpfer mit einem langen Griff aus Bambusholz. Mit ihnen lässt sich das Gargut aus kochendem Wasser oder heißem Fett beim Frittieren leicht herausheben und gleichzeitig abtropfen, was der asiatischen Mentalität, für einen Vorgang nicht zwei verschiedene Küchenwerkzeuge zu verwenden, sehr entgegenkommt. Diese kunstvoll gearbeiteten Siebschöpfer finden Sie am ehesten in Asienläden. Außer den größeren Sieben gibt es noch kleine Portionssiebchen, die für den Feuertopf gedacht sind, bei dem Fleisch und Gemüse am Tisch in Brühe gegart werden.

Das untere Essstäbchen ruht fest in der Mulde des Daumens.

Das obere wird mit Daumen, Zeige- und Mittelfinger gehalten.

Mit Stäbchen

Außer den kleinen Stäbchen, mit denen in China und Japan gegessen wird, gibt es noch große, die am Ende mit einer Schlaufe verbunden sind. Sie werden in Asien zum Rühren und Wenden von größeren Stücken im Wok und beim Frittieren verwendet, allerdings setzt der Umgang mit ihnen – wie auch mit den Essstäbchen – etwas Übung voraus. Die richtige Art, mit Stäbchen umzugehen: Zuerst ein Stäbchen in die Kuhle zwischen Daumen und Zeigefinger legen und mit den Spitzen von Ring- und kleinem Finger festhalten. Dieses Stäbchen dient als Gegenlager und wird nicht bewegt. Mit den Fingerspitzen von Daumen, Zeige- und Mittelfinger wird dann das zweite Stäbchen gepackt und kann jetzt hin und her bewegt werden. Wie mit einer Zange lassen sich so die Stücke aufnehmen und zum Mund führen. Auch wenn Ihnen das am Anfang recht mühsam erscheinen mag, das Essen mit Stäbchen ist nur die logische Fortsetzung aller chinesischen Schneide- und Gartechniken. Und das Essen macht mehr Spaß.

Asiaten haben eine große Achtung vor der Natur und ihren Gaben. Darum gehen sie besonders sorgfältig an die Vorbereitung der Zutaten und ihre Zubereitung, wobei oft tausendjährige Regeln beachtet werden. Die Grundregel, die auch wir beherzigen können, ist, die Zutaten so frisch wie möglich zu verwenden. Asiaten kaufen Gemüse, Obst, Fleisch und Fisch erst kurz vorm Kochen ein, was wir für viele Wokrezepte nicht so leicht nachvollziehen können, denn manche Spezialitäten gibt es nur in Fachabteilungen oder Asienläden. Aber die meisten Zutaten lassen sich auch bei uns leicht besorgen.

Fleisch & Fisch

Besonders in China wird das Schweinefleisch geschätzt, aber nicht die mageren, sondern die fetten Stücke. Auch Schweinsfüße, Schinken, Speck und Schwarten sind beliebte Delikatessen. An zweiter Stelle steht das Huhn, allerdings keines aus der Massentierhaltung, sondern aus bäuerlicher Aufzucht. Da der Geschmack vieler Geflügelgerichte allein von der Qualität des Fleisches abhängt, sollten Sie frische Freilandhühner bevorzugen. Auch Enten, Tauben und Puten sind beliebt. Soweit das Schlachten von Kühen nicht aus religiösen Gründen verboten ist, wird auch gerne Rindfleisch gegessen. Aber das Fleisch von älteren Rindern, die vielleicht vorher Pflug oder Wagen ziehen mussten, ist ziemlich zäh. Aber klein geschnitten und vor dem Pfannenrühren mariniert, gerät auch ein hartes, sehniges Stück zu einer zarten Köstlichkeit. Kaufen Sie abgehangenes, marmoriertes (also von feinen Fettadern durchzogenes) Fleisch aus der Hinterkeule oder der Schulter. Lammfleisch wird in vielen Regionen Asiens geschätzt. Bei vielen Rezepten kann Rindfleisch durch Lamm ersetzt werden, wobei fürs Pfannenrühren die zarten Stücke aus Keule oder Rücken geeignet sind, fürs Schmoren die durchwachsenen Teile aus der Schulter oder vom Hals.

Alle Küchen Asiens haben eine besondere Vorliebe für Fisch und Meeresfrüchte. Voraussetzung ist aber, dass er absolut frisch ist. Auch fern der Küste, zum Beispiel im Inneren Chinas, spielen Fischgerichte eine große Rolle, allerdings aus Süßwasserfischen wie Karpfen, Zander, Flussbarsch, Hecht und Forelle. Ein im Ganzen gedämpfter oder gebratener Fisch gilt hier als Festessen. In Stücke geschnittene Fischfilets werden meist erst in sehr heißem Öl knusprig gebraten und dann nur kurz mit würzenden Zutaten pfannengerührt. In anderen

Markt in Asien

Regionen wie in Thailand, das durch seine lange Küste gut mit Meeresfischen versorgt ist, wird Fisch vorzugsweise in scharf-würzigen Saucen gegart, die mit Fischsauce gewürzt werden.

Gemüsefamilien

Asiatische Märkte bieten eine Fülle an Gemüsesorten, von denen einige auch bei uns gut bekannt sind, wie Möhren, Kürbis, Auberginen, Lauchzwiebeln und Blumenkohl, andere wie frische Bambussprossen, Bittergurken oder Lotuswurzeln wird man selten bei uns finden.

Die gewichtigen Köpfe des Chinakohls gehören in Nordchina zum wichtigsten Wintergemüse, sind aber auch bei uns fast das ganze Jahr über erhältlich. Die Blätter können fein geschnitten als Salat angemacht oder ganz kurz im Wok gebraten werden. Dafür die äußeren Blätter ablösen, der restliche Kopf wird in Folie eingewickelt und hält sich im Gemüsefach zwei bis drei Tage. Der chinesische Senfkohl Pak choi oder Paksoi sieht unserem Mangold recht ähnlich und wird wie Chinakohl verwendet. Vom chinesischen Brokkoli (Kai-Lan) werden vor allem die fleischigen Stängel und die jungen Blätter gegessen. Ähnlich im Aussehen und in der Verwendung ist der Choisum (Tsoisum), ein Kohl, der auch in Westafrika und in Südamerika geschätzt ist.

Wurzel & Spross

Möhren kennt man, Yamwurzeln eher nicht. Sie werden wie Kartoffeln zubereitet (und können durch diese ersetzt werden). Rettich ist in Asien eine wichtige Gemüseart und auch bei uns leicht zu bekommen – die lang gestreckten, weißen Wurzeln auf unseren Märkten sind Daikon-Rettiche. Japanische Rüben (Kabu) ähneln unseren runden Mairübchen (Navets), schmecken nur etwas schärfer. Frische Bambussprossen findet man selten bei uns, aber es gibt sie ja in fast jedem Supermarkt in Dosen. Lotuswurzeln gehören in Asien zu den beliebten, aber teuren Spezialitäten. Bei uns sind die von dekorativen Löchern durchzogenen Wurzeln fast nur in Dosen erhältlich.

In Asien, besonders in Japan und China, schätzt man das Aroma frischer Pilze in vielen Wokgerichten, vor allem die Zuchtpilze Shiitake (chinesisch »Tongku«) und die dekorativen Reisstrohpilze, die bei uns fast nur in Dosen zu finden sind. Die Shiitake, die auf Buchenholz gut zu züchten sind, gehören schon fast zum Standardangebot guter Gemüsegeschäfte. Sie sind würzig und äußerst gesund, stärken die Körperabwehr gegen Krebserkrankungen. Damit die wertvollen Inhaltsstoffe nicht zerstört werden, sollten Shiitake nur kurz und nicht zu stark erhitzt werden. Nur getrocknet gibt es bei uns die Mu-Err-Pilze, auch Wolkenohrpilze oder chinesische Morcheln genannt. Sie müssen etwa 30 Minuten in warmem Wasser eingeweicht werden.

Hülsenfrüchte

Vor allem die Sojabohne wird in Asien viel verwendet. Einmal als leckere Hülsenfrucht, die wie Erbsen zubereitet werden kann, die aber auch zur Ölgewinnung und zur Herstellung von Tofu benötigt wird. »Sojasprossen« werden meist aus Mungobohnen gezogen. Alle Hülsenfrüchte enthalten viel Eiweiß und werden deshalb in der vegetarischen Küche, vor allem in Indien, sehr geschätzt. Die indischen Dals sind geschälte Erbsen, Bohnen oder Linsen, die zu jedem Essen dazugehören.

Was wäre eine Wokküche ohne Kräuter und Gewürze. Zum Glück gibt es eine ganze Reihe von Austernsauce bis Zitronengras in Asienläden und Spezialgeschäften.

Frisches Grün

Koriandergrün (Cilantro), für viele Gerichte unentbehrlich, lässt sich leicht selbst ziehen. Unbehandelte Korianderkörner (Reformhaus, Bioladen) in Blumenerde aussähen und fingerhoch mit Erde bestreuen. Anfeuchten und mit Folie abgedeckt keimen lassen. Bald können die ersten Blättchen geerntet werden. Auch Schnittknoblauch (chinesischer Schnittlauch) lässt sich aus Samen ziehen. Schwierig ist der Eigenanbau der Thai-Basilikum-Arten, die viel Wärme zum Wachsen benötigen. Die lustig geformten Kaffir-Limettenblätter gibt es nur in Asienläden, ebenso frische Zitronengrasstängel. Beide verlieren beim Trocknen ihr feines Aroma.

Saucen & Pasten

Am bekanntesten ist Sojasauce, die zum Kochen und zum Nachwürzen am Tisch genommen wird. Es gibt eine ganze Reihe unterschiedlicher Geschmacksrichtungen, wobei chinesische Saucen salzig-herb und leicht bitter sind, japanische salzig-würzig, thailändische und indonesische (Ketjap Benteng) eher süßlich. Chinesische gibt es als dunkle (sehr kräftig), als mittelbraune für jeden Zweck und als helle für Gerichte, deren Farbe nicht überdeckt werden soll. Kaufen Sie stets die besten – billige werden oft durch chemischen Aufschluss statt durch Fermentation hergestellt und können schädliche Stoffe enthalten.

Hoisinsauce ist eine braunrote Würzsauce mit süß-pikantem Aroma, die gern mit anderen Saucen gemischt als Dip serviert wird. Austernsauce und Fischsauce werden vor allem in der chinesischen und thailändischen Küche viel verwendet. Beides sind braune Saucen, die weniger nach Fisch schmecken als ihr Name vermuten lässt. Chilisaucen gibt es in mehreren Varianten, zum Kochen und als Tischwürze. Nehmen Sie asiatische, die europäischen sind meist zu süß und mild.

Sambal Oelek heißt die chilischarfe, rote Würzpaste aus Indonesien, die es in fast jedem Supermarkt gibt. Sie kann statt frischer Chillies mitgekocht werden, wird aber vorwiegend zum Nachwürzen am Tisch gereicht.

Bohnenpasten gibt es in verschiedenen Farben und Geschmacksrichtungen von mild-salzig über scharf-salzig bis zu süß. Sie werden zum Würzen und Abschmecken verwendet. Schwarze Bohnen gibt es auch fermentiert und in Salz eingelegt, sie werden kurz abgespült und in einer Sauce mitgegart, um ihr ein spezielles Aroma zu geben.

Miso ist eine aromatische Sojabohnenpaste aus Japan, die es dunkel (Mugi-Miso) und heller (Aka-Miso) gibt. Miso soll die Abwehrkräfte des Körpers stärken und wird als Suppenwürze verwendet, darf aber nicht kochen.

Garnelenpaste (Trassi oder Blachan) wird in Thailand und Indonesien oft verwendet. Es gibt sie als Paste oder als festere kleine Blöcke, die vor der Verwendung geröstet werden. Sparsam verwenden, die Paste würzt sehr intensiv.

Würzkörner

In Asien ist die reichliche Verwendung von Gewürzen ganz alltäglich. Neben Pfeffer- und Korianderkörnern werden viel die Kernchen des grünen Kardamoms verwendet, die eine süß-aromatische, angenehme Würze geben. Kaufen Sie ganze Kapseln und lösen Sie die Kerne selbst aus, für fertiges Kardamompulver werden auch die weniger würzigen Schalen mit vermahlen.

Kreuzkümmel (Cumin, Mutterkümmel) ist nicht mit unserem Kümmel zu verwechseln, sondern hat ein exotisches Aroma, das sich beim Braten verändert. In Nordindien bevorzugt man den schwarzen Kreuzkümmel, der kleinere Samen bildet und anders schmeckt. Schwarzkümmel (Nigella) ist der Samen eines Hahnenfußgewächses, schmeckt etwas bitter-aromatisch und wird für indische Gemüsegerichte und zum Bestreuen türkischer Fladenbrote genommen. Ähnlich wie Kreuzkümmel sieht auch der Ajowan (Caromsamen) aus. In Indien ist er ein beliebtes Gewürz für pikante Gerichte (erst in etwas Fett anbraten, sonst schmeckt er bitter).

Senfsaat kennen wir als hellgelbe Körner, kleiner und schärfer sind die Samen vom schwarzen Senf und die dunkelbraunen Körner des indischen Sareptasenfs, die in Fett kurz angeröstet werden. Die gelben eckigen Samen des Bockshornklees (griechischer Heusamen) sind steinhart und werden ebenfalls erst leicht angeröstet, sonst sind sie bitter. Einfach mitkochen, sie lösen sich auf. Gemahlen sind sie in fast jeder Currymischung enthalten. Auch die getrockneten Blätter des Bockshornklees findet man in Asiengeschäften (Methi, Fenugrec), sie werden zuletzt über indische Gerichte gestreut und verströmen einen feinen, appetitanregenden Duft.

Das Angebot an Zutaten und Gewürzen in Asienläden ist fast unüberschaubar – lassen Sie sich Zeit zum Stöbern.

Das kann man von Asafötida (Asant, Hing, Teufelsdreck) nicht behaupten, dieses Harz aus dem Wurzelstock einer Riesenfenchelart stinkt unangenehm und schmeckt widerlich, wenn man es roh probiert. Wird es aber (in kleinsten Mengen) in heißem Öl angebraten, gibt es ein angenehmes Aroma nach Zwiebeln und Knoblauch.

Gewürzmischungen

Zwei Mischungen werden oft verwendet: Das pikante chinesische Fünf-Gewürze-Pulver aus gemahlenen schwarzen Pfefferkörnern, Sternanis, Fenchelsamen, Nelken und Zimt sowie das eher milde Garam Masala aus Nordindien, das aus Kreuzkümmel, Koriander, Zimt, Kardamom, Nelken und vielen weiteren Gewürzen besteht.

Was koche ich wenn ...? Diese Frage beschäftigt Sie sicher öfter. Hier finden Sie einige Vorschläge für Menüs aus der Fülle der Rezepte. Von einfach bis aufwendig, von Schnellgerichten bis zu Spezialitäten für Gäste.

Für Ungeübte

Geht schnell

Gut vorzubereiten

Preiswert

Kalorienarm

Raffiniert

Für Gäste

Extra scharf

Edel & fein

Kleinigkeiten

Kleine Häppchen zwischendurch sind in allen asiatischen Ländern sehr beliebt. Deshalb gibt es an jeder Ecke etwas zu kaufen, das sich aus der Hand essen lässt.

Genauso fangen die Festessen mit einer großen Vorspeisenplatte an. Um den Gaumen vorzubereiten und eine Grundlage für alkoholische Getränke zu schaffen.

Tipp für eine asiatische Party: Stellen Sie einen Wok mit starkem Rechaud auf den Tisch und lassen Sie Ihre Gäste brutzeln.

Die kleinen Häppchen, die rasch nebenbei verzehrt werden können, spielen in ganz Asien eine wichtige Rolle. Vor allem in heißen Regionen wird die Hauptmahlzeit erst am Abend eingenommen, wenn die Hitze nachgelassen hat. Deshalb ist es wichtig, in der Mittagspause oder einfach zwischendurch eine kleine Mahlzeit zu sich nehmen zu können. Überall findet man Straßenhändler, die mit einfachsten Mitteln Gerichte zubereiten. Das kann ein Stand mit einer Öltonne sein, in der ein Feuer brennt, oder ein fahrbarer Untersatz, der zu einer Kleinküche umgebaut wurde.

Kalte Gerichte

Vor allem in China beginnt ein festliches Menü immer mit einer großen Platte kalter Speisen, um den Gaumen auf die heißen Gerichte vorzubereiten. Sie werden auch nicht Vorspeisen genannt, sondern Gerichte zum Wein, denn sie werden mit Reiswein oder Schnaps serviert und dienen als Grundlage. Möglichst unterschiedliche Zutaten und Zubereitungen sollen es sein, die in kleinen Portionen hübsch angerichtet werden. So kann man viele verschiedene probieren, ohne satt zu werden. Schließlich sollen diese kleinen Gerichte neugierig machen, den Appetit und die Sinne anregen.

Eines wird man meist vergeblich suchen: einen Salat, wie wir ihn kennen. Die meisten Asiaten haben panische Angst davor, sich durch ungekochte, kalte Gerichte den Magen zu verstimmen. Diese Furcht ist durchaus verständlich, denn wo Gemüse natürlich gedüngt wurde und wo es kaum keimfreies Wasser gab, ist die Gefahr groß, sich bei rohen Zutaten mit Bakterien zu infizieren. Auch wenn sich die Verhältnisse gebessert haben, sind die über viele Generationen entstandenen Essgewohnheiten geblieben. Also werden die Zutaten gekocht, geräuchert oder blanchiert. Als Kontrast zu diesen »weichen« Gerichten wird gern etwas Knuspriges, Ausgebackenes dazu gereicht.

Reisessig

Chinesischer, japanischer und thailändischer Essig wird vorwiegend aus Reis hergestellt. Es gibt wasserklare, mild-würzige bis würzig-saure Sorten, aber auch dunklere, aromatische Essige. Als Ersatz für Reisessig können Sie helle Essigessenz mit etwas mehr Wasser als auf der Flasche angegeben verdünnen.

Gekochtes Gemüse wird als Salat meist mit einer Sojasaucen-Essig-Marinade angemacht. Dafür 2 Esslöffel helle Sojasauce mit 2 Esslöffeln Reisessig und 2 Esslöffeln kräftiger Hühnerbrühe oder Geflügelfond verrühren. Ein Stückchen geschälten Ingwer auf einer feinen Gemüsereibe dazu raspeln, nach Belieben eine Knoblauchzehe dazu pressen. Mit Salz und 1 Teelöffel Zucker würzen und 3 EL neutrales Pflanzenöl gründlich unterrühren. Unter das Gemüse mischen und etwas ziehen lassen.

Knusper-Röllchen

Die beliebtesten Snacks in Asien sind die »Frühlingsrollen« (die in China tatsächlich nur im Frühjahr gegessen werden), mit dünnen Teigblättern umhüllte Zutaten, die

Frühlingsrollenteig mit einem feuchten Tuch abdecken, sonst trocknet er aus.

in heißem Öl rasch ausgebacken werden. Dabei gibt es unüberschaubare Variationsmöglichkeiten für den Teig, für die Zutaten und die Garmethode, frittiert werden sie aber stets im Wok, weil darin das Öl rasch heiß ist und wegen der runden Form nur wenig benötigt wird.

Frühlingsrollenblätter sind papierdünn und frisch oder tiefgekühlt im Asienladen erhältlich. Wenn die Teigblätter aus der Packung genommen werden, gleich mit einem feuchten Tuch bedecken, sonst werden sie brüchig. Für andere frittierte Röllchen werden Reisblätter verwendet, die es in verschiedenen Größen getrocknet gibt. Diese Blätter einzeln 30 Sekunden in kaltem Wasser einweichen und auf einem Tuch abtropfen lassen. Vorsichtig füllen, sie reißen leicht. Statt asiatischer Teigblätter kann man auch griechischen Filloteig oder dünne Yufkateigplatten aus dem türkischen Lebensmittelgeschäft nehmen.

Röllchen portionsweise in heißem Öl frittieren, mit dem Sieblöffel herausheben.

Die Frühlingsrollen erst kurz vor der Zubereitung füllen, damit sie nicht zu trocken werden. Aber die Füllung lässt sich meist schon einige Zeit vorher zubereiten.

Gefüllte Taschen

Diese zierlichen Teigtaschen, bei der ein Nudelteig dekorativ um eine Füllung drapiert wird, heißen auf Kantonesisch »Wan-Tan«, was so viel wie »eine Wolke essen« bedeutet, weil diese luftigen Gebilde die Chinesen an Wolken erinnern. Im Gegensatz zu den Frühlingsrollen wird mehr Teig für das Einhüllen verwendet und die Zutaten werden nicht vorher gegart. Aber genau wie bei den Frühlingsrollen gibt es die unterschiedlichsten Füllungen und Garmethoden. Am beliebtesten ist jedoch hierbei das Dämpfen, denn dabei bleibt die Form der Teiggebilde am schönsten erhalten. Den Boden des Bambuskörbchens mit Öl bestreichen, damit der Teig nicht anhängt.

Wan-Tan-Hüllen, quadratische Nudelteigplatten von etwa 10 cm Kantenlänge, gibt es in Asienläden fertig zu kaufen, sie sind aber auch leicht selbst herzustellen.

In China wird der Teig meist ohne Eier hergestellt: 250 g Mehl mit etwa 150 ml lauwarmem Wasser verkneten, bis ein glatter Teig entstanden ist, der nicht mehr an den Fingern klebt. Oder für die gleiche Mehlmenge 2 mittelgroße Eier nehmen und nur so viel Wasser dazugeben, dass der Teig geschmeidig wird. Zugedeckt etwa 20 Minuten ruhen lassen. Dann in Stücke teilen und hauchdünn ausrollen. Am besten geht das mit einer italienischen Nudelmaschine: Jeweils eine eigroße Menge Teig mehrmals durch die glatten Walzen drehen, dabei die Walzen immer enger stellen, bis schließlich eine hauchdünne Teigplatte entstanden ist, dabei öfter dünn mit Mehl bestäuben.

Die fertigen Teigplatten in Quadrate schneiden, mit Mehl bestäuben und stapeln. Mit Folie abdecken, damit sie nicht austrocknen. Übrig gebliebene Teigstücke können auch in Folie verpackt tiefgekühlt werden.

Blumenkohl mit Korianderdip

Geht schnell

Für 4 Personen
Für den Dip:
1/4 Bund Koriandergrün
1 Chilischote
1 Stück unbehandelte Zitronenschale
200 g Joghurt
Salz · schwarzer Pfeffer
Für den Blumenkohl:
1 cm frischer Ingwer
1 EL Sesamsamen
2 Knoblauchzehen
1 EL Sojasauce
1 EL Reisessig oder milder Essig (z. B. Obstessig)
1 kleiner Blumenkohl (600–800 g)
3 EL Sonnenblumenöl · Salz

Pro Portion: 140 kcal
Zubereitungszeit: 25 Minuten

Für den Dip den Koriander waschen, Blättchen abzupfen und fein hacken. Die Chilischote putzen, entkernen und waschen, fein würfeln. Die Zitronenschale fein hacken und mit gehacktem Koriander und dem Chillie unter den Joghurt mischen. Mit Salz und Pfeffer abschmecken.

Für den Blumenkohl den Ingwer schälen und sehr fein hacken. Sesam im Mörser zerstoßen. Knoblauch schälen und durchpressen. Diese Zutaten mit der Sojasauce und dem Essig verrühren.

Den Blumenkohl waschen, putzen und die Röschen abschneiden (Den Strunk anderweitig verwenden.)

Den Wok erhitzen, das Öl darin heiß werden lassen. Den Blumenkohl unter Rühren bei starker Hitze in 5-7 Minuten bissfest braten. Die Würzmischung dazugeben, weitere 2 Minuten braten.

Den Blumenkohl eventuell mit etwas Salz abschmecken, mit dem Korianderdip servieren.

Champignons auf Spinatsalat

Für Gäste

Für 4 Personen
150 g zarter Blattspinat
150 g Kirschtomaten
1 1/2 EL Zitronensaft
Salz · schwarzer Pfeffer
3 EL Olivenöl
300 g kleine Champignons oder Egerlinge
1 Scheibe Vollkornbrot
1 Chilischote
1 kleines Bund Petersilie
2 Knoblauchzehen
2 EL neutrales Öl

Pro Portion: 180 kcal
Zubereitungszeit: 30 Minuten

Den Spinat putzen und mehrmals gründlich waschen. Gut trockenschwenken und auf Tellern auslegen.

Kirschtomaten waschen und vierteln. Auf dem Spinat verteilen. Für das Dressing Zitronensaft mit Salz, Pfeffer und Olivenöl verquirlen.

Pilze säubern und vierteln. Vollkornbrot ohne Rinde in kleine Würfel schneiden. Chilischote waschen, putzen und fein hacken. Petersilie waschen, die Blättchen fein hacken. Knoblauch schälen.

Wok erhitzen, das Öl darin heiß werden lassen. Pilze darin bei starker Hitze unter Rühren 3-4 Minuten braten, dann an die Seite schieben. Brot in den Wok geben und knusprig werden lassen. Chillie und Petersilie untermischen, Knoblauch dazupressen und alles kurz braten, salzen und pfeffern.

Dressing über den Salat träufeln, die Pilze mit dem Brot vermischen, darüber verteilen und sofort servieren.

Im Bild vorne: Blumenkohl mit Korianderdip.
Im Bild hinten: Champignons auf Spinatsalat.

Tofuschnitten

Vegetarisch

Für 4 Personen
3 große getrocknete Tofublätter (Tofu-Haut), ersatzweise Reisblätter
750 g Tofu
3 EL Mehl · 1 TL Zucker
Salz · Pfeffer
1 Prise 5-Gewürze-Pulver
5 EL Pflanzenöl

Pro Portion: 283 kcal
Zubereitungszeit: 45 Minuten

Die Tofublätter mit einem feuchten Küchentuch bedeckt 10 Minuten einweichen.

Den Tofu zerdrücken, mit Mehl, Zucker, Salz, Pfeffer und 5-Gewürze-Pulver zu einer Paste vermischen. Die Tofublätter mit der Schere in 8 x 8 cm große Stücke schneiden. Jedes Stück nochmals mit einem feuchten Küchentuch bedecken. Etwas von der Tofupaste auf ein Tofublatt streichen, mit einem zweiten Blatt belegen und dies ebenfalls bestreichen. Ein drittes, viertes und fünftes Blatt unbestrichen auflegen. Mit den nächsten Blättern ebenso verfahren. Insgesamt ergeben sich etwa 9 gefüllte Stücke mit jeweils 5 Schichten.

Den Wok erhitzen und das Pflanzenöl darin heiß werden lassen. Die gefüllten Sojabohnenquarkblätter darin goldgelb braten; herausheben und auf Küchenkrepp abtropfen lassen. In rautenförmige Stücke schneiden und warm servieren.

Käsestäbchen mit Minzjoghurtsauce

Für Gäste

Für 4 Personen
Für die Käsestäbchen:
1 Bund Dill
1 EL Pistazienkerne
200 g Schafkäse
1 EL Sahne
schwarzer Pfeffer
6–10 Yufka- oder Fillo-Teigblätter (aus türkischem oder griechischem Geschäft)
Für die Sauce:
2 Möhren
2 Knoblauchzehen
einige Zweige frische Pfefferminze
1 EL Butter
300 g Joghurt
Salz · Pfeffer
Außerdem:
1/2 l Öl zum Frittieren

Pro Portion: 390 kcal
Zubereitungszeit: 35 Minuten

Für die Käsestäbchen den Dill waschen, die Spitzen fein hacken. Pistazien ebenfalls fein hacken. Schafkäse mit einer Gabel fein zerdrücken, mit Sahne, Dill und Pistazien verrühren und mit Pfeffer pikant abschmecken.

Die Teigblätter ausbreiten, je 2 aufeinander legen und halbieren oder vierteln. Die Teigränder mit Wasser bepinseln. Jeweils etwas Käsefüllung auf die Teigblätter geben und die Blätter zu dünnen Röllchen aufrollen. Teigenden mit Wasser bepinseln und an die Röllchen drücken.

Für die Sauce die Möhren schälen, putzen und fein raspeln. Knoblauch schälen und durch die Presse drücken. Pfefferminze waschen und die Blättchen sehr fein hacken.

Den Wok erhitzen, die Butter darin schmelzen lassen. Die Möhren mit dem Knoblauch darin 1 Minute braten, in eine Schüssel geben und etwas abkühlen lassen. Mit Minze und dem Joghurt verrühren und mit Salz und Pfeffer abschmecken.

Den Wok mit Küchenpapier ausreiben und wieder erhitzen. Das Öl zum Frittieren darin heiß werden lassen.

Teigröllchen im heißen Öl 4–5 Minuten frittieren, auf Küchenpapier kurz abtropfen lassen. Heiß mit der Joghurtsauce servieren.

Hefeteig-Gemüse-Taschen

Vegetarisch

Für 4 Personen
Für den Teig:
250 g Mehl
1/4 Würfel frische Hefe
Salz
Für die Füllung:
150 g frische Shiitake- oder Austernpilze
1 Stück Kürbis (geputzt gewogen etwa 200 g)
2 Knoblauchzehen
2 EL Öl
1 EL Sesamsamen
1 TL abgeriebene unbehandelte Zitronenschale
Salz · schwarzer Pfeffer
Für die Sauce:
1 Stück rote Paprikaschote
1 Stück frischer Ingwer (1–2 cm lang)
1 Chilischote
50 ml Gemüsefond
1 EL Reisessig
1 EL Sojasauce

Pro Portion: 330 kcal
Zubereitungszeit: 1 1/2 Stunden

Für den Teig das Mehl in eine Schüssel geben. Die Hefe mit 125 ml lauwarmem Wasser verrühren und mit 1 kräftigen Prise Salz unter das Mehl mischen. Den Teig an einem warmen Ort zugedeckt etwa 30 Minuten gehen lassen.

Inzwischen für die Füllung die Pilze mit Küchenpapier sauber abreiben, von den harten Stielen befreien und die Hüte in feine Streifen schneiden.

Den Kürbis schälen und von den Kernen mit dem faserigen Fruchtfleisch befreien. Den Kürbis in feine, nicht zu lange Stifte schneiden. Knoblauch schälen und fein hacken.

Den Wok erhitzen, das Öl darin heiß werden lassen. Die Pilze darin unter Rühren bei starker Hitze 2 Minuten braten. Sesamsamen dazugeben und weiterbraten, bis sie würzig duften.

Die Pilze in eine Schüssel füllen, mit dem Kürbis und dem Knoblauch mischen und mit Zitronenschale, Salz und Pfeffer pikant abschmecken.

Den Teig noch einmal durchkneten, dann in etwa 20 Stücke teilen. Die Teigstücke jeweils auf wenig Mehl zu Kreisen von etwa 10 cm Durchmesser ausrollen. Die Füllung jeweils in die Mitte der Teigstücke geben. Die Teigränder nach oben ziehen und über der Füllung wie ein Säckchen zusammendrücken.

Für die Sauce das Paprikastück waschen und sehr fein hacken. Den Ingwer schälen und fein reiben. Die Chilischote putzen und entkernen, waschen und ebenfalls fein zerkleinern.

Diese Zutaten mit dem Gemüsefond, 50 ml Wasser, dem Reisessig und der Sojasauce verrühren. In vier Schälchen (am besten chinesische Suppen- oder Reisschälchen) verteilen.

Die Teigtaschen nebeneinander in einen Bambusdämpfer setzen.

Den abgekühlten Wok heiß ausspülen, dann darin etwa 3 cm hoch Wasser zum Kochen bringen. Den Dämpfeinsatz hineinstellen und die Täschchen zugedeckt bei starker Hitze 6–8 Minuten dämpfen, bis sie schön aufgegangen sind. In die Schälchen füllen, mit etwas Sauce bedecken und warm servieren.

Tipp!

Wenn Ihr Bambusdämpfer nicht groß genug ist, müssen Sie die Taschen portionsweise nacheinander dämpfen. Die fertigen zugedeckt im Ofen bei 50 °C warm halten.

Gemüsebällchen auf Mango

Vegetarisch

Für 4 Personen
300 g gemischtes Gemüse (Möhren, Sellerie, Kartoffeln, Zucchini und Topinambur)
1 Mango
2 Frühlingszwiebeln
1 EL Zitronensaft · 1 TL Honig
50 g gesalzene Erdnüsse
2 Knoblauchzehen
etwa 2 cm frischer Ingwer
1 Eiweiß · 2 TL Speisestärke
Salz · schwarzer Pfeffer
3 EL neutrales Öl

Pro Portion: 210 kcal
Zubereitungszeit: 55 Minuten

Gemüse waschen, putzen und in etwa 2 cm große Würfel schneiden. Im Wok 2 cm hoch Wasser zum Kochen bringen. Gemüse in den Dämpfeinsatz legen und zugedeckt in 15–20 Minuten weich dämpfen. Etwas abkühlen lassen.

Die Mango schälen und das Fruchtfleisch in Scheiben vom Stein abschneiden. Frühlingszwiebeln waschen, putzen und fein hacken. Mango mit Frühlingszwiebeln, Zitronensaft und Honig mischen und auf Tellern anrichten.

Erdnüsse fein mahlen. Knoblauch und Ingwer schälen, beides durch die Knoblauchpresse drücken. Gemüse mit einer Gabel zerdrücken und mit Erdnüssen, Knoblauch, Ingwer, Eiweiß und Stärke vermischen. Mit Salz und Pfeffer würzen und zu walnussgroßen Bällchen formen.

Den Wok erhitzen, das Öl darin heiß werden lassen und die Gemüsebällchen unter vorsichtigem Wenden 5–6 Minuten braten, bis sie schön braun sind. Herausnehmen und heiß auf den Mangoscheiben anrichten.

Scharfes Gemüse

Gut vorzubereiten

Für 4 Personen
8 kleine Zwiebeln
4 Knoblauchzehen
1 rote Paprikaschote
1 Zucchino
1 kleine Aubergine
2 rote Chilischoten
1 unbehandelte Zitrone
2–3 Zweige frischer Thymian
1 EL Pinienkerne
4 EL neutrales Öl
100 ml trockener Weißwein (oder Gemüsebrühe) · Salz

Pro Portion: 180 kcal
Zubereitungszeit: 30 Minuten
Marinierzeit: 4 Stunden

Zwiebeln und Knoblauch schälen und halbieren. Paprikaschote waschen, putzen und in Streifen schneiden. Zucchino und Aubergine waschen, längs halbieren und in Scheiben schneiden.

Die Chilischoten waschen, entkernen und in Streifen schneiden. Die Zitrone heiß waschen, etwas Schale abraspeln. Zitrone halbieren, eine Hälfte auspressen. Thymian waschen, Blättchen abzupfen.

Den Wok erhitzen, die Pinienkerne ohne Fett unter Rühren braten, bis sie goldgelb sind. Beiseite stellen.

Das Öl im Wok erhitzen. Das Gemüse darin bei starker Hitze unter Rühren 5 Minuten braten, bis alles gebräunt und bissfest ist. Thymian dazugeben.

Das Gemüse in eine Form füllen. Zitronensaft und -schale, Wein und Chillies in den Wok geben, aufkochen, salzen und über das Gemüse gießen. Etwa 4 Stunden marinieren.

Das Gemüse mit Pinienkernen und restlicher Zitronenhälfte garniert servieren.

Im Bild vorne: Scharfes Gemüse.
Im Bild hinten: Gemüsebällchen auf Mango.

Fischklößchen mit Ingwer

Raffiniert

Für 4 Personen
500 g Rotbarschfilet (oder anderes Fischfilet)
4 Schalotten
1 Stück frische Ingwerwurzel (etwa 2 cm)
1/2 Bund Koriandergrün, ersatzweise glatte Petersilie
3 EL Eiswasser
2 EL Speisestärke
1 Ei
1 Eigelb
Salz · weißer Pfeffer
etwas Zitronensaft
Erdnuss- oder Sojaöl zum Ausbacken

Pro Portion: 220 kcal
Zubereitungszeit: 40 Minuten
Kühlzeit: 30 Minuten

Das Fischfilet kurz abspülen, trockentupfen und entgräten. Die Schalotten schälen und klein hacken. Die Ingwerwurzel schälen, die Kräuter abspülen und trockenschütteln. Alles im Blitzhacker oder Mixer zerkleinern.

Die Mischung mit Eiswasser, 1 EL von der Speisestärke, dem Ei und dem Eigelb zu einem Teig kneten, mit Salz, Pfeffer und Zitronensaft abschmecken. Mit angefeuchteten Händen zu golfballgroßen Klößchen formen.

Die Klößchen mit der restlichen Speisestärke bestäuben und etwa 30 Minuten in den Kühlschrank stellen.

Reichlich Öl im Wok rauchheiß werden lassen und die Klößchen darin portionsweise ausbacken, bis sie rundherum zart gebräunt sind. Gut abtropfen lassen und heiß servieren. Dazu schmeckt ein bunter Salat.

Garnelen im Sesammantel

Für Gäste

Für 12 Personen
12 Riesengarnelen
2 EL Weizenmehl (Type 405)
1 großes Ei
2 EL Sesamsamen
Salz · Pfeffer
600 ml Öl zum Fritieren
glatte Petersilie zum Garnieren
Sojasauce zum Dippen

Pro Portion: 000 kcal
Zubereitungszeit: 40 Minuten

Garnelen unter fließendem, kaltem Wasser abspülen und gut trockentupfen. Mit einem scharfen, spitzen Messer den Kopf und den Darm entfernen. Mit dem Messer die Garnelen an der Unterseite entlang aufschneiden. Vorsichtig öffnen, mit der Schnittseite nach unten auf die Arbeitsfläche legen und die Garnelen mit den Fingern vorsichtig etwas flach drücken.

Arbeitsfläche oder Teller mit Mehl bestäuben und die Garnelen darin wenden. Ei mit den Sesamsamen in einer Schüssel verschlagen. Mit Salz und Pfeffer würzen.

Öl im Wok so lange erhitzen, bis ein Brötchen darin in 30 Sekunden bräunt (180-190°C).
Immer 1 Garnele am Schwanz fassen, in die Eimischung tauchen und dann sofort in das heiße Öl legen. Garnelen portionsweise 1-2 Minuten frittieren, bis sie knusprig und leicht gebräunt sind. Mit einem Schaumlöffel herausnehmen und auf Küchenpapier abtropfen lassen. Warm stellen. Mit glatter Petersilie garnieren und mit Sojasauce zum Dippen sofort servieren.

Würzige Fischküchlein

Exotisch

Für 4 Personen
500 g Kabeljaufilet
3 EL rote Currypaste (siehe Tipp)
1 Ei
3 EL thailändische Fischsauce
etwa 2 EL Reismehl (Reformhaus oder Bioladen)
100 g dünne grüne Bohnen
2–3 Kaffirlimettenblätter
Öl zum Frittieren
Zum Servieren:
einige Korianderzweige
Chilisauce (Fertigprodukt, siehe Seite 18)

Pro Portion: 166 kcal
Zubereitungszeit: 30 Minuten

Das Fischfilet kurz abspülen, trockentupfen und entgräten. In Stücke schneiden und mit der roten Currypaste in der Küchenmaschine, im Mixer oder im Mörser zu einer glatten Paste verarbeiten.

Die Fischmischung in eine Schüssel geben. Das Ei, die Fischsauce und so viel Reismehl dazugeben, dass beim Kneten mit den Händen ein fester Teig entsteht.

Die Bohnen waschen, putzen und fein hacken. Die Kaffirlimettenblätter waschen, die harte Mittelader entfernen und die Blätter sehr fein schneiden. Beides unter die Fischmasse mischen.

Aus dem Fischteig 16–20 Bällchen formen, diese mit der Hand zu etwa 1 cm dicken Plätzchen flach drücken.

Öl im Wok erhitzen. Die Fischplätzchen portionsweise etwa 4 Minuten auf jeder Seite goldbraun frittieren. Sie sollen knusprig, aber nicht zu dunkelbraun sein.

Die fertigen Fischküchlein aus dem Wok heben und auf Küchenpapier abtropfen lassen. Anrichten und mit Korianderzweigen garnieren. Heiß auftragen und die Chilisauce dazu servieren.

Rote Currypaste

6 getrocknete rote Chilischoten entkernen, etwa 10 Minuten in Wasser einweichen. Gut abtropfen lassen und grob hacken. Die Chilischoten mit 2 EL gehacktem Zitronengras, je 1 EL gehackten Schalotten und Knoblauch, 1 TL frischem, gehacktem Galgant oder Ingwerwurzel, 2 TL Korianderkörnern, 1 TL Kreuzkümmelsamen, 6 weißen Pfefferkörnern, 1 TL Salz und 1 TL Garnelenpaste in einen Mörser oder Mixer geben und zu einer glatten Paste verarbeiten. Die fertige Currypaste hält sich verschlossen im Kühlschrank bis zu 3 Wochen.

Frühlingsrollen mit Hähnchenfüllung

Braucht etwas Zeit

Für 6 Personen
12 Blatt tiefgekühlter Frühlingsrollenteig (Spring-Roll-Pastry, 21 x 21 cm; ersatzweise etwa 420 g tiefgekühlter Blätterteig)
10 g Mu-Err-Pilze
150 g Hähnchenbrustfilet
150 g Chinakohl
125 g Möhren
1 dünne Stange Lauch (etwa 125 g)
100 g Bohnensprossen (frisch oder aus dem Glas)
1 Zwiebel
1 Knoblauchzehe
2 EL Sojasauce
1 EL trockener Sherry
1 TL Zucker
Salz · schwarzer Pfeffer
2 EL Öl
3 EL Mehl
750 ml Öl zum Frittieren
süß-saure Chilisauce (Fertigprodukt)

Pro Portion: 640 kcal
Zubereitungszeit: 2 Stunden

Die Teigplatten auftauen lassen, dabei mit einem feuchten Tuch abdecken, damit sie nicht austrocknen. Die Pilze mit kochendem Wasser übergießen und 20 Minuten einweichen.

Inzwischen das Fleisch in feine Streifen schneiden. Den Chinakohl putzen, waschen und abtropfen lassen. Die Kohlblätter in feine Streifen schneiden. Die Möhren schälen, putzen und in dünne Stifte schneiden. Den Lauch putzen, längs aufschneiden, gründlich abspülen und in feine Ringe teilen. Die Sprossen waschen und gut abtropfen lassen. Die Zwiebel und die Knoblauchzehe schälen und sehr klein würfeln. Die Pilze abtropfen lassen und in feine Streifen schneiden.

Für die Würzsauce Sojasauce, Sherry, Zucker, Salz und Pfeffer in einem Schälchen verquirlen.

Einen Wok erhitzen und das Öl darin sehr heiß werden lassen. Knoblauch und Zwiebel darin kurz anrösten. Das Fleisch dazugeben und unter Rühren 2 Minuten anbraten. Möhre, Lauch und das Weiße des Chinakohls dazugeben und bei starker Hitze 2 Minuten braten. Die Sprossen, das Grün des Chinakohls und die Pilze 1 Minute pfannenrühren.

Die Würzsauce in den Wok gießen und aufkochen lassen. Das Gemüse 3 Minuten bei schwacher Hitze dünsten, bis die Flüssigkeit verdampft ist. Vom Herd nehmen und etwas abkühlen lassen.

Inzwischen das Mehl mit 3–4 EL Wasser anrühren. Nach und nach die Ränder der Teigplatten mit Mehlwasser bestreichen. (Gefrorene Blätterteig-Platten 5 Minuten antauen lassen, dann auf leicht bemehlter Fläche zur doppelten Größe von 20 x 40 cm dünn ausrollen und in jeweils 2 Quadrate teilen.) Je 2 EL Füllung auf eine Teigplatte geben.

Die Platten an einer Ecke beginnend aufrollen, dabei die Seiten nach innen einschlagen. Die Enden gut andrücken.

Im Wok das Öl zum Frittieren stark erhitzen (180 °C). Die Rollen darin portionsweise in 5 Minuten goldbraun ausbacken. Mit dem Siebschöpfer oder einer Schaumkelle herausheben und auf dem Abtropfrost oder auf Küchenpapier kurz abtropfen lassen.

Zu den Frühlingsrollen passt besonders gut eine süßsaure Sauce zum Dippen.

Außen knusprig, innen saftig – so schmecken die Frühlingsrollen am besten.

Frühlingsrollen mit Pilz-Shrimps-Füllung

Für Gäste

Für 4 Personen
12 Blatt tiefgekühlter Frühlingsrollenteig
5 frische Tongku-Pilze (Shiitake; ersatzweise getrocknete)
50 g Schnittlauch (möglichst chinesischer Schnittlauch, siehe Seite 18)
50 g rohe geschälte Shrimps (kleine Garnelen)
100 g Bohnensprossen
Salz · Pfeffer
1 TL Sesamöl
1 Ei
20 g Maisstärke
1/2 l Pflanzenöl

Pro Portion: 530 kcal
Zubereitungszeit: 1 Stunde

Die Teigplatten mit einem feuchten Tuch bedecken und in etwa 20 Minuten auftauen lassen.

Die Pilze putzen und in feine Streifen schneiden. Wenn Sie getrocknete nehmen, vorher 10 Minuten in heißem Wasser einweichen. Schnittlauch waschen und in 2 cm lange Stücke schneiden. Die Shrimps erst in feine Scheiben, dann in Streifen schneiden oder hacken.

Die Bohnensprossen waschen, dann in kochendem Wasser 1/2 Minute blanchieren. Die Sprossen herausnehmen und in einem Sieb gut abtropfen lassen.

Die Shrimps mit Pilzstreifen, Schnittlauch und Bohnensprossen mischen und mit Salz, Pfeffer und 1 TL Sesamöl abschmecken. Das Ei mit der Maisstärke verquirlen.

Eine aufgetaute Teigplatte flach auf die Arbeitsfläche legen. Einen Teil der Füllung ordentlich auf eine Seite der Teighülle legen. Dabei an den Rändern Platz lassen. Die Teigränder nach innen falten.

Die Teigränder mit der Eiermasse bestreichen. Dann aufrollen und mit Eiermasse verschließen. Auf diese Weise nacheinander alle Frühlingsrollen füllen.

Das Öl in einem Wok erhitzen. Die Frühlingsrollen darin etwa 3 Minuten braten. Dann die Rollen mit einemSiebschöpfer oder einer Schaumkelle herausheben und das Öl heißer werden lassen. Die Frühlingsrollen jetzt noch einmal erhitzen, bis sie goldgelb sind. Abtropfen lassen und heiß und knusprig servieren.

Tipps!

In China werden diese Frühlingsrollen als Imbiss gegessen, bei uns zählen sie zu den beliebtesten asiatischen Vorspeisen.

- *Den tiefgekühlten Frühlingsrollenteig finden Sie in Asienläden (oft unter dem englischen Namen »Spring-Roll-Pastry«). Ersatzweise können Sie auch getrocknete Reisblätter (gibt es in Beuteln) nehmen. Diese vor dem Füllen einzeln etwa 30 Sekunden in kaltes Wasser tauchen, dann auf einem Tuch ausgebreitet abtropfen lassen. Vorsichtig füllen, die Blätter reißen leicht.*
- *Statt der angegebenen Füllung schmecken auch viele improvisierte Zusammenstellungen. Probieren Sie einmal Glasnudeln mit kurz gebratenen Hähnchenfiletstreifen. Oder Gemüse mit Tofu oder Lammfleisch mit Frühlingszwiebeln und gehacktem Ingwer. Gemüse und Fleisch sollte nur ganz kurz gegart sein, beim zweimaligen Frittieren gart es ja noch nach.*
- *Besonders raffiniert: Die Teigblätter mit süßer Bohnenpaste aus dem Asienladen füllen und diese Röllchen als kleinen Nachtisch nach einem chinesischen Menü servieren.*

Frühlingsrollen mit Garnelen

Braucht etwas Zeit

Für 4 Personen
8 Blatt tiefgekühlter Frühlingsrollenteig (21 x 21 cm groß)
200 g geschälte gegarte Garnelen
100 g Chicorée, Fenchel oder frische Bohnensprossen
2 Frühlingszwiebeln
1 Knoblauchzehe
2 EL Öl
3 EL Sojasauce
Pfeffer
750 ml Öl zum Frittieren

Pro Portion: 280 kcal
Zubereitungszeit: 35 Minuten

Die Teigplatten mit einem feuchten Tuch bedecken und in etwa 20 Minuten auftauen lassen.

Die Garnelen und eventuell die Bohnensprossen kalt abbrausen und abtropfen lassen. Chicorée oder Fenchel und die Frühlingszwiebeln waschen und putzen. Sehr fein hacken. Den Knoblauch schälen, hacken.

Den Wok erhitzen, 2 EL Öl hineingeben. Frühlingszwiebeln und Knoblauch darin kurz anbraten. Garnelen, Chicorée, Fenchel oder Sprossen mit Sojasauce und Pfeffer etwa 1/2 Minute braten.

Die Mischung abkühlen lassen. Jeweils 1 EL dieser Füllung auf die Teigplatten geben. Die Platten zu kleinen Rollen aufwickeln, dabei die Ränder einschlagen. Die Kanten gut andrücken.

Das Öl zum Frittieren im Wok erhitzen. Frühlingsrollen darin portionsweise in 3–4 Minuten goldbraun ausbacken. Herausheben, abtropfen lassen und heiß servieren.

Tofu in Sesampanade auf Champignons

Gelingt leicht

Für 4 Personen
500 g Tofu (2 Blöcke)
1/2 Bund Petersilie
1/2 Bund Schnittlauch
500 g braune Champignons (Egerlinge)
2 TL Kräuteressig
1 Ei
Salz · Cayennepfeffer
1 EL Speisestärke
125 ml Erdnuss- oder Sojaöl
4 EL weiße Sesamsamen
30 g Butter

Pro Portion: 480 kcal
Zubereitungszeit: 35 Minuten

Den Tofu abtropfen lassen. Beide Blöcke getrennt in ein Tuch wickeln und vorsichtig ausdrücken. Dabei darf der Tofu nicht zerbrechen. Dann jeden Block quer halbieren.

Die Kräuter abspülen, trockenschütteln und fein hacken. Die Champignons putzen, aber nicht waschen, sondern nur mit Küchenpapier abreiben und in Scheiben schneiden. Rasch mit dem Essig vermischen, damit sich die Scheiben nicht verfärben.

Das Ei verquirlen. Kräftig mit Salz und Cayennepfeffer würzen. Die Tofuwürfel mit der Speisestärke bestäuben. Das Öl im Wok erhitzen.

Die Tofuwürfel zuerst in Ei, dann in den Sesamsamen wenden und die Panade gut andrücken. Den Tofu in dem heißen Öl auf beiden Seiten knusprig braun braten. Dann auf Küchenpapier abtropfen lassen und warm stellen.

Das Öl aus dem Wok abgießen und die Butter darin erhitzen. Die Pilze unter Rühren knapp 2 Minuten braten. Mit den Kräutern vermischen. In eine Schüssel geben und den Tofu darauf anrichten.

Frühlingsrollen mit Gemüsefüllung

Vegetarisch

Für 4 Personen
25 g Glasnudeln
10 g getrocknete Mu-Err-Pilze
100 g Tofu
150 g Chinakohl
1 Möhre
1 Bund Frühlingszwiebeln
1 Bund Schnittlauch
1 Stück frischer Ingwer (etwa 2 cm lang)
14 Blatt tiefgekühlter Frühlingsrollenteig (21 x 21 cm)
1 EL Sesamöl
Salz
1 EL Speisestärke
1/2 l neutrales Öl zum Frittieren
Zum Servieren:
süßscharfe Sauce zum Dippen (Fertigprodukt)

Pro Portion: 310 kcal
Zubereitungszeit: 1 Stunde
Einweichzeit: 30 Minuten

Die Glasnudeln in heißem Wasser etwa 30 Minuten einweichen. Die Mu-Err-Pilze in einer anderen Schüssel mit warmem Wasser übergießen und ebenfalls 30 Minuten quellen lassen.

Inzwischen den Tofu abtropfen lassen und zerkrümeln. Den Chinakohl waschen, von den dicken Blattrippen befreien und in möglichst feine Streifen schneiden. Die Möhre schälen, putzen und in feine Stifte schneiden.

Die Frühlingszwiebeln putzen, gründlich waschen und mit den hellgrünen Teilen in feine Ringe schneiden. Den Schnittlauch waschen und in etwa 1 cm lange Stücke teilen. Den Ingwer schälen und sehr fein hacken oder reiben.

Die Frühlingsrollenblätter zum Auftauen einzeln auslegen. Die Glasnudeln abtropfen lassen und mit einer Küchenschere in 2 cm lange Stücke schneiden. Die Pilze abtropfen lassen, von den harten Stielen befreien und in feine Streifen schneiden.

Den Chinakohl, die Möhre, die Frühlingszwiebeln und den Schnittlauch mit den Glasnudeln, dem Tofu, den Pilzen und dem Ingwer mischen und mit Sesamöl und Salz würzen.

Die Frühlingsrollenblätter halbieren. Zum Verkleben die Speisestärke mit etwa 1 EL Wasser dickflüssig anrühren.

Jeweils etwas Gemüsefüllung auf die untere Hälfte der Teigstücke geben. Die Ränder über der Füllung etwas einklappen, mit ein wenig Speisestärke bepinseln und die Teigplatten aufrollen. Das Teigende gut andrücken. Auf diese Weise alle Frühlingsrollen herstellen.

Den Wok erhitzen und das Öl darin heiß werden lassen. (Es ist heiß genug, wenn an einem Holzstäbchen, das man hineinhält, viele kleine Bläschen aufsteigen.)

Die Frühlingsrollen in 3–4 Portionen jeweils 2–3 Minuten frittieren, bis sie schön gebräunt sind. Dann auf Küchenpapier kurz abfetten lassen und anschließend im auf 50 °C vorgeheizten Backofen warm halten.

Die Frühlingsrollen mit der süßscharfen Sauce heiß servieren. Am besten mit den Fingern essen und in die süßscharfe Sauce dippen.

Auch vegetarisch gefüllt schmecken die knusprigen Frühlingsrollen köstlich. Dazu eine süßscharfe Sauce zum Dippen servieren.

Vietnamesische Frühlingsrollen

Braucht etwas Zeit

Für 4 Personen
24 tiefgekühlte Wan-Tan-Teigblätter (ersatzweise fertig ausgerollter Pizzateig aus dem Kühlregal)
100 g geschälte Tiefseegarnelen
1 Kopfsalat
2 EL Erdnussöl
250 g gemischtes Hackfleisch
1 TL Speisestärke
2 EL Reiswein (Sake); oder trockener Sherry
2 EL Sojasauce
Salz
6 Frühlingszwiebeln
200 g Bohnensprossen (aus der Dose oder Glas)
1/2 l Erdnussöl zum Frittieren
Zum Servieren:
Soja- und Chili-Würzsauce

Pro Portion: 480 kcal
Zubereitungszeit: 35 Minuten

Die Teigblätter nebeneinander zwischen zwei feuchte Tücher legen und auftauen lassen. Die Garnelen abspülen, abtropfen lassen und nicht zu fein hacken. Kopfsalatblätter waschen, putzen und abtropfen lassen.

Das Öl im Wok erhitzen und das Hackfleisch darin unter Rühren krümelig braten. Die Speisestärke in dem Reiswein auflösen, unter das Fleisch rühren und alles einmal aufkochen lassen. Dann in eine Schüssel geben und mit der Sojasauce und Salz abschmecken. Den Wok reinigen.

Die Frühlingszwiebeln waschen, putzen und in feine Ringe schneiden. Die Bohnensprossen abtropfen lassen und alles mit den Garnelen unter das Fleisch mischen.

Jeweils etwa 1 EL von der Fleischmasse in die Mitte eines Teigblattes geben. Zuerst die untere Ecke jedes Teigblattes über die Füllung schlagen, dann die seitlichen Ecken. Die obere Ecke mit etwas Wasser anfeuchten, den Teig von unten her aufrollen und die Ecke festkleben.

Zum Frittieren das Öl im gesäuberten Wok erhitzen. Darin immer 3–4 Frühlingsrollen auf einmal in etwa 4 Minuten rundherum goldgelb ausbacken (Vorsicht, Spritzgefahr!). Die fertigen Rollen zum Warmhalten auf das Abtropfgitter legen, bis alle Frühlingsrollen fertig sind.

Zum Essen jede Rolle in ein Kopfsalatblatt wickeln und vor jedem Biss in Sojasauce oder in die Chili-Würzsauce tunken.

Kokos-Krabben-säckchen

Für Gäste

Für 4 Personen
20 Wan-Tan-Blätter (tiefgefroren)
50 g Kokoscreme am Stück
2 EL Austernsauce
3 EL helle Sojasauce
Salz · Pfeffer
1/2 TL Currypaste
250 g geschälte gegarte Tiefseegarnelen (Shrimps)
Öl zum Frittieren

Pro Portion: 380 kcal
Zubereitungszeit: 1 Stunde

Die Wan-Tan-Teigblätter zwischen feuchte Tücher legen und auftauen lassen.

Die Kokoscreme fein raspeln, mit der Austernsauce, der Sojasauce, Salz, Pfeffer und der Currypaste verrühren.

Die Tiefseegarnelen kalt abbrausen, gut abtrocknen und nach Geschmack sehr fein oder grob hacken. Unter die Kokoscreme rühren.

Nach und nach die Wan-Tan-Blätter vom Stapel abnehmen, je 1 gehäuften TL Krabbenmischung darauf geben. Die Ränder der Teigblätter hochheben und über der Füllung vorsichtig zu Säckchen zusammendrehen und -drücken.

Reichlich Öl zum Frittieren im Wok erhitzen. Die Krabbensäckchen darin portionsweise in 2–3 Minuten goldgelb ausbacken. Die fertigen herausheben und auf Küchenpapier gut abtropfen lassen.

Tipp!

Dazu eine fertige süße Chilisauce servieren. Oder süße Sojasauce mit fein gehacktem Ingwer, Knoblauch, dünnen Chiliringen und fein geschnittenen Kaffirlimettenblättern vermischen.

Frittierte Wan-Tan-Päckchen

Für Gäste

Für 4 Personen
20 Wan-Tan-Blätter (tiefgefroren)
1 Knoblauchzehe
1 Stückchen frische Korianderwurzel oder 1 TL fein gehacktes Koriandergrün
1/4 TL gemahlener Pfeffer
50 g geschälte rohe Garnelen oder Shrimps
2 Frühlingszwiebeln
1 grüne Chilischote
100 g Wasserkastanien (aus der Dose)
250 g Schweinehackfleisch
1 EL dunkle Sojasauce
1 EL thailändische Fischsauce
20 Schnittlauchhalme (ca. 10 cm lang)
Öl zum Frittieren
Zum Servieren:
Pflaumen- oder Chilisauce

Pro Portion: 280 kcal
Zubereitungszeit: 45 Minuten

Die Wan-Tan-Teigblätter zwischen feuchte Tücher legen und auftauen lassen.

Die Knoblauchzehe schälen und durch die Presse drücken. Die Korianderwurzel schälen und sehr fein hacken. Knoblauch, Koriander und Pfeffer zu einer nicht zu feinen Paste verrühren.

Die Garnelen kalt abbrausen, gut abtropfen lassen und mit Küchenpapier trocknen, nicht zu fein hacken. Die Frühlingszwiebeln schälen und fein würfeln. Die Chilischote waschen, mit einem Messer aufschlitzen, die Kerne entfernen. Die Schote fein hacken.

Die Wasserkastanien abtropfen lassen und hacken. Die Wasserkastanien mit dem Hackfleisch, der Soja- und Fischsauce, Knoblauchpaste, gewürfelten Frühlingszwiebeln und Chillie in einer Schüssel zu einer dicken Paste vermischen.

Die Wan-Tan-Blätter auf der Arbeitsfläche ausbreiten. Je 1 EL der Füllung in die Mitte eines Teigblattes geben.

Die 4 Ecken der Teigblätter über der Mitte so zusammenfassen, dass kleine Päckchen entstehen. Mit den Schnittlauchhalmen sehr vorsichtig zusammenbinden. Darauf achten, daß die Halme nicht reißen.

Das Öl im Wok erhitzen. Die Wan-Tan-Päckchen portionsweise darin knusprig und goldbraun frittieren. Die fertig gebratenen herausheben und auf Küchenpapier abtropfen lassen. Die Päckchen heiß mit Pflaumen- oder Chilisauce zum Dippen servieren.

Tipps!

Korianderwurzeln werden vor allem in der thailändischen Küche oft verwendet, ihr Geschmack erinnert etwas an frische Ingwerwurzel, die Sie auch als Ersatz verwenden können. Stabiler als unser Schnittlauch sind die Halme des chinesischen Schnittlauchs. Ansonsten können Sie auch kurz blanchierte Streifen von grünen Lauchblättern zum Binden der Päckchen verwenden, aber gut trocknen, sonst spritzt das Öl beim Frittieren.

Gedämpfte Wan-Tan

Raffiniert

Für 4 Personen
Für den Teig:
200 g Mehl
2 Eier
1 TL Salz
Für die Füllung:
10 g Mu-Err-Pilze
200 g rohe, geschälte Garnelen (frisch oder tiefgekühlt)
150 g Maiskörner (aus der Dose)
2 Frühlingszwiebeln
2 EL Sojasauce
2 TL Sesamöl
Salz · schwarzer Pfeffer
1 EL gehackter Dill
eventuell Schnittlauchhalme zum Binden
Außerdem:
Mehl zum Ausrollen und für die Teigblätter
Öl zum Einfetten

Pro Portion: 340 kcal
Zubereitungszeit: 1 Stunde 40 Minuten

Für den Teig Mehl, Eier und Salz zu einem glatten Nudelteig verkneten, eventuell noch 1–2 TL Wasser hinzufügen. Den Teig in Folie wickeln und 30 Minuten ruhen lassen.

Für die Füllung die Pilze kalt abbrausen, mit kochendem Wasser übergießen und 20 Minuten einweichen. Tiefgekühlte Garnelen inzwischen auftauen lassen. Den Mais abtropfen lassen. Die Frühlingszwiebeln waschen, putzen und in feine Ringe schneiden.

Die Frühlingszwiebeln in eine Schüssel geben. Garnelen, Mais und Pilze hinzufügen und alles mit dem Pürierstab kurz zerkleinern, die Masse soll noch stückig sein. Mit der Sojasauce, dem Sesamöl, Salz, Pfeffer und gehacktem Dill gründlich vermengen.

Den Teig portionsweise mit der Nudelmaschine oder auf einer leicht bemehlten Arbeitsfläche wie für einen Strudel dünn ausrollen. 10 x 10 cm große Quadrate aus den Teigplatten schneiden.

Die Blätter stapeln, dabei dünn mit Mehl bestäuben, damit sie nicht zusammenkleben. Mit einem feuchten Küchentuch abdecken.

Die Teigquadrate portionsweise auslegen. Jeweils 1 gehäuften Teelöffel Füllung in die Mitte setzen, die Seiten hochdrücken und leicht zusammendrehen, sodass ein Säckchen entsteht. Eventuell mit Schnittlauchhalmen zusammenbinden.

In einem Wok etwa 375 ml Salzwasser zum Kochen bringen. Den Boden eines Dämpfeinsatzes mit Öl einstreichen. Die Teigtäschchen darauf setzen. In den Wok stellen und zugedeckt bei mittlerer Hitze 15–20 Minuten dämpfen. Die Wan-Tan heiß servieren. Dazu eine pikante Chili- oder Pflaumensauce servieren.

Tipps!

Streichen Sie die Wan-Tan vor dem Dämpfen leicht mit Öl ein, dann kleben sie beim Garen nicht zusammen. Die Teigtäschchen können Sie auch in heißem Öl knusprig ausbacken oder in einer Suppe gar ziehen lassen.

Diese Teigtäschchen, Wan-Tan genannt, lieben die Chinesen zum Frühstück, als Imbiss oder als kleines Mittagessen mit pikanten Saucen zum Dippen.

Ausgebackene Gemüse-Wan-Tan

Gelingt leicht

Für 4 Personen
20 Wan-Tan-Blätter (tiefgekühlt, etwa 10 x 10 cm; Asienladen)
100 g Chinakohl
100 g Lauch
1 Möhre
100 g geräucherter Tofu
1 Ei
1/2 getrocknete Chilischote
1 TL Speisestärke
1 EL helle Sojasauce
1 TL Sesamöl
Salz · Pfeffer
Öl zum Frittieren

Pro Portion: 430 kcal
Zubereitungszeit: 30 Minuten

Die Wan-Tan-Blätter zugedeckt auftauen lassen. Inzwischen Chinakohl und Lauch putzen und waschen. Kohl sehr fein hacken, Lauch in feine Ringe schneiden. Möhre schälen und winzig fein würfeln. Den Tofu würfeln und pürieren. Das Ei trennen.

Chinakohl, Lauch, Möhre, zerbröselte Chilischote, Tofu, Stärke, Eigelb, Sojasauce und Sesamöl verkneten. Diese Füllung salzen und pfeffern.

Je 1 TL Füllung auf die Teigquadrate geben, die Ränder mit verquirltem Eiweiß bepinseln. Wan-Tan zu Dreiecken zusammenklappen.

Den Wok und dann darin das Öl erhitzen. Die Wan-Tan portionsweise in 2–3 Minuten goldgelb und knusprig ausbacken, abtropfen lassen.

Dazu passen eine süßsaure Sauce (Fertigprodukt) und rohes Knabber-Gemüse.

Knusprige Wan-Tan

Raffiniert

Für 6 Personen
24 Wan-Tan-Blätter (tiefgekühlt)
Öl zum Frittieren
Für die Füllung:
50 g gekochte, geschälte Garnelen
1 kleine Frühlingszwiebel
125 g Hackfleisch vom Schwein
1 EL Reiswein oder trockener Sherry
1 TL Zucker
Salz
Für die Sauce:
1 EL Speisestärke
1 EL Tomatenmark
1 EL Zucker
1 EL Essig
1 EL Sojasauce
1 EL Öl

Pro Portion: 174 kcal
Zubereitungszeit: 40 Minuten

Die Wan-Tan-Blätter auftauen lassen. Für die Füllung die Garnelen fein hacken. Frühlingszwiebel waschen, putzen und ebenfalls fein hacken. Hackfleisch, Garnelen, Frühlingszwiebel, Reiswein oder Sherry, Zucker und etwas Salz in einer Schüssel so lange verrühren, bis eine geschmeidige Masse entsteht.

Die Wan-Tan-Blätter auf der Arbeitsfläche ausbreiten und je 1 TL Füllung in die Mitte geben. Teig diagonal zusammenklappen. Ränder gut zusammendrücken, damit keine Füllung herausfällt.

Das Öl im Wok stark erhitzen (180–190 °C). Dann bei mittlerer Hitze die Wan-Tan portionsweise darin in 2–3 Minuten knusprig frittieren. Mit dem Schaumlöffel herausnehmen und auf Küchenpapier abtropfen lassen. Im vorgewärmten Ofen warm halten. Frittieröl abgießen.

Für die Sauce Speisestärke und 4-5 EL Wasser verrühren. Tomatenmark, Zucker, Essig und Sojasauce untermischen. Das Öl im Wok erhitzen und die Sauce hineingießen. Unter Rühren bei mittlerer Hitze 3–4 Minuten kochen. Sofort mit den Wan-Tan servieren.

Frittierte Teigtaschen mit zwei Füllungen

Braucht etwas Zeit

Für 6 Personen
24 Blatt tiefgekühlter Frühlingsrollenteig (21 x 21 cm)
Für die Schweinefleischfüllung:
150 g Schweinefilet
100 g magerer Schweinebauch (ohne Schwarte und Knochen)
70 g frische Ananas
30 g Lauch
10 g Ingwerwurzel
1 EL Sojasauce
1 EL Sesamöl
Salz · Pfeffer
1 Prise Zucker
Für die Garnelenfüllung:
4 getrocknete chinesische Morcheln (Mu-Err)
150 g rohe geschälte Garnelen
150 g magerer Schweinebauch (ohne Schwarte und Knochen)
20 g Bambussprossen
30 g Lauch
10 g Ingwerwurzel
1 EL Reiswein
1 TL Sojasauce
Salz
Außerdem:
Bindfaden oder Schnittlauchhalme zum Verschließen
1/2 l Öl zum Frittieren

Pro Portion: 450 kcal
Zubereitungszeit: 2 Stunden

Den Frühlingsrollenteig mit einem Küchentuch abgedeckt auftauen lassen.

Für die Schweinefleischfüllung beide Fleischsorten mit dem Küchenbeil sehr fein hacken oder – nicht ganz stilecht – durch den Fleischwolf drehen. Die Ananas schälen, von allen »Augen« befreien und klein würfeln. Lauch und Ingwer putzen bzw. schälen und sehr fein hacken. Alle diese Zutaten mischen und mit Sojasauce, Sesamöl, Salz, Pfeffer und Zucker pikant abschmecken.

Für die Garnelenfüllung die Morcheln mit kochendem Wasser überbrühen und etwa 10 Minuten quellen lassen. Dann waschen und die harten Stiele entfernen, die Hüte in Streifen schneiden.

Die Garnelen waschen, vom Darm befreien und in kleine Würfel schneiden. Schweinefleisch mit einem Küchenbeil sehr fein hacken oder durch den Fleischwolf drehen. Bambussprossen in kleine Würfel schneiden. Lauch und Ingwer putzen bzw. schälen und sehr fein hacken. Alle vorbereiteten Zutaten für die Garnelenfüllung vermischen und mit 1 EL Reiswein, 1 TL Sojasauce und einer Prise Salz pikant würzen.

Die aufgetauten Teigplatten auf der Arbeitsfläche verteilen. Jede Füllung in die Mitte von 12 Teigplatten geben. Die Teigplatten über der Füllung zusammendrehen und mit einem Bindfaden oder mit Schnittlauchhalmen zusammenbinden.

Öl in einem Wok oder einem Topf erhitzen. Es ist heiß genug, wenn an einem hölzernen Kochlöffelstiel, den Sie ins heiße Fett tauchen, kleine Bläschen aufsteigen.

Die Teigtaschen portionsweise im heißen Öl etwa 4 Minuten garen, bis sie goldgelb und knusprig sind. Dabei anfangs den Topf schwenken, damit die Teigtaschen gleichmäßig garen! Fertige Teigtaschen abtropfen lassen und warm halten, bis alle ausgebacken sind.

Tipp!

Dieses aufwändige Gericht wird in Südchina nur zu festlichen Anlässen zubereitet. Für den Alltag kommt man auch gut mit nur einer der Füllungen aus.

Die Märkte mit frischem Gemüse und Obst sind in Asien von zentraler Bedeutung, das Einkaufen eine wichtige Tätigkeit des täglichen Lebens. Auch wenn durch die Verbreitung von Kühlschränken nicht mehr für jede Mahlzeit eingekauft werden muss, gehört das Aussuchen der Waren und das Feilschen um den Preis einfach zu der Essensvorbereitung dazu.

Gute Bekannte

Viele der Gemüsesorten, die in asiatischen Küchen verwendet werden, sind auch auf unseren Märkten zu bekommen: Lauch und Frühlingszwiebeln, Möhren, Staudensellerie, Auberginen, Gurken, Brokkoli und Blattgemüse wie Spinat oder Mangold.

Nicht nur die Chinesen verwenden gern, der Name sagt es bereits, den Chinakohl, der seit langem bei uns in großem Stil angebaut wird. Diese milde Kohlsorte, die leicht verdaulich und gut verträglich ist, enthält Senföl, was ihr den pikanten Geschmack gibt. Beim Einkauf sollte man aber unbedingt darauf achten, dass die Köpfe fest geschlossen und die Blattspitzen nicht angewelkt sind. Die Blätter sollen krachig-frisch sein, sonst eignen sie sich nicht zum Pfannenrühren, also zum raschen Braten im Wok.

Noch nicht ganz so populär ist der Paksoi (auch Pak-Choy genannt). Dieser chinesische Senfkohl mit breiten, weißen Stielen und dunkelgrünen, saftigen Blättern sieht aus wie eine Kreuzung aus Mangold und Chinakohl. Er gehört in China, Japan und Korea zu den beliebtesten Gemüsesorten und wird seit etlichen Jahren auch bei uns unter Glas und im Freiland angebaut. Für das Garen im Wok eignen sich besonders die ganz kleinen Köpfe. Beim Putzen entsteht nur wenig Abfall: einfach nur den Wurzelansatz abschneiden, die grünen Blätter werden mit verwendet. Die Garzeit so kurz halten, dass die Blätter gerade weich, die Stiele aber noch knackig sind.

In gut sortierten Gemüseabteilungen sind auch die winzig kleinen Maiskölbchen zu finden, die oft für Gemüsegerichte verwendet werden. Sie müssen nur gewaschen und gut getrocknet werden, damit beim Braten das Öl nicht spritzt. Sie sind in Windeseile gar und sollen noch einen herzhaften Biss behalten. Notfalls können Sie auch die Mini-Kölbchen aus Dosen oder Gläsern verwenden, doch diese sind bereits vorgegart und nicht mehr bissfest, also erst im letzten Augenblick zum Gericht geben und erhitzen.

Öl als Gewürz

Gemüse wird in Asien selten gekocht, sondern vor allem roh in sehr heißem Öl gebraten. In China heißt es, das Gemüse enthält ja selbst schon so viel Wasser, dass es nicht noch Wasser zum Garen benötigt. Das wichtigste »Gewürz« bei diesen pfannengerührten Gerichten ist sehr heißes Öl. In den meisten asiatischen Küchen wird reichlich Öl verwendet, vor allem das hoch erhitzbare Erdnussöl, mit dem starke Gartemperaturen erzielt werden können. Allerdings ist Erdnuss- und auch Sonnenblumenöl auf Grund seiner

Auch bei uns fast das ganze Jahr erhältlich ist der knackig-zarte Chinakohl.

Fettsäuren-Zusammensetzung nicht so günstig. Besser zum scharfen Braten geeignet ist raffiniertes (also nicht kaltgepresstes) Rapsöl, das sich ebenfalls hoch erhitzen lässt. Olivenöl eignet sich generell nicht für die asiatische Küche, da es einen zu starken Eigengeschmack hat.

Wird das rohe, klein geschnittene Gemüse in rauchheißem Öl rasch pfannengerührt, so entwickeln sich durch die Röststoffe wunderbare Aromen, die Zutaten behalten ihre frische Farbe und bekommen zugleich eine Knusprigkeit, wie sie durch Kochen oder Dünsten nicht zu erzielen wäre. So werden Gemüsegerichte oft nur mit etwas Soja- oder Fischsauce gewürzt. Bei festeren Sorten wie Möhren oder Brokkoli wird nach dem Anbraten ein wenig Brühe angegossen und

Viele Gemüsegerichte werden mit frischem Ingwer würzig abgerundet.

das Gemüse unter Wenden gedünstet, bis es gar ist. Aber auch dann muss es immer noch einen festen, knackigen Kern behalten.

Nach dieser Methode lassen sich auch typisch europäische Gemüsesorten wie grüner Spargel, Rosenkohl oder Fenchel zubereiten. Sie werden überrascht sein, wie anders – und wie gut auf diese Weise ein Gemüse schmecken kann. Außerdem behält es durch die kurze Garzeit seine Vitamine.

Gute Mischung

Gemüsegerichte spielen in den asiatischen Küchen eine große Rolle, obwohl oft eine scharfe Trennung zwischen Fleisch- oder Fischgericht und reinem Gemüsegericht nicht möglich ist. Fast alle Rezepte dieses Buches enthalten auch Gemüse, so wie oft die Gemüsegerichte auch ein wenig Fleisch oder Fisch enthalten können und mit Fleischbrühe oder Fischsauce gewürzt werden. Nur der Anteil ist unterschiedlich. Soll die Betonung auf Gemüse liegen, so verwendet man mehrere Sorten davon und geht besonders sorgfältig damit um, prinzipiell ist aber die Zubereitung die gleiche wie bei einem

Chilischoten sorgen für die Schärfe. Aber vorher entkernen, sonst wird's höllisch.

Fleisch- oder Fischgericht. Bei der Zusammenstellung müssen Sie sich nicht sklavisch an die Vorgaben der folgenden Rezepte halten. Achten Sie nur darauf, möglichst unterschiedliche Strukturen und Farben zu erhalten, also Hartes wie Möhren mit Weichem wie Kohl oder Spinat zu kombinieren, grüne oder helle Gemüse mit roten Paprikaschoten aufzupeppen. Mischen Sie auch einmal ganz fein gehackten Ingwer oder frische, entkernte Chilischoten ganz zum Schluss unter ein Gemüsegericht, wenn Sie einen besonderen Kontrast erzielen wollen. Ganze oder grob gehackte Nüsse, Cashewkerne oder Wasserkastanien geben dem Ganzen noch einen knackigen Biss.

Scharfes Gemüse in Kokossauce

Gelingt leicht

Für 4 Personen
300 g Chinakohl
1 rote Paprikaschote
1 Stange Lauch
250 g Zuckerschoten
2 Möhren
150 g frische Shiitake-Pilze
2 Schalotten
2 Knoblauchzehen
2 getrocknete Chilischoten
4 EL neutrales Öl
1 Dose Kokosmilch (400 g)
1 EL Zitronensaft
2 EL Sojasauce · Salz

Pro Portion: 200 kcal
Zubereitungszeit: 30 Minuten

Chinakohl zerteilen und waschen, in Streifen schneiden. Paprikaschote waschen, putzen und in Rauten schneiden. Lauch putzen, gründlich waschen und in 1/2 cm breite Ringe schneiden. Zuckerschoten waschen und putzen. Möhren schälen und in dünne Scheiben hobeln. Pilze mit Küchenpapier säubern, von den Stielen befreien und in Streifen schneiden. Schalotten und Knoblauch schälen und fein hacken. Chilischoten im Mörser zerreiben.

Wok erhitzen, das Öl darin heiß werden lassen. Möhren, Lauch und Zuckerschoten bei starker Hitze 3 Minuten pfannenrühren. Pilze, Schalotten, Knoblauch und Chillies dazugeben, 2 Minuten braten. Paprika und Chinakohl untermischen, noch 2 Minuten garen.

Gemüse an den Rand schieben. Kokosmilch in den Wok gießen und 2 Minuten kochen lassen, dann das Gemüse untermischen. Mit Zitronensaft, Sojasauce und Salz abschmecken, heiß servieren.

Buntes Pfannengemüse

Für Gäste

Für 4 Personen
1 kleine Süßkartoffel (200 g)
250 g breite Bohnen
1 Fenchelknolle
1 gelbe Paprikaschote
250 g Spinat
250 g Kirschtomaten
150 ml Gemüsebrühe
1 TL Speisestärke
4 EL neutrales Öl
2 EL Cashewkerne
Salz · schwarzer Pfeffer
eventuell Chiliöl zum Beträufeln

Pro Portion: 430 kcal
Zubereitungszeit: 40 Minuten

Süßkartoffel schälen und erst in Scheiben, dann in feine Stifte schneiden. Bohnen putzen, waschen und schräg in 1/2 cm breite Streifen teilen. Fenchel waschen, längs achteln und vom Strunk befreien. Den Fenchel in feine Streifen teilen. Paprikaschote waschen, putzen und in feine Streifen schneiden. Spinat von allen welken Blättern und den groben Stielen befreien, gründlich waschen und gut abtropfen lassen. Kirschtomaten waschen und halbieren. Gemüsebrühe mit Speisestärke verrühren.

Den Wok erhitzen, das Öl darin heiß werden lassen. Die Nüsse darin in 1 Minute knusprig werden lassen, mit dem Schaumlöffel herausheben.

Kartoffelstifte, Bohnen und Fenchel in das Öl geben und unter Rühren 3 Minuten bei mittlerer Hitze braten. Restliches Gemüse außer Tomaten untermischen und bei starker Hitze 3 Minuten braten.

Die Brühe angießen und einmal aufkochen. Nüsse und Tomaten untermischen, alles mit Salz und Pfeffer abschmecken, nach Belieben mit Chiliöl beträufeln und servieren.

Im Bild vorn: Scharfes Gemüse in Kokossauce.
Im Bild hinten: Buntes Pfannengemüse.

Bunte Gemüsestreifen

Für Gäste

Für 4 Personen
12 getrocknete Tongkupilze (Shiitake)
4 Frühlingszwiebeln
1 Stange Staudensellerie
2 mittelgroße Möhren
300 g Zucchini
1 rote Paprikaschote
1 Dose Bambussprossen
1 Knoblauchzehe
1 daumendickes Stück Ingwerwurzel
100 g Sojabohnensprossen (Mungobohnensprossen)
4 EL Pflanzenöl
Salz
Pfeffer
1 Prise Zucker
3 EL helle chinesische Sojasauce
2 EL Austernsauce

Pro Portion: 252 kcal
Zubereitungszeit: 40 Minuten

Die Pilze in warmem Wasser 10–15 Minuten einweichen.

Die Frühlingszwiebeln waschen, die Wurzelansätze entfernen und den hellen und grünen Teil klein hacken. Den Staudensellerie waschen, die Möhren waschen und schälen. Den Staudensellerie und die Möhren in kurze Stücke und dann in streichholzfeine Streifen schneiden.

Die Zucchini vom Stiel und Blütenansatz befreien, waschen und in dünne Scheiben schneiden. Die Paprikaschote waschen, von Stielansatz und Kernen befreien und in dünne Streifen schneiden. Die Bambussprossen abtropfen lassen und in feine Streifen schneiden.

Die Knoblauchzehe und die Ingwerwurzel schälen und klein hacken. Die Pilze abtropfen lassen, die harten Stiele entfernen. Die Sprossen waschen und die oben schwimmenden grünen Hülsen entfernen. Die Sprossen abtropfen lassen.

Den Wok erhitzen und das Öl darin heiß werden lassen. Den Knoblauch und den Ingwer darin kurz anbraten. Das Gemüse und die Pilze zufügen und bei starker Hitze 4 Minuten unter Rühren braten. Mit etwa 1 Tasse heißem Wasser aufgießen und alles 5 Minuten garen.

Mit Salz, Pfeffer, dem Zucker, der Sojasauce und der Austernsauce abschmecken. Die Bambussprossen und die Sprossen in den Wok geben. Alles noch etwa 3 Minuten schmoren lassen.

Das Gemüse passt gut zu Reis, Nudeln, zu Fleisch- und Geflügelgerichten.

Blumenkohl-Brokkoli-Gemüse

Raffiniert

Für 4 Personen
150 g Chinakohl
150 g Blumenkohl
150 g Brokkoli
2 Möhren
150 g Champignons
1 Zwiebel
50 g frische Sojabohnensprossen (Mungobohnensprossen)
3 EL Öl
1 Knoblauchzehe
1/2 TL Pfeffer
2 EL Austernsauce
150 ml Hühner- oder Gemüsebrühe

Pro Portion: 217 kcal
Zubereitungszeit: 20 Minuten

Den Chinakohl waschen, putzen und in Streifen schneiden. Blumenkohl und Brokkoli waschen und in kleine Röschen zerteilen.

Möhren waschen, putzen und in Streifen schneiden. Champignons mit einem Tuch abreiben und putzen. Pilze in Scheiben schneiden. Die Zwiebel schälen, halbieren und in Scheiben schneiden.

Die Sprossen heiß waschen, die harten Hülsen entfernen. In einem Sieb gründlich abtropfen lassen.

Den Wok erhitzen und das Öl darin heiß werden lassen. Knoblauch schälen und hineinpressen. Bei mittlerer Hitze goldbraun braten. Nicht zu braun werden lassen.

Brokkoli, Blumenkohl und den Chinakohl zum Knoblauch geben. Mit gemahlenem Pfeffer würzen. Die Austernsauce und Brühe dazugießen. Alles unter ständigem Rühren etwa 3 Minuten garen.

Das übrige vorbereitete Gemüse und die Sojabohnensprossen in den Wok geben und etwa 2 Minuten mitbraten. Das Gemüse auf einem großen Teller oder einer Platte anrichten, sofort servieren.

Tipp!

Wenn Sie einen weniger intensiven Knoblauchgeschmack bevorzugen, eine ungeschälte Zehe leicht mit einem Messer pressen und im heißen Öl braten, bis die Zehe leicht bräunt. Dann mit einer Gabel aus dem Öl entfernen und wegwerfen.

Pikantes Curry-Gemüse

Scharf

Für 4 Personen
200 g frische, kleine Maiskölbchen (oder eine Dose mit etwa 400 g)
Salz
250 g Möhren
1 Bund zarte, dünne Frühlingszwiebeln
100 g frische Bohnenkeime (Mungobohnensprossen)
2 Knoblauchzehen
1 walnussgroßes Stück frischer Ingwer
3 TL Currypaste (aus dem Glas)
5 EL Fischsauce
5 EL Sojasauce
200 ml Kokosmilch
2 TL Zucker
3 EL Öl
5 Kaffirlimettenblätter in feinen Streifen

Pro Portion: 160 kcal
Zubereitungszeit: 40 Minuten

Die frischen Maiskölbchen waschen, dann in leicht gesalzenem Wasser zugedeckt etwa 7 Minuten vorkochen. Anschließend in einem Sieb gut abtropfen lassen.

Die Möhren putzen, schälen, waschen und in Scheiben, dann in streichholzfeine Stifte schneiden.

Die Frühlingszwiebeln putzen, waschen und in maiskölbchenlange Stücke schneiden.

Die Bohnenkeime in einem Sieb kalt abbrausen und gut abtropfen lassen. Den Knoblauch und den Ingwer schälen und fein hacken.

Die Currypaste in einem Schüsselchen mit der Fischsauce, Sojasauce, der Kokosmilch und dem Zucker verrühren.

Den Wok erhitzen und das Öl darin heiß werden lassen. Den Knoblauch und den Ingwer darin ganz kurz anbraten, dann die Möhrenstifte und die Maiskölbchen dazugeben, alles etwa 2 Minuten pfannenrühren. Die Frühlingszwiebeln untermengen, noch etwa 2 Minuten mitbraten.

Die Currysauce angießen, alles unter Rühren noch etwa 3 Minuten garen. Zum Servieren mit den Kaffirlimettenblättern bestreuen.

Tipp!

Dieses Gemüse ist eine feine Beilage zu Fisch. Für ein Hauptgericht können Sie noch in feine Streifen geschnittenes Fleisch mit dem Gemüse braten.

Frühlingsgemüse mit Sesam

Gelingt leicht

Für 4 Personen
250 g Hähnchenbrustfilet
Salz
schwarzer Pfeffer
1 1/2 TL Speisestärke
150 g zarte Möhren
100 g grüner Spargel
100 g Zuckerschoten
100 g Champignons
3 Frühlingszwiebeln
100 g Chinakohl
100 g Bohnensprossen (frisch oder aus dem Glas)
50 g Maiskölbchen (aus dem Glas)
1 walnussgroßes Stück frischer Ingwer
2 Knoblauchzehen
125 ml Hühnerbrühe
2 EL Sojasauce
1 EL Sesamöl
5 EL Öl
2 EL geschälter Sesam

Pro Portion: 290 kcal
Zubereitungszeit: 45 Minuten

Das Hähnchenfleisch in dünne Scheibchen schneiden, salzen und pfeffern und in 1 TL Speisestärke wälzen.

Die Möhren schälen, putzen und schräg in dünne Scheibchen schneiden. Den Spargel waschen, putzen und im unteren Drittel schälen. Die Spargelspitzen abschneiden, die Stangen schräg in feine Scheiben schneiden. Die Zuckerschoten waschen und putzen. Die Champignons putzen und in feine Scheiben schneiden. Die Frühlingszwiebeln waschen, putzen, längs halbieren und in etwa 4 cm lange Stücke schneiden. Den Chinakohl waschen und in 1 cm breite Streifen schneiden.

Die Bohnensprossen abbrausen, abtropfen lassen und verlesen. Die Maiskölbchen abtropfen lassen. Ingwer und Knoblauch schälen und fein würfeln.

Die Brühe, die Sojasauce, das Sesamöl und die restliche Stärke in einem Schälchen gut verquirlen.

Den Wok erhitzen und darin 4 EL Öl sehr heiß werden lassen, den Sesam in 1 Minute goldbraun braten. In ein feines Sieb schütten, das Öl dabei auffangen, zurück in den Wok gießen und erneut erhitzen. Das Fleisch in dem heißen Öl 3 Minuten pfannenrühren, bis es weiß ist. Mit einer Schaumkelle herausheben und warm stellen.

Ingwer und den Knoblauch im übrigen heißen Öl anbraten. Zuerst die Möhren und die Spargelscheiben 3 Minuten unter ständigem Rühren braten, dann Spargelspitzen, Zuckerschoten, Champignons und Frühlingszwiebeln 2 Minuten mitrühren. Zum Schluss Sprossen, Chinakohl und Maiskölbchen noch 1 Minute unter Rühren braten.

Die vorbereitete Würzsauce angießen. Alles einmal aufkochen lassen. Sesam und das Hühnerfleisch dazugeben. Das Ganze bei starker Hitze noch 1 Minute mischen. Sofort heiß mit Reis servieren.

Tipp!

Wenn Sie das Gericht ganz vegetarisch zubereiten wollen, können Sie das Hühnerfleisch durch die gleiche Menge Tofu ersetzen und statt Hühnerbrühe Gemüsebrühe nehmen.

Hähnchenfleisch und Gemüse in sehr heißem Öl angebraten, ergibt bei diesem Gericht das typische, würzige Röstaroma.

Kurkuma-Gemüse

Raffiniert

Für 4 Personen
1 Salatgurke (400–500 g)
400 g Möhren
2 mittelgroße Zwiebeln
4 Knoblauchzehen
1 TL Sambal Oelek
1 TL Kurkumapulver (Kunyit)
3 EL Öl
3 EL Cashewkerne
1 gute Prise Zucker
Salz
ein Schuss Essig

Pro Portion: 150 kcal
Zubereitungszeit: 35 Minuten

Die Gurke schälen, längs halbieren und und die Kerne mit einem Löffel ausschaben. Die Möhren waschen und schälen. Das Gemüse in etwa 5 cm lange, feine Stifte schneiden.

Die Zwiebeln und den Knoblauch schälen und grob würfeln. Zusammen mit Sambal Oelek und Kurkumapulver im Mörser oder im Mixer sehr glatt pürieren.

Den Wok und dann das Öl darin nicht zu stark erhitzen, die Gewürzmischung unter Rühren kurz andünsten.

Die Möhrenstifte dazugeben und unter Rühren kurz anschwitzen, dann 100 ml Wasser dazugeben und die Möhren unter häufigem Rühren etwa 5 Minuten garen.

Die Gurkenstreifen und noch etwa 100 ml Wasser dazugeben, alles noch einmal etwa 5 Minuten garen.

Die Cashewkerne grob hacken, unter das Gemüse rühren. Mit Zucker, Salz und einem Schuss Essig abschmecken.

Tipp!

Auch fein als Beilage zu gedämpften Fischgerichten. Zusätzlich Reis servieren.

Paksoi mit Sesam

Für Gäste

Für 4 Personen
2 Paksoi-Stauden (etwa 800 g)
2 Knoblauchzehen
1 walnussgroßes Stück frischer Ingwer
2 rote Chilischoten
2 EL neutrales Pflanzenöl
40 g ungeschälte Sesamsamen
5 EL Sojasauce
schwarzer Pfeffer
2 TL Würz-Sesamöl

Pro Portion: 160 kcal
Zubereitungszeit: 30 Minuten

Den Paksoi putzen, waschen und gut trockenschütteln. Die Stiele und die Blätter quer in etwa 1 cm breite Streifen schneiden.

Den Knoblauch und den Ingwer schälen und sehr fein würfeln. Die Chilischoten putzen, entkernen, waschen und in hauchdünne Streifen schneiden.

Den Wok und dann das Öl darin nicht zu stark erhitzen. Den Knoblauch, den Ingwer und die Chilischoten darin unter Rühren etwa 1 Minute anbraten.

Den Sesam einrühren, dann den Paksoi dazugeben und alles etwa 3 Minuten pfannenrühren.

Die Sojasauce und 4–5 EL Wasser dazugießen, das Gemüse mit Pfeffer würzen. Zum Servieren das Gemüse mit dem Sesamöl beträufeln.

Mit Reis oder als Beilage zu Fischgerichten servieren.

Wirsingcurry mit Cashewkernen

Preiswert

Für 4 Personen
1 mittelgroßer Wirsing (etwa 800 g)
2 getrocknete Chilischoten
1 TL gelbe Senfkörner
1 kleines Lorbeerblatt
50 g Butterschmalz
100 g Cashewkerne
1/2 TL Ingwerpulver
125 ml Gemüsebrühe
300 g tiefgekühlte Erbsen, aufgetaut
1 EL Currypulver · Salz
1 Prise Zucker
3 EL Sahnejoghurt

Pro Portion: 430 kcal
Zubereitungszeit: 35 Minuten

Den Wirsing von den äußeren Blättern befreien, vierteln, waschen und abtropfen lassen. Die Viertel in etwa 2 cm breite Streifen schneiden, dabei den Strunk entfernen.

Die Chilischoten, die Senfkörner und das Lorbeerblatt im Mörser zerstoßen. Den Wok und dann das Butterschmalz darin erhitzen. Die Cashewkerne unter Rühren goldgelb rösten, herausheben und beiseite stellen. Im verbliebenen Fett die zerstoßenen Gewürze und das Ingwerpulver unter Rühren etwa 1 Minute anrösten.

Den Wirsing dazufügen und unter Rühren so lange dünsten, bis er ganz zerfallen ist. Erst dann die Gemüsebrühe und die Erbsen dazugeben. Alles zugedeckt etwa 8 Minuten schmoren lassen.

Das Currypulver einrühren und das Gericht mit Salz und dem Zucker würzen. Ohne Deckel noch etwa 5 Minuten schmoren, damit ein Teil der Flüssigkeit verdampfen kann.

Das fertige Gericht mit dem Sahnejoghurt verfeinern und mit den Cashewkernen vermengen. Dazu Reis servieren.

Geschmorter Chinakohl mit Bohnenkeimen

Gelingt leicht

Für 4 Personen
1 Chinakohl (etwa 750 g)
300 g frische Bohnenkeime (Mungobohnensprossen)
1 golfballgroßes Stück Ingwer
4 EL Sojaöl
4 EL Sojasauce
100 ml Gemüsebrühe
2 TL Zucker
Salz · schwarzer Pfeffer
2 TL Würz-Sesamöl

Pro Portion: 140 kcal
Zubereitungszeit: 30 Minuten

Den Chinakohl putzen, den harten Strunk kürzen, die äußeren Blätter entfernen. Den Kohl dann waschen, trockenschütteln und längs vierteln, die Viertel quer in etwa 1 cm breite Streifen schneiden. Die Bohnenkeime in einem Sieb abbrausen, abtropfen lassen und verlesen.

Den Ingwer schälen und sehr fein würfeln. Den Wok und dann das Öl darin nicht zu stark erhitzen, den Ingwer unter Rühren kurz anbraten.

Den Chinakohl dazugeben und unter Rühren etwa 6 Minuten anbraten.

Die Bohnenkeime unterrühren. Die Sojasauce, die Brühe und den Zucker dazugeben, alles vermischen und noch etwa 5 Minuten garen. Mit Salz und Pfeffer abschmecken, mit dem Sesamöl beträufelt servieren.

Tipp!

Zusammen mit Reis oder als Beilage zu einem scharfen Fleischgericht reichen.

Gedämpfte Chinakohlpäckchen

Gelingt leicht

Für 4 Personen
8 große Chinakohlblätter
2 große Möhren
2 rote Zwiebeln
2 Knoblauchzehen
2 EL Pistazienkerne
4 Scheiben Vollkorn-Toastbrot
50 g geriebener Bergkäse
1 Ei · Salz · schwarzer Pfeffer
1 Prise geriebene Muskatnuss
200 ml Gemüsebrühe
2 EL Crème fraîche
1 TL geriebene Zitronenschale

Pro Portion: 270 kcal
Zubereitungszeit: 1 Stunde

Die Kohlblätter waschen und trocknen, Blattrippen flach schneiden. Möhren, Zwiebeln und Knoblauch schälen. Möhren fein raspeln, Zwiebeln und Knoblauch fein hacken.

Pistazienkerne mahlen. Toastbrot klein würfeln. Wok erhitzen und die Brotwürfel knusprig rösten. Herausnehmen.

Möhren, Zwiebeln und Knoblauch mit Brot, Pistazien, Käse und Ei gründlich vermischen und mit Salz, Pfeffer und Muskat abschmecken.

Chinakohlblätter ausbreiten. Die Füllung in die Mitte der Kohlblätter verteilen, zu Päckchen einschlagen und mit der Nahtstelle nach unten in den Dämpfeinsatz geben.

Brühe im Wok erhitzen. Dämpfeinsatz darüber stellen. Die Kohlpäckchen zugedeckt 20–25 Minuten dämpfen.

Päckchen zugedeckt warm halten. Crème fraîche in die Dämpfbrühe rühren, etwas einkochen. Mit Zitronenschale, Salz und Pfeffer abschmecken. Die Chinakohlpäckchen mit Sauce anrichten.

Gemüse im Spinatblatt

Raffiniert

Für 2 Personen
4 Zitronenblätter
400 g große Spinatblätter
Salz
1 Zucchino · 2 Möhren
4 Stangen Spargel
1 Bund Frühlingszwiebeln
1 Fenchelknolle · Pfeffer
einige Schnittlauchhalme
2 Knoblauchzehen
1 Bund Basilikum
1 EL Zitronensaft
2 TL rote Currypaste
(aus dem Asienladen)
2 EL Kokosmilch (Dose)

Pro Portion: 140 kcal
Zubereitungszeit: 40 Minuten

Zitronenblätter waschen und in feine Streifen schneiden. Spinatblätter entstielen und waschen. In kochendem Salzwasser 1/2 Minute blanchieren, abschrecken, abtropfen lassen und ausbreiten.

Gemüse waschen und putzen. Zucchino und Möhren in Stifte, Spargel und Frühlingszwiebeln in 5–6 cm lange Stücke, Fenchel in Streifen schneiden. Spinat mit Zitronenblättern und Gemüse belegen, salzen und pfeffern. Blätter einrollen und mit Schnittlauch binden. In den Dämpfeinsatz legen.

Knoblauch schälen und fein hacken. Basilikum waschen, Blättchen abzupfen, Stiele mit Knoblauch in den Wok geben. 250 ml Wasser und Zitronensaft dazugeben, aufkochen. Dämpfeinsatz darüber setzen und Gemüsepäckchen zugedeckt 15 Minuten dämpfen.

Päckchen zugedeckt warm stellen. Basilikumstiele aus dem Sud entfernen. Sud mit Currypaste und Kokosmilch aufkochen, salzen und die Basilikumblättchen untermischen. Die Sauce getrennt zu den Päckchen servieren.

Im Bild vorn: Gemüse im Spinatblatt.
Im Bild hinten: Gedämpfte Chinakohlpäckchen.

Chinakohl in Cremesauce

Preiswert

Für 4 Personen
800 g Chinakohl
1 daumengroßes Stück Ingwer
1 Frühlingszwiebel
200 ml Milch
2 EL Speisestärke
Salz · Pfeffer
2 EL neutrales Pflanzenöl
1/2 Bund frisches Koriandergrün

Pro Portion: 130 kcal
Zubereitungszeit: 30 Minuten

Den Chinakohl putzen und waschen, die Blätter längs halbieren, quer in etwa 8 cm breite Stücke schneiden.

Den Ingwer schälen und fein hacken. Die Frühlingszwiebel putzen, waschen und klein schneiden. Die Milch mit der Speisestärke, Salz und Pfeffer kräftig verquirlen.

Den Wok und dann das Öl darin erhitzen, etwas Salz einrühren, den Ingwer und die Zwiebelwürfel glasig werden lassen. Die Chinakohlstreifen in den Wok geben, unter ständigem Wenden etwa 3 Minuten braten.

Die vorbereitete Würz-Milch in den Wok gießen. Bei mittlerer Hitze unter ständigem Rühren noch etwa 3 Minuten kochen. Mit Salz und Pfeffer abschmecken und mit dem gehackten Koriandergrün bestreuen.

Paksoi mit Garnelen

Gelingt leicht

Für 4 Personen
400 g geschälte Nordseegarnelen
1 Eiweiß
1 EL Speisestärke
schwarzer Pfeffer
1 Kopf Paksoi (1 großer oder 2 kleine Köpfe; etwa 600 g)
1 Zwiebel
1 Knoblauchzehe
4 EL Erdnuss- oder Sojaöl
125 ml Hühnerbrühe
4 EL trockener Weißwein
Salz
1 Prise gemahlener Ingwer

Pro Portion: 450 kcal
Zubereitungszeit: 30 Minuten

Die Garnelen in einem Sieb unter fließendem Wasser abspülen und abtropfen lassen. Das Eiweiß halbsteif schlagen und gründlich mit der Speisestärke verrühren. Die Garnelen gut pfeffern und mit dem Eiweiß vermischen.

Vom Kohl den Strunk so abschneiden, dass die Blätter lose auseinander fallen. Abspülen und gut abtropfen lassen. Das Blattgrün entfernen und grob hacken. Die fleischigen Blattstiele längs und quer halbieren. Die Zwiebel und den Knoblauch schälen und fein würfeln.

Den Wok und dann 2 EL von dem Öl darin erhitzen und die Blattstiele unter Rühren etwa 2 Minuten andünsten. Mit je 2 EL Hühnerbrühe und Wein ablöschen und etwa 5 Minuten garen. Dann herausnehmen und beiseite stellen.

Das restliche Öl im Wok rauchheiß werden lassen, die Zwiebel und den Knoblauch darin glasig braten. Die Garnelen dazufügen und unter Rühren etwa 2 Minuten braten.

Die übrige Hühnerbrühe und den restlichen Wein angießen. Die Kohlblätter und Blattstiele dazufügen, aufkochen. Mit Salz und dem Ingwer würzen.

Tipp!

Statt mit Paksoi können Sie dieses Gericht auch mit breitstieligem Mangold zubereiten, die Garzeit bleibt etwa die gleiche.

Kohlrabi-Basilikum-Gemüse

Für Gäste

Für 4 Personen
2 junge Kohlrabiknollen (etwa 500 g)
600 g junge Möhren
250 g Mozzarella
2–3 Bund Basilikum (je nach Größe)
4 EL Öl
4 EL Pinienkerne
Salz · schwarzer Pfeffer
1 Prise Zucker

Pro Portion: 360 kcal
Zubereitungszeit: 45 Minuten

Die Kohlrabiknollen putzen und schälen, zarte Blättchen beiseite legen. Die Knollen erst in dünne Scheiben, dann in feine Stifte schneiden.

Die Möhren schälen und ebenfalls in feine Stifte schneiden. Den Mozzarella abtropfen lassen und in Streifen schneiden.

Das Basilikum waschen und trockenschütteln. Die Blättchen abzupfen und in Streifen schneiden. Das Kohlrabigrün fein hacken. Beide Kräuter mischen.

Den Wok und dann das Öl darin nicht zu stark erhitzen. Das Gemüse hineingeben und unter Rühren etwa 8 Minuten braten. An den Rand schieben, die Pinienkerne kurz in der Mitte des Woks anrösten.

Die Kräuter und den Mozzarella dazugeben, alles vermischen und nur noch ganz kurz braten. Mit Salz, Pfeffer und dem Zucker würzen.

Mit Nudeln servieren. Eventuell zusätzlich Fleisch oder Fisch braten.

Gebratenes Gemüse

Exotisch

Für 4 Personen
20 g getrocknete Tongkupilze (Shiitake)
1 rote Paprikaschote
4 kleine Möhren (etwa 200 g)
4 Frühlingszwiebeln
200 g Chinakohl
150 g frische Bohnenkeime (Mungobohnensprossen)
3 EL Öl
4 Knoblauchzehen
75 ml helle Sojasauce
Zucker
Ingwerpulver oder fein gehackter frischer Ingwer

Pro Portion: 110 kcal
Zubereitungszeit: 45 Minuten

Die Tongkupilze waschen und etwa 30 Minuten in warmem Wasser einweichen.

Inzwischen alles Gemüse vorbereiten: Die Paprikaschote halbieren, putzen, waschen und in feine Streifen schneiden. Die Möhren und die Frühlingszwiebeln putzen, waschen und in dünne, schräge Streifen schneiden. Den Chinakohl putzen, waschen und gut trockenschleudern, in 1 cm breite Streifen schneiden. Die Bohnenkeime waschen und abtropfen lassen.

Die eingeweichten Pilze ausdrücken, die harte Stiele entfernen, die Pilzhüte etwas kleiner schneiden.

Den Wok und dann das Öl darin erhitzen. Den Knoblauch schälen und dazupressen. Die Paprika- und Möhrenstücke hineingeben und unter ständigem Rühren etwa 2 Minuten anbraten.

Die Pilze und die Frühlingszwiebeln dazugeben und etwa 2 Minuten mitgaren, dann den Chinakohl und die Bohnenkeime untermengen und alles nochmals etwa 3 Minuten braten.

Das Gemüse mit der Sojasauce, einer Prise Zucker und Ingwer würzen und pikant abschmecken.

Bananen-Gemüse mit Erdnusssauce

Schnell

Für 2 Personen
1 feste Banane
1 EL Zitronensaft
1 Zucchino
2 dünne Stangen Lauch
1 rote Paprikaschote
150 g Mungobohnensprossen
1 weiße Zwiebel
2 EL stückige Erdnusscreme
125 ml Gemüsebrühe · 4 EL Öl
4 Kardamomkapseln
1 Zimtstange
2 getrocknete Chilischoten
Salz · schwarzer Pfeffer
1 EL Alfalfasprossen

Pro Portion: 460 kcal
Zubereitungszeit: 30 Minuten

Banane schälen und in 1 cm dicke Scheiben schneiden. Mit Zitronensaft vermischen. Gemüse waschen und putzen, Zucchino in 1/2 cm dicke Scheiben, den Lauch in feine Ringe schneiden. Paprikaschote in feine Streifen teilen. Mungosprossen abspülen und abtropfen lassen. Zwiebel schälen, halbieren und in feine Streifen schneiden. Für die Sauce Erdnusscreme mit Brühe und eventuell etwas Wasser verrühren.

Wok erhitzen, das Öl darin heiß werden lassen. Kardamom, Zimt und Chillies unter Rühren 2 Minuten anrösten. Mit einem Schaumlöffel herausholen.

Bananenscheiben ins heiße Öl geben und 1/2 Minute braten, dann an die Seite des Woks schieben.

Zucchino, Paprika und Lauch ins Öl geben und bei starker Hitze 4 Minuten pfannenrühren. Mungosprossen dazugeben und 1 weitere Minute braten. Banane und Sauce untermischen und heiß werden lassen. Mit Salz und Pfeffer abschmecken, mit Alfalfasprossen bestreuen und servieren.

Scharfer Honig-Kohl

Kalorienarm

Für 4 Personen
1 kleiner Weiß- oder Spitzkohl (etwa 750 g)
3 Frühlingszwiebeln
2–3 rote Chilischoten
1 walnussgroßes Stück Ingwer
6 EL Hühnerbrühe
3 EL Sojasauce
1 EL Weißweinessig
1 EL Honig
1/2 TL Speisestärke
3 EL Öl
Salz · schwarzer Pfeffer

Pro Portion: 190 kcal
Zubereitungszeit: 30 Minuten

Den Kohl längs vierteln, waschen und putzen, die Viertel in etwa 2 cm breite Streifen schneiden. Die Frühlingszwiebeln waschen, putzen und längs halbieren, dann schräg in 3–4 cm lange Stücke schneiden. Die Chilischoten putzen, entkernen und abspülen, dann ganz klein würfeln. Den Ingwer schälen und fein hacken.

Für die Würzsauce Brühe, Sojasauce, Essig, Honig und Stärke verquirlen.

Den Wok und dann das Öl stark erhitzen. Ingwer, Chilischoten und Frühlingzwiebeln darin 1/2 Minute pfannenrühren. Dann den Kohl dazugeben und unter Rühren 3 Minuten mitbraten.

Die Würzsauce angießen und aufkochen lassen. Alles bei starker Hitze noch 3 Minuten durchmischen. Mit Salz und Pfeffer abschmecken. Sofort heiß mit Reis servieren.

Das pikante Bananen-Gemüse mit Erdnusssauce ist ein raffiniertes Gericht für zwei Personen.

Süßsaures Gemüse mit Ananas

Raffiniert

Für 4 Personen
1 kleine Dose Ananasstücke (ca. 250 g)
4 EL süßsaure Sauce (Fertigprodukt)
2 Möhren
1 Fenchelknolle
1 rote Paprikaschote
1 grüne Paprikaschote
2 EL Öl
150 g Mungobohnensprossen
200 g Chinakohl
Salz · Pfeffer
gehackte Nusskerne (z.B. Cashew-, Macadamia- oder Erdnusskerne), zum Garnieren nach Wunsch

Pro Portion: 185 kcal
Zubereitungszeit: 30 Minuten

Ananasstückchen in ein Sieb geben und abtropfen lassen, dabei den Saft auffangen. Süßsaure Sauce mit 3 EL Ananassaft vermischen und beiseite stellen.

Möhren, Fenchel, Paprikaschoten waschen, putzen und in dünne Streifen schneiden. Das Grün der Fenchelknolle beiseite legen.

Den Wok und dann das Öl darin bei mittlerer Stufe erhitzen. Das Gemüse 3–4 Minuten braten, bis es fast gar ist.

Süßsaure Ananassauce untermischen und bei starker Hitze aufkochen. Ananasstücke und die Mungosprossen zufügen. Etwa 1 Minute mitkochen. Chinakohl waschen und in Streifen schneiden, dazugeben und ebenfalls 1 Minute unter ständigem Rühren erhitzen. Mit Salz und Pfeffer abschmecken. Das süßsaure Gemüse nach Wunsch mit gehackten Nüssen bestreuen und mit Fenchelgrün garnieren. Sofort servieren.

Wirsingstreifen in Kokosmilch

Exotisch

Für 4 Personen
1 Wirsing (etwa 800 g)
2 Zwiebeln
2 Knoblauchzehen
1 frische rote Chilischote
3 EL Öl
400 ml ungesüßte Kokosmilch (aus der Dose)
1/2 TL abgeriebene unbehandelte Zitronenschale
Salz · Pfeffer
50 g frische Kokosnuss am Stück (oder Kokosraspel)

Pro Portion: 370 kcal
Zubereitungszeit: 35 Minuten

Den Wirsing putzen, vierteln, waschen und die Viertel quer in fingerbreite Streifen schneiden, dabei den Strunk entfernen. Zwiebeln und Knoblauch schälen und hacken. Die Chilischote putzen, entkernen und abspülen, in sehr feine Streifen schneiden.

Zuderst den Wok und dann darin das Öl erhitzen. Den Wirsing unter ständigem Rühren 5 Minuten braten. Zwiebeln, Knoblauch und Chilischote hinzufügen und weitere 2 Minuten unter Rühren mitbraten.

Die Kokosmilch angießen. Zitronenschale und etwas Salz hinzufügen. Alles bei mittlerer Hitze unter gelegentlichem Rühren fertig garen, bis der Kohl weich ist, aber noch Biss hat. Mit Salz und Pfeffer abschmecken.

Das Kokosfleisch auf dem Gurkenhobel dünn schneiden. Die Späne oder die Kokosraspel über den Wirsing streuen. Reichen Sie dazu Duft- oder Basmatireis.

Tipp!

Getrocknete Kokosraspel können Sie auch vorher in einem Pfännchen ohne Fett hellgelb anrösten, dann schmecken sie würziger.

Paprika-Mais-Gemüse in süß-saurer Sauce

Raffiniert

Für 4 Personen
200 g kleine Bundmöhren
Salz
200 g kleine, zarte Maiskölbchen
1 große, rote Paprikaschote
1 Zwiebel
1 Knoblauchzehe
2 EL Öl
4 EL süße gelbe Bohnenpaste (siehe Seite 18)
4 EL trockener Sherry oder Sherryessig
Pfeffer
Petersilie zum Garnieren

Pro Portion: 275 kcal
Zubereitungszeit: 20 Minuten

Möhren waschen, putzen und in kochendem Salzwasser etwa 2 Minuten blanchieren. Mit dem Schaumlöffel herausnehmen. Unter fließendem, kaltem Wasser sofort abspülen und abtropfen lassen. Die Maiskölbchen wie die Bohnen paste vorbereiten.

Paprikaschote putzen, waschen und in Streifen schneiden. Zwiebel schälen und in dünne Scheiben schneiden. Die Knoblauchzehe schälen.

Zuerst den Wok und dann das Öl darin bei mittlerer Stufe erhitzen. Paprikastreifen und Zwiebel zugeben und 2–3 Minuten unter Rühren braten. Den Knoblauch durch die Presse dazudrücken. Möhren und Mais dazufügen. Bei starker Hitze weitere 3–4 Minuten unter Rühren braten.

Gelbe Bohnenpaste und Sherry oder Sherryessig dazugeben. Alles unter Rühren erhitzen, bis Sauce und das Gemüse gut vermischt sind. Mit Salz und Pfeffer abschmecken. Mit Petersilie garnieren und sofort servieren.

Chinakohl süßsauer

Preiswert

Für 3 Personen
250 g zarter Chinakohl
3 getrocknete Chilischoten
40 g Sesamöl
1 EL Zucker
1 EL heller chinesischer Essig
Salz

Pro Portion: 140 kcal
Zubereitungszeit: 45 Minuten

Die Chinakohlblätter waschen und die dicken Blattrippen flach schneiden. Die Blätter der Länge nach halbieren. Die Chilischoten etwa 5 Minuten in warmem Wasser einweichen, dann von den Kernen befreien und in feine Streifen schneiden.

In einem Topf reichlich Wasser zum Kochen bringen. Den Chinakohl darin etwa 2 Minuten blanchieren. Dann kalt abschrecken, abtropfen lassen und auf einen Teller legen.

Den Wok erhitzen, dann das Sesamöl darin heiß werden lassen. Die Chilischoten dazugeben und unter Rühren braten, bis sie duften.

Den Wok vom Herd nehmen. 1 EL Zucker, 1 EL Essig, Salz und 1 EL Wasser hineingeben und gut verrühren. Noch einmal bei schwacher Hitze unter Rühren erwärmen, bis der Zucker geschmolzen ist.

Die Sauce über den Chinakohl gießen. Chinakohl etwa 20 Minuten marinieren.

Den Chinakohl dann aus der Marinade nehmen, in 4 cm lange Streifen schneiden und hübsch auf einem Teller auslegen. Die Chilistreifen aus der Marinade fischen und neben dem Chinakohl anrichten. Marinade nach Wunsch getrennt dazu servieren.

Grünes Gemüsecurry

Braucht etwas Zeit

Für 6 Personen
250 g ganz zarte grüne Bohnen (Kenia- oder Prinzessbohnen)
250 g Zuckerschoten
2 grüne Paprikaschoten
4 spitze gelbe Paprikaschoten
1 grüne Pfefferschote (Chilischote)
1 Bund Frühlingszwiebeln
4 junge Möhren
3 Knoblauchzehen
etwa 3 cm frische Ingwerwurzel
5 EL Erdnuss- oder Sojaöl
1 TL gelbe Senfkörner
1 TL geschrotete Korianderkörner
100 g Kokosflocken
250 ml Gemüsebrühe
Salz
1 TL Zucker
150 g Sahnejoghurt
1–2 EL Currpulver

Pro Portion: 410 kcal
Zubereitungszeit: 45 Minuten

Die Bohnen und die Zuckerschoten entfädeln, waschen und abtropfen lassen. Prinzessbohnen einmal in der Mitte durchbrechen.

Die grünen Paprikaschoten an den Nahtstellen aufschneiden, von Stängelansätzen und Samensträngen befreien. Die gelben Paprikaschoten und die Chilischote längs halbieren, die Stängelansätze abschneiden, die Samenstränge und die Kerne sorgfältig entfernen.

Alles abspülen und gründlich abtropfen lassen. Grüne und gelbe Paprika in feine Streifen schneiden, die Pfefferschote sehr fein würfeln.

Die Frühlingszwiebeln putzen, die weißen Knollen fein würfeln, die grünen Teile schräg in dünne Ringe schneiden. Die Möhren schälen oder schaben und sehr fein würfeln. Die Knoblauchzehen und die Ingwerwurzel schälen und fein hacken.

Den Wok und dann das Öl darin erhitzen. Den Ingwer und den Knoblauch mit den Senfkörnern und dem Koriander hineingeben und unter Rühren bei nicht zu starker Hitze rösten, bis der Knoblauch glasig ist. Er darf nicht braun werden, sonst wird er bitter.

Mit den Bohnen beginnend das Gemüse portionsweise ins Öl geben und jeweils etwa 1/2 Minute andünsten, dann zur Seite schieben und die nächste Portion in den Wok geben. Wenn alles Gemüse verbraucht ist, die Kokosflocken unterrühren und das Gemüse mit der Gemüsebrühe ablöschen.

Das Gemüse unter häufigem Wenden 6–8 Minuten garen. Es soll auf jeden Fall noch Biss haben. Erst jetzt mit Salz und dem Zucker würzen. Den Wok vom Herd nehmen und den Joghurt unter das Gemüse rühren. Das fertige Gericht kräftig mit dem Currypulver abschmecken.

Sehr heiß mit körnig gekochtem Reis servieren.

Tipp!

Wenn Ihr Wok nicht groß genug ist, um das ganze Gemüse zu fassen, heben Sie die fertig gebratenen Sorten heraus und stellen Sie sie im Ofen bei 50 °C warm. Zum Schluss dann alles vereinen und mit der Brühe garen.

Ein schönes, leichtes Sommergericht: grüne Gemüse im Wok gegart.

Bohnen mit Bambussprossen

Raffiniert

Für 4 Personen
1 kg dicke Bohnen in der Schote
250 g ganz zarte grüne Bohnen (Kenia- oder Prinzessbohnen)
250 g Bambussprossen (aus der Dose)
2 EL Pflanzenöl
20 g Butterschmalz
250 ml Hühnerbrühe
1 TL Speisestärke
Salz · weißer Pfeffer

Pro Portion: 380 kcal
Zubereitungszeit: 35 Minuten

Die dicken Bohnen aus den Hülsen palen und etwa 3 Minuten in kochendem Wasser blanchieren. Kalt abschrecken und die Bohnenkerne aus den harten Häuten lösen.

Die grünen Bohnen abfädeln, waschen und gründlich abtropfen lassen. Prinzessbohnen einmal in der Mitte durchbrechen. Die Bambussprossen abtropfen lassen und dann mit dem Buntmesser in etwa 5 mm dicke, 2 cm breite und 3 cm lange Streifen schneiden.

Den Wok und dann darin das Öl und das Butterschmalz erhitzen. Das Gemüse darin unter ständigem Rühren knapp 2 Minuten anbraten. Von der Hühnerbrühe 2 EL abnehmen, den Rest in den Wok geben. Das Gemüse zugedeckt etwa 5 Minuten kochen lassen.

Die Speisestärke mit der abgenommenen Brühe glatt anrühren und das Gemüse damit binden. Mit Salz und Pfeffer würzen und auf einer Platte anrichten.

Scharfe Bohnen

Exotisch

Für 4 Personen
500 g grüne Bohnen
Salz
250 g Tomaten
3 Knoblauchzehen
6 frische kleine rote Chilischoten
150 g kleine Zwiebeln
2 TL Palmzucker
75 ml Kokosmilch
1 TL gemahlene Galgantwurzel (Laos), ersatzweise Ingwerpulver
2 EL Öl

Pro Portion: 110 kcal
Zubereitungszeit: 40 Minuten

Die Bohnen waschen, putzen und schräg in etwa 1 cm breite Streifen schneiden. In reichlich Salzwasser etwa 5 Minuten vorgaren, dann kalt abschrecken und in einem Sieb gut abtropfen lassen.

Die Tomaten waschen und achteln, dabei die Stielansätze herausschneiden.

Den Knoblauch schälen. Die Chilischoten putzen, aufschlitzen und die Kernchen heraustrennen. Den Knoblauch und die Chilischoten in möglichst dünne Scheiben schneiden.

Die Zwiebeln schälen und halbieren, dann in dünne Scheiben schneiden.

Den Palmzucker zwischen den Fingern zerreiben, mit der Kokosmilch und dem Galgant oder dem Ingwer verrühren.

Den Wok und dann das Öl darin erhitzen, Knoblauch-, Chili- und die Zwiebelscheiben darin etwa 1 Minute pfannenrühren.

Die Bohnen und die Tomaten einrühren, dann die vorbereitete Kokossauce dazugießen. Den Deckel auflegen und das Gemüse bei mittlerer Hitze 5–10 Minuten dünsten, bis die Bohnen gar, aber nicht zu weich sind. Sofort mit körnig gekochtem Reis servieren.

Gebratene grüne Bohnen

Schnell

Für 4 Personen
500 g grüne Bohnen
2 Knoblauchzehen
2 Schalotten
1 cm frische Ingwerwurzel
1 frische rote Chilischote
3 EL Öl
1/2 TL Salz
50 g Cashewkerne (ungesalzen)
125 ml Hühnerbrühe
2 EL trockener Sherry
1 EL helle Sojasauce
1 TL Essig
1 TL Zucker
schwarzer Pfeffer

Pro Portion: 252 kcal
Zubereitungszeit: 20 Minuten

Grüne Bohnen waschen, putzen und in etwa 5 cm lange Stücke schneiden. Knoblauch, Schalotten und die Ingwerwurzel schälen, Knoblauch und Ingwer fein hacken, die Schalotten in feine Ringe schneiden. Die Chilischote putzen und entkernen, abspülen, trocknen und fein hacken.

Den Wok und dann das Öl darin erhitzen. Knoblauch, Schalotten und Ingwer bei mittlerer Hitze etwa 1 Minute anbraten. Die Chilischote mit dem Salz unterrühren. Noch 1/2 Minute braten.

Die grünen Bohnen mit den Nüssen in den Wok geben und etwa 1 Minute unter Rühren braten, bis die Nüsse etwas gebräunt sind.

Die Hühnerbrühe mit Sherry, Sojasauce, Essig und Zucker zugeben. Aufkochen lassen und bei mittlerer Hitze unter ständigem Rühren alles etwa 4 Minuten garen, bis die Bohnen gar, aber nicht zu weich sind und die Sauce eingekocht ist. Auf einem Servierteller anrichten, mit schwarzem Pfeffer bestreuen und sofort servieren.

Bohnenkeimlinge mit Paprika

Preiswert

Für 4 Personen
300 g frische Bohnenkeimlinge (Mungobohnensprossen)
1 grüne Paprikaschote
1 rote Paprikaschote
2 EL Öl
2 EL süße Sojasauce
schwarzer Pfeffer

Pro Portion: 80 kcal
Zubereitungszeit: 30 Minuten

Die Bohnenkeimlinge waschen und verlesen, in einem Sieb gründlich abtropfen lassen.

Die Paprikaschoten halbieren, die Stielansätze, die Trennwände und die Kerne herausschneiden. Die Hälften waschen und in sehr feine Streifen schneiden.

Den Wok und dann das Öl darin erhitzen. Die Paprikastreifen darin etwa 2 Minuten pfannenrühren.

Die Bohnenkeime dazugeben, mit der Sojasauce und etwas Pfeffer würzen. Unter Rühren noch etwa 2 Minuten garen.

Tipp!

Reichen Sie das bunte Paprikagemüse als Bestandteil eines ausgiebigen Wokessens mit verschiedenen Fleisch- oder Fischgerichten. Es schmeckt aber auch als Beilage zu kurz gebratenem Fleisch oder gegrilltem Fisch.

Zuckerschoten mit Zitronengras

Gelingt leicht

Für 2 Personen
Für das Gemüse:
250 g breite grüne Bohnen
250 g Zuckerschoten
1 Bund Frühlingszwiebeln
2 Stängel Zitronengras
1 rote Chilischote
100 g frische Erdnüsse
Für die Sauce:
1 EL Sojasauce
125 ml Gemüsebrühe
1 EL Sherry nach Belieben
1 TL Speisestärke
1 TL Zitronensaft · 3 EL Öl
Salz · schwarzer Pfeffer
1 EL Schnittlauchröllchen

Pro Portion: 550 kcal
Zubereitungszeit: 25 Minuten

Bohnen und Zuckerschoten waschen und putzen. Bohnen schräg in 1/2 cm breite Streifen schneiden. Zuckerschoten ganz lassen. Frühlingszwiebeln putzen, waschen und mit dem zarten Grün in feine Ringe schneiden.

Zitronengras waschen und nur den unteren hellen Teil fein hacken. Chilischote waschen, putzen und fein hacken. Die Erdnüsse schälen. Für die Sauce Sojasauce mit Gemüsebrühe, Sherry nach Belieben, Speisestärke und Zitronensaft glatt verrühren.

Den Wok erhitzen, das Öl darin heiß werden lassen. Die Erdnüsse 1 Minute pfannenrühren. Herausnehmen.

Grüne Bohnen im Wok bei starker Hitze 4 Minuten unter Rühren braten. Die Frühlingszwiebeln und die Zuckerschoten hinzufügen und alles Weitere 2–3 Minuten pfannenrühren, bis das Gemüse bissfest und leicht gebräunt ist.

Erdnüsse und die Sauce untermischen und alles einmal aufkochen lassen. Mit Salz und Pfeffer abschmecken, mit Schnittlauch bestreuen und servieren.

Süßsaure Kartoffeln

Preiswert

Für 2 Personen
500 g fest kochende Kartoffeln
1 Bund Frühlingszwiebeln
1 rote Paprikaschote
2 Knoblauchzehen
2 getrocknete Chilischoten
3 EL neutrales Öl · 1 EL Zucker
4 EL Aceto balsamico
2 TL Sojasauce
1 kleines Bund Schnittlauch
Salz · schwarzer Pfeffer

Pro Portion: 180 kcal
Zubereitungszeit: 35 Minuten

Die Kartoffeln schälen und in feine Scheiben schneiden. Die Scheiben fein stifteln. Frühlingszwiebeln waschen, putzen, in 5 cm lange Stücke schneiden und diese längs in feine Streifen teilen. Paprika waschen, putzen und in feine Streifen schneiden.

Knoblauch schälen und in Scheiben schneiden. Chillies im Mörser fein zerreiben.

Den Wok erhitzen, das Öl darin heiß werden lassen. Kartoffeln, Frühlingszwiebeln und Paprika unter Rühren bei starker Hitze 7 Minuten braten, bis die Kartoffeln bissfest und knusprig sind.

Zucker mit Essig und Sojasauce verrühren. Mit dem Knoblauch in den Wok geben und bei schwacher Hitze noch 1 Minute ziehen lassen.

Schnittlauch waschen und in Röllchen schneiden. Kartoffeln mit Salz und Pfeffer abschmecken, mit Schnittlauch bestreut servieren.

Die Zuckerschoten mit Zitronengras schmecken pikant-frisch und ergeben mit Reis ein fleischloses Hauptgericht für zwei.

Brokkoli mit Strohpilzen

Für Gäste

Für 4 Personen
800 g Brokkoli
Salz
250 g Strohpilze (aus der Dose)
2 Möhren
1 Frühlingszwiebel
1 daumengroßes Stück Ingwer
3 EL neutrales Pflanzenöl
2 EL Zucker
2 EL Essig
2 EL Ketchup
2 EL helle Sojasauce
2 TL Speisestärke

Pro Portion: 190 kcal
Zubereitungszeit: 45 Minuten

Den Brokkoli waschen, putzen und in kleine Röschen zerteilen. Den Strunk schälen und fein stifteln. Alles in einen Topf legen, 2 Tassen Wasser angießen, salzen und zugedeckt etwa 5 Minuten dünsten. Den Brokkoli in einem Sieb gut abtropfen lassen, den Sud auffangen.

Die Strohpilze abtropfen lassen und halbieren. Möhren waschen, schälen und in feine Streifen schneiden. Die Frühlingszwiebel putzen, waschen und in kleine Stücke schneiden, weiße und grüne Teile dabei trennen. Den Ingwer schälen und fein hacken.

Den Wok und dann das Öl darin erhitzen. Etwas Salz und etwas Zucker hineinstreuen, die weißen Zwiebelteile und den Ingwer im Öl glasig werden lassen.

Den Brokkoli, die Strohpilze und die Möhren hinzufügen, unter Rühren braten. Mit 1 Tasse Brokkolibrühe ablöschen, den Essig, Ketchup, die Sojasauce, den restlichen Zucker und Salz einrühren, noch 2 Minuten garen.

Die Speisestärke mit etwas Wasser verquirlen, seitlich unter Rühren in den Wok gießen. Nur noch kurz aufkochen. Abschmecken, das Zwiebelgrün darüber streuen.

Brokkoli in Austernsauce

Kalorien arm

Für 4 Personen
1 kg Brokkoli
Salz
6 Knoblauchzehen
8 EL Austernsauce
schwarzer Pfeffer
1 TL Speisestärke
4 EL Öl

Pro Portion: 160 kcal
Zubereitungszeit: 30 Minuten

Den Brokkoli putzen. Die Stiele schälen und klein schneiden, die Röschen mundgerecht zerteilen.

Den Brokkoli in reichlich leicht gesalzenem Wasser etwa 1 Minute kochen, dann in ein Sieb abgießen, mit kaltem Wasser überbrausen und damit abkühlen, sodass er nicht weitergart.

Den Knoblauch schälen und zerdrücken oder hacken. Die Austernsauce mit Pfeffer, der Speisestärke und 100 ml Wasser glatt rühren.

Den Wok erhitzen, das Öl darin heiß werden lassen. Den Knoblauch ins Öl geben und ganz kurz unter Rühren anbraten, er darf dabei nicht braun werden.

Den Brokkoli einrühren und kurz anbraten, dann die vorbereitete Sauce angießen. Alles noch 1–2 Minuten pfannenrühren, dann mit Pfeffer abschmecken und sehr heiß servieren.

Tipp!

Den Brokkoli können Sie mit Reis oder chinesischen Eiernudeln servieren. Außerdem passt er gut zu gebratenem oder gedämpftem Fleisch oder Fisch.

Gebratener Sellerie

Schnell

Für 4 Personen
1 großer Staudensellerie (etwa 800 g)
2 EL süße Bohnensauce
4 EL Ketjap Manis oder Sojasauce
4 EL Reiswein
2 EL Öl
Cayennepfeffer

Pro Portion: 70 kcal
Zubereitungszeit: 20 Minuten

Den Sellerie putzen und waschen, das Blattgrün dabei ebenfalls waschen. Die Selleriestangen in etwa 1 cm breite Scheiben schneiden, das Selleriegrün hacken.

Die Bohnensauce mit dem Ketjap Manis und dem Reiswein verquirlen.

Den Wok und dann das Öl darin erhitzen. Die Selleriescheiben im Öl unter Rühren bei mittlerer Hitze etwa 6 Minuten anbraten.

Die vorbereitete Sauce und das Selleriegrün einrühren, alles noch kurz gründlich verrühren. Das Gemüse mit Cayennepfeffer abschmecken. Als Beilage würzigen Fisch servieren, durch Reis oder Nudeln ergänzen.

Weißkohl mit Sichuanpfeffer

Preiswert

Für 4 Personen
500 g junger Weißkohl (geputzt gewogen)
2 frische rote Chilischoten
1 TL Maisstärke (Speisestärke)
1 EL Zucker
1 TL heller chinesischer Essig
1 TL Sojasauce
1 TL Reiswein
Salz
3 EL Pflanzenöl
10 Sichuan-Pfefferkörner

Pro Portion: 90 kcal
Zubereitungszeit: 20 Minuten

Den Weißkohl von allen welken Blättern und dem Strunk befreien. Die Blätter ablösen, waschen und in etwa 2 cm große rautenförmige Stücke schneiden. Die Chilischoten von Stielansatz, Trennwänden und allen Kernen befreien, waschen und in 2 cm große Stücke schneiden.

Für die Sauce die Maisstärke mit 1 EL Wasser anrühren. Den Zucker mit hellem Essig, der Sojasauce, Reiswein, Salz und der aufgelösten Maisstärke vermischen.

Einen Wok erhitzen. Das Öl dazugießen und heiß werden lassen. Die Pfefferkörner hineingeben und unter Rühren 1/2 Minute braten. Dann herausnehmen. Die Chilischoten ins Öl geben und 1/2 Minute braten. Die Weißkohlstücke hinzufügen und unter Rühren bei mittlerer Hitze etwa 2 Minuten braten, bis sie bissfest sind. Die Sauce untermischen und alles noch einmal etwa 1/2 Minute garen. Den Weißkohl servieren.

Variante:

Für Weißkohl mit Senfkörnern den gewaschenen Kohl in 1 cm breite Streifen schneiden, gut abtropfen lassen. 3 getrocknete Chilischoten in Stücke schneiden, dabei die Kerne entfernen. Einen Wok erhitzen, das Öl dazugießen und die Chilistücke kurz anbraten. Die Kohlstreifen dazugeben und unter Rühren leicht anbräunen. 2 TL braune Senfkörner (Asienladen) dazugeben, mit Salz und 1 EL braunem Zucker bestreuen, durchrühren. 200 ml Gemüsebrühe angießen und den Kohl im offenen Wok etwa 20 Minuten schmoren lassen, bis er gar ist, aber noch Biss hat.

Buddha-Gemüse

Für Gäste

Für 4 Personen
10 g getrocknete Mu-Err-Pilze
3 EL helle Sojasauce
2 EL Reiswein (oder trockener Sherry)
50 ml Gemüsebrühe (oder Wasser)
1 Msp. Zucker
1 Möhre
1 kleine rote Paprikaschote
150 g Chinakohl
200 g Brokkoli
200 g Baby-Maiskölbchen (frisch oder aus dem Glas)
100 g Zuckerschoten
100 g Champignons
2 Knoblauchzehen
etwa 1 cm frischer Ingwer
100 g Bambussprossen (aus der Dose)
3 EL Öl
1 EL Sesamöl
1–2 getrocknete Chilischoten
1 Bund Koriandergrün (Asienladen)
Salz · Pfeffer

Pro Portion: 190 kcal
Zubereitungszeit: 45 Minuten

Die getrockneten Pilze abspülen, mit kochendem Wasser übergießen und etwa 30 Minuten einweichen.

Für die Würzsauce Sojasauce mit Reiswein, Gemüsebrühe und Zucker verquirlen, bis sich der Zucker aufgelöst hat.

Alle Gemüse waschen und putzen. Die Möhre, die Paprikaschote und den Chinakohl in Streifen schneiden. Brokkoli in möglichst kleine Röschen teilen, die Stiele schälen und in Streifen schneiden. Die Maiskölbchen längs halbieren, die Zuckerschoten eventuell entfädeln. Die Champignons mit Küchenpapier säubern, die Köpfe vierteln.

Knoblauch und den Ingwer schälen und ganz fein würfeln. Bambussprossen in feine Streifen schneiden. Die eingeweichten Mu-Err-Pilze in ein Sieb gießen, nochmals gut abspülen und die harten Stiele entfernen. Die Pilze grob hacken.

Zuerst den Wok und dann darin beide Ölsorten erhitzen. Zuerst den gehackten Knoblauch mit dem Ingwer ins Öl geben, die Chilischoten dazubröseln und alles unter ständigem Rühren anbraten. Dann Chinakohl, Brokkoli, Möhrenstreifen, Maiskölbchen und die Mu-Err-Pilze darin unter weiterem Rühren etwa 3 Minuten scharf anbraten.

Zum Schluss Champignons, Paprikastreifen, Zuckerschoten und Bambussprossen etwa 2 Minuten mitbraten. Mit der Würzsauce ablöschen, aufkochen lassen und unter ständigem Rühren bei mittlerer Hitze weiterbraten, bis die Gemüse gar, aber noch knackig sind.

Das Koriandergrün waschen, die Blättchen abzupfen und unterheben. Das Gemüse mit Salz und Pfeffer abschmecken. Dazu Kleb- oder Patnareis servieren.

Tipps!

Wenn Sie das Gemüsegericht noch anreichern wollen, können Sie noch zusätzlich 150 g Tofu in Würfel schneiden und als Erstes im heißen Öl knusprig braten. Herausheben, dann das Gemüse garen. Zum Schluss die Tofuwürfel untermischen. Die Gemüsearten lassen sich ganz nach Geschmack austauschen, sie müssen nur einheitlich klein geschnitten werden, damit sie gleichmäßig gar werden.

Das Buddha-Gemüse sieht sehr dekorativ aus und eignet sich gut für Gäste, denn alles lässt sich vorbereiten und ist dann schnell gegart.

Glasiertes Wurzelgemüse

Preiswert

Für 4 Personen
1 Knollensellerie (etwa 300 g)
300 g Möhren
1 Petersilienwurzel
1 fest kochende Kartoffel
1 Bund Petersilie
2 EL Butter
1 EL Zucker
2 TL Kümmelkörner
2 EL Gemüsebrühe
Salz
150 g Joghurt
1 TL Paprika, rosenscharf

Pro Portion: 160 kcal
Zubereitungszeit: 25 Minuten

Das Gemüse und die Kartoffel schälen und in kleine Würfel schneiden. Petersilie waschen, Blättchen fein hacken.

Den Wok erhitzen, Butter und Zucker darin schmelzen lassen. Gemüse und Kümmel hineingeben und bei mittlerer Hitze unter Rühren 4 Minuten braten. Brühe angießen, Gemüse weitere 5 Minuten pfannenrühren, bis es bissfest ist.

Das Gemüse salzen und mit der Petersilie mischen. Den Joghurt mit Salz und Paprikapulver abschmecken und zum Gemüse servieren.

Pikante Auberginen

Raffiniert

Für 4 Personen
750 g junge Auberginen
20 g Lauch
20 g Ingwerwurzel
3 Knoblauchzehen
30 g pikant eingelegte Paprikaschoten (ersatzweise 1 EL scharfe Bohnenpaste)
1 TL Maisstärke (Speisestärke)
1 TL Zucker
1 TL dunkler chinesischer Essig
1 TL Sojasauce
1 TL Reiswein
Salz
150 ml Pflanzenöl

Pro Portion: 380 kcal
Zubereitungszeit: 45 Minuten

Die Auberginen waschen und mit einem Sparschäler oder einem scharfen Messer schälen. Die Auberginen dann längs in etwa 2 cm dicke Scheiben schneiden. Die Scheiben auf einer Seite kreuzförmig ein-, aber nicht durchschneiden, dann in 3 cm lange und 2 cm breite Stücke schneiden.

Den Lauch, Ingwerwurzel und Knoblauch putzen bzw. schälen, alles fein hacken. Eingelegte Paprikaschoten ebenfalls fein hacken.

Die Stärke mit 1 EL Wasser anrühren. Den Zucker mit Essig, Sojasauce, Reiswein, Salz und der aufgelösten Stärke sowie noch 1–2 EL Wasser mischen.

Einen Wok und dann 50 ml Öl darin erhitzen. Die Auberginen in 3 Portionen jeweils in 50 ml Öl etwa 3 Minuten frittieren, bis sie goldbraun sind. Dann herausnehmen und auf Küchenpapier gründlich abtropfen lassen.

Eingelegten Paprika, Ingwer und den Knoblauch im verbliebenen Öl unter ständigem Rühren bei mittlerer Hitze 1/2 Minute braten, bis die Zutaten würzig duften.

Die Sauce dazugeben und ebenfalls 1/2 Minute unter Rühren garen. Dann die Auberginenstücke untermischen und in etwa 1/2 Minute unter Rühren wieder heiß werden lassen.

Die Auberginen auf einen Teller geben, mit dem Lauch bestreuen und servieren.

Tipp!

Je nachdem, wieviel Sauce Sie möchten, können Sie auch mehr Wasser dazugeben. Als Beilage zu den Auberginen Reis servieren.

Grüner Spargel mit Mu-Err-Pilzen

Für Gäste

Für 4 Personen
12 g getrocknete Mu-Err-Pilze
750 g grüner Spargel
2 Knoblauchzehen
1 haselnussgroßes Stück frischer Ingwer
4 EL Öl
100 ml Gemüsebrühe
1 EL helle Sojasauce
2 EL Weißweinessig
1 TL Würz-Sesamöl
Salz · Pfeffer
2 EL Schnittlauchröllchen

Pro Portion: 141 kcal
Zubereitungszeit: 40 Minuten

Die getrockneten Pilze mit kochendem Wasser übergießen und etwa 30 Minuten einweichen. Inzwischen den Spargel nur im unteren Drittel schälen, schräg in etwa 4 cm lange Stücke schneiden. Knoblauch und Ingwer schälen und fein hacken.

Zuerst den Wok und dann 2 EL Öl darin erhitzen. Den Knoblauch im Öl goldbraun rösten, herausheben und beiseite stellen. Das übrige Öl in den Wok geben. Spargelstücke darin unter ständigem Rühren 5 Minuten braten.

Die Mu-Err-Pilze abgießen, kurz abspülen und die harten Stielansätze entfernen. Die Hüte in große Stücke zupfen. Mit dem Ingwer in den Wok geben und kurz mitbraten. Die Brühe angießen und den Spargel zugedeckt bei mittlerer Hitze in 2–3 Minuten knapp weich garen.

Die Sojasauce mit dem Essig und dem Sesamöl verrühren, über den Spargel gießen, mit Salz und Pfeffer abschmecken. Gerösteten Knoblauch und die Schnittlauchröllchen obenauf streuen.

Zucchini-Petersilien-Gemüse

Gelingt leicht

Für 4 Personen
750 g kleine, feste Zucchini
2 Bund glatte Petersilie
3 EL Öl
Salz · schwarzer Pfeffer
Muskatnuss, frisch gerieben

Pro Portion: 90 kcal
Zubereitungszeit: 25 Minuten

Die Zucchini waschen und putzen. Erst in etwa 1/2 cm dicke Scheiben, die Scheiben dann in ebenso breite Stifte schneiden.

Die Petersilie waschen, trockenschütteln und ohne die groben Stiele fein hacken. Den Wok und dann das Öl darin erhitzen. Die Zucchinistifte hineingeben und unter ständigem Rühren etwa 4 Minuten braten.

Die Petersilie untermengen, das Gemüse mit Salz, Pfeffer und etwas Muskat abschmecken, gleich servieren.

Tipps!

Das Zucchinigemüse können Sie im Rahmen eines Wok-Menüs mit gebratenen Fleisch- oder Fischgerichten reichen. Wenn Sie es als sättigende Mahlzeit servieren wollen, mischen Sie zusätzlich klein geschnittenen Kochschinken oder gekochten Reis zum Schluss unter.

Gedämpftes Sommergemüse

Preiswert

Für 4 Personen
800 g gemischtes Gemüse (junge Möhren, Schalotten, Brokkoli, Paprika, Zuckerschoten, Prinzessbohnen,)
2 EL Öl · 2 TL Würz-Sesamöl
150 ml Gemüsebrühe
Saft von 1/2 Zitrone
5 EL Sojasauce
2 EL Pflaumensauce (Asienladen)
1 TL Honig
Salz · schwarzer Pfeffer
1 Knoblauchzehe
1/2 TL Speisestärke
2 EL Schnittlauchröllchen

Pro Portion: 180 kcal
Zubereitungszeit: 1 Stunde
Marinierzeit: 4–10 Stunden

Die Gemüse waschen, putzen oder schälen. Möhren längs vierteln und in fingerlange Stücke schneiden. Schalotten halbieren. Brokkoli in Röschen zerteilen, Paprika halbieren, die Hälften vierteln.

Einen Wok, dann Öl und Sesamöl stark erhitzen. Das Gemüse unter Rühren 5 Minuten braten. Herausheben und in eine Schüssel geben.

Für die Marinade Brühe, Zitronensaft, 3 EL Sojasauce, Pflaumensauce, Honig, Salz und Pfeffer verrühren, über das Gemüse gießen und zugedeckt 4 Stunden, besser über Nacht, im Kühlschrank marinieren, ab und zu wenden.

Gemüse abtropfen lassen, auf einen Dämpfeinsatz legen. Im Wok 375 ml Wasser mit übriger Sojasauce aufkochen. Dämpfeinsatz zugedeckt hineinstellen, bei mittlerer Hitze 20–25 Minuten dämpfen.

Den Knoblauch schälen, in einen Topf pressen. Die Marinade mit der Stärke einrühren. Aufkochen, dann abkühlen lassen. Schnittlauch untermischen. Die Sauce extra zum Gemüse servieren.

Paksoi mit Tofusauce

Gelingt leicht

Für 4 Personen
1 kg Paksoi
1 Frühlingszwiebel
1 Chilischote
3 Tomaten
50 g Tofu · 2 EL Pflanzenöl
1/2 TL Würz-Sesamöl
3 TL Zucker
1 TL helle Sojasauce
1 EL Reiswein
1 TL Speisestärke

Pro Portion: 180 kcal
Zubereitungszeit: 30 Minuten

Paksoi waschen und putzen, in kurze Stücke schneiden. In einen Dämpfeinsatz geben. Im Wok etwas Wasser aufkochen, den Dämpfeinsatz zugedeckt hineinstellen. Paksoi etwa 10 Minuten dämpfen.

Frühlingszwiebel waschen, putzen und klein schneiden. Die Chilischote putzen, aufschlitzen und entkernen. Die Schote waschen und winzig klein hacken. Die Tomaten überbrühen, häuten, entkernen und hacken, den Tofu mit einer Gabel zerdrücken.

Den Wok, dann beide Ölsorten darin erhitzen, den Zucker einrühren, die Zwiebel und die Chiliringe glasig werden lassen. Die Tomaten und den Tofu einrühren, bei schwacher Hitze unter Rühren garen.

Die Sojasauce und den Reiswein angießen. Die Speisestärke mit etwas Wasser glatt rühren, die Sauce damit binden. Den gedämpften Paksoi auf eine Platte geben, die Sauce darüber verteilen und heiß servieren.

Im Bambuskörbchen gedämpft behält zartes Sommergemüse am besten seine Form und seinen würzigen Geschmack.

Austernpilze mit Sellerie

Gelingt leicht

Für 4 Personen
500 g Austernpilze
2 Stangen Bleichsellerie
4 Frühlingszwiebeln
125 g Kirschtomaten
4 EL kaltgepresstes Olivenöl
4 EL trockener Weißwein
Salz · weißer Pfeffer
2 TL Balsamessig
1 Prise Zucker

Pro Portion: 290 kcal
Zubereitungszeit: 35 Minuten

Austernpilze nicht waschen, sondern nur mit Küchenpapier vorsichtig abreiben. Die harten Stiele abschneiden. Die Pilze, je nach Größe, im Ganzen lassen, halbieren oder vierteln.

Den Bleichsellerie putzen, waschen und abtropfen lassen. Die grünen Blätter abschneiden, grob hacken und beiseite stellen. Die Stiele quer in etwa 2 cm dicke Scheiben schneiden.

Die Frühlingszwiebeln waschen, putzen und schräg in dünne Ringe schneiden. Die Kirschtomaten waschen, abtropfen lassen und quer halbieren.

Einen Wok und dann das Öl darin erhitzen. Die Pilze, den Bleichsellerie und die Frühlingszwiebeln hineingeben und unter Rühren etwa 2 Minuten braten. Den Wein angießen und das Gemüse unter häufigem Wenden solange dünsten, bis die Flüssigkeit fast verdunstet ist. Erst dann mit Salz, Pfeffer, dem Essig und dem Zucker abschmecken.

Die Kirschtomaten hinzufügen und ganz kurz erwärmen. Das Gemüse mit dem Selleriegrün bestreuen und servieren.

Tipp!

Die Austernpilze können Sie als Beilage zu pochiertem Fisch, hellem Fleisch und Geflügel oder als Einzelgericht in einem mehrgängigen Menü servieren.

Drei Sorten gebratene Pilze

Schnell

Für 4 Personen
50 g getrocknete Shiitake-Pilze
2 cm frische Ingwerwurzel
2 Lauchzwiebeln
1 Knoblauchzehe
250 g Champignons
1 EL Öl
200 g Strohpilze (aus der Dose, abgetropft)
1 TL Bohnenpaste mit Chillie oder Chilipulver
2 TL Reiswein oder trockener Sherry
2 TL dunkle Sojasauce
1 EL Hühnerbrühe
1 Prise Zucker
1 Prise Salz
1 TL Würz-Sesamöl

Pro Portion: 87 kcal
Zubereitungszeit: 35 Minuten

Getrocknete Shiitake-Pilze gut 20 Minuten in warmem Wasser einweichen. Dann abtropfen lassen und das Wasser ausdrücken. Die harten Stiele entfernen.

Ingwer und Lauchzwiebeln schälen und fein hacken. Den Knoblauch schälen. Die Champignons mit Küchenpapier abreiben, putzen und in Scheiben schneiden.

Den Wok und dann das Öl auf mittlerer Stufe erhitzen. Ingwer und Lauchzwiebeln im Öl kurz anbraten. Knoblauch dazupressen. Shiitake und Champignons in den Wok geben. Unter Rühren etwa 5 Minuten braten.

Die Strohpilze, Bohnenpaste, Reiswein, Sojasauce, Hühnerbrühe, Zucker, Salz und Sesamöl unterrühren. Noch 5 Minuten unter Rühren braten. Sofort servieren.

Pilze in Reiswein

Für Gäste

Für 4 Personen
100 g getrocknete Shiitake-Pilze (Tongkupilze)
1 Bund Frühlingszwiebeln
2 EL Öl
4 TL Zucker
100 ml Reiswein
75 ml helle Sojasauce
1/2 TL Speisestärke

Pro Portion: 110 kcal
Zubereitungszeit: 45 Minuten

Die getrockneten Pilze etwa 30 Minuten in 400 ml warmem Wasser einweichen.

Die Frühlingszwiebeln putzen und waschen, in etwa 5 cm lange Stücke, diese längs in feine Streifen schneiden.

Die eingeweichten Pilze aus dem Wasser heben, das Wasser aufbewahren. Die Pilze eventuell etwas kleiner schneiden, dabei die harten Stiele entfernen.

Den Wok und dann das Öl darin erhitzen. Frühlingszwiebeln und Pilze unter Rühren etwa 4 Minuten anbraten.

Den Einweichsud der Pilze mit dem Zucker, Reiswein, der Sojasauce und Speisestärke glattrühren und in den Wok gießen. Das Gemüse noch etwa 4 Minuten garen und etwas einkochen lassen.

Pilzpfanne

Gelingt leicht

Für 4 Personen
500 g gemischte Pilze (Champignons, braune Egerlinge, Austernpilze, Pfifferlinge, auch Strohpilze aus der Dose)
1 Zwiebel
2 EL Öl
6 Korianderkörner
2 EL Zitronensaft
50 ml Gemüsebrühe
100 ml Sahne
Pfeffer · Salz

Pro Portion: 255 kcal
Zubereitungszeit: 30 Minuten

Die Pilze putzen und mit Küchenpapier abwischen, nur stärker verschmutzte Waldpilze kurz waschen, dann gut trocknen. Die Pilze in dünne Scheiben schneiden. Den Staudensellerie putzen, waschen und in etwa 1 cm breite Stücke schneiden, ein paar schöne Blättchen beiseite legen. Die Zwiebel schälen und fein würfeln.

Zuerst den Wok und dann das Öl darin erhitzen. Die Zwiebel im Öl glasig braten. Pilze dazugeben und bei starker Hitze unter ständigem Rühren so lange braten, bis alle Flüssigkeit, die die Pilze abgegeben haben, verdampft ist.

Den Staudensellerie untermischen. Korianderkörner zerdrücken und mit dem Zitronensaft dazugeben. Alles noch etwa 2 Minuten pfannenrühren. Brühe und Sahne angießen und einmal kräftig aufkochen lassen.

Die Pilze mit Pfeffer und Salz abschmecken und mit grob gehackten Sellerieblättchen bestreut servieren.

Tipp!

Mit Kokosmilch (aus der Dose) statt Sahne schmecken die Pilze noch würziger und exotischer.

Reisgerichte

In Asien ist der Reis so wichtig, dass in vielen Sprachen der Begriff Essen so viel wie Reis essen bedeutet.

Einfacher Reis wird zwar zu den meisten Wokgerichten gegessen, es gibt auch auch eine Vielfalt an Rezepten, bei denen der Reis mit anderen Zutaten gegart wird.

Reste willkommen: Für gebratenen Reis benötigt man gekochten, abgekühlten Reis. Am besten schon am Vortag genügend zubereiten.

Bei einem asiatischen Essen gehört gekochter Reis ganz selbstverständlich dazu. Er sättigt, nimmt die Saucen auf und neutralisiert scharfe Gerichte.

Tausende Sorten

Asiaten kennen mehr Reissorten als die Italiener Nudelsorten. Daneben nimmt sich das, was bei uns in Lebensmittelgeschäften und Supermärkten angeboten wird, noch recht bescheiden aus. Die größte Auswahl haben noch Asienläden, aber auch Naturkostgeschäfte und Reformhäuser bieten schon mehrere Sorten an.

Nicht nach der Sorte, sondern nach dem Verarbeitungsgrad wird zwischen Naturreis, Weißreis und Parboiled Reis unterschieden. Naturreis ist entspelzter, aber nicht geschliffener Reis. Beim Reis sind die Körner von harten, rauhen und ungenießbaren Spelzen umgeben, die immer abgeschält werden müssen. Unter diesen Hülsen liegen die Reiskörner, die nun noch von einem »Silberhäutchen« umgeben sind. Dieses Silberhäutchen gibt dem Naturreis seine rötlich braune oder gelbgrünliche Farbe und schützt auch den am Korn sitzenden Keimling.

Beide zusammen machen den Naturreis so gesund, denn sie enthalten sehr viele Vitamine, vor allem aus dem B-Komplex und Vitamin E, Mineralstoffe, Spurenelemente und Proteine. Früher wurde in Asien vorwiegend solcher Braunreis gegessen, der geschälte weiße Reis war teuer und blieb besonderen Festessen vorbehalten.

Heute wird Weißreis bevorzugt, auch wenn er weniger gesund ist. In den Reismühlen werden die Silberhäutchen abgeschliffen und auch der Reiskeim entfernt, denn er enthält leicht verderbliche Öle. Oft werden die Reiskörner dann noch poliert, um den anhaftenden Schleifstaub zu entfernen. Solcher Reis ist nun jahrelang haltbar.

Ein Kompromiss zwischen Naturreis und Weißreis ist der Parboiled Reis, bei dem die Vitamine und Mineralstoffe des Silberhäutchens und des Keimes mit Dampf und hohem Druck ins Innere des Reiskorns gepresst werden. Nach dem Schälen enthalten die nun gelblich aussehenden

Die wichtigsten Reissorten von links oben im Uhrzeigersinn: schwarzer Wildreis, Mittelkornreis, Basmatireis und Jasminreis, die letzten beiden sind Langkornreissorten.

Körner noch rund 80% der Vitamine und Mineralstoffe von Naturreis. Parboiled Reis wird beim Kochen weiß, bleibt stets locker und körnig, »quietscht« aber meist etwas zwischen den Zähnen.
Außer diesen drei Typen gibt es eine Unzahl von Reissorten, die sich durch ihre Kornform, durch ihre Kocheigenschaften und durch ihr Aroma unterscheiden.

Rund oder lang

Nach der Form wird Langkorn- von Rundkornreis unterschieden, dazwischen gibt es noch einen Mittelkornreis, der zum Beispiel für japanische Sushis, aber auch für italienische Risotti verwendet wird.

Der bekannteste Langkornreis ist der Patna-Reis aus den USA, bei uns in jedem Geschäft erhältlich. Seine spitz zulaufenden Körner garen körnig und locker, haften aber leicht aneinander und können auch mit Essstäbchen aufgenommen werden. Er eignet sich auch für die meisten Reisgerichte dieses Kapitels, bei dem oft fertig gekochter Reis die Grundlage bildet. In Asien wird dafür nicht extra Reis gegart, sondern die Beilagenreste des vorherigen Essens sinnvoll und lecker verwendet.

Inzwischen hat dem Patna-Reis aber schon fast der Basmati-Reis aus Indien den Rang abgelaufen. Dies ist eine der ältesten Reissorten aus dem Kaschmirhochland, an den Vorgebirgen des Himalaja. Diese Sorte entwickelt durch das mineralreiche Wasser der Gebirgsflüsse, die die Hochebene überfluten, ihr typisches Aroma. »Basmati« bedeutet »Duft«, und die Körner verströmen schon beim Kochen einen aromatischen Duft, diese Reissorte hat einen zarten, unvergleichlichen Eigengeschmack.

Auch der Duftreis aus China (eine besonders aromatische Sorte kommt aus Thailand und wird »Jasminreis« genannt) gehört zu den langkörnigen Sorten, auch er verbreitet bei der Zubereitung einen feinen, blütenartigen Duft. Alle diese aromatischen Sorten werden in Indien, China und Thailand als feine Beilage gegessen.

Stäbchentauglich

Unterschieden wird auch in nicht klebende und in Klebreis-Sorten (zum Beispiel Ketan-Reis), die wegen ihrer Stärkezusammensetzung ein anderes Kochverhalten aufweisen. Bei ihnen haften die Körner nach dem Garen fest aneinander, was das Essen mit Stäbchen erheblich erleichtert. Klebreis wird in ganz Asien angebaut und vor allem in China und Japan bevorzugt gegessen.

Eigentlich keine Reissorte, sondern die Samen eines nordamerikanischen Wassergrases ist der Wildreis. Die fast schwarzen, an Tannennadeln erinnernden Körner benötigen eine lange Garzeit (etwa 45 Minuten) und entwickeln einen würzigen, nussartigen Geschmack.

Reis kochen

Das Grundrezept für chinesisch gekochten Reis: Für 4 Portionen etwa 275 g Langkorn-Reis (Patna-Reis) mit 1/2 l Wasser in einen Topf geben, aufkochen, salzen und fest zugedeckt bei kleiner Hitze ohne Umrühren und ohne den Deckel abzuheben 18–20 Minuten garen. Dann den Reis mit einer Gabel etwas auflockern und ohne Deckel ausdampfen lassen. In eine Schüssel füllen und servieren oder für die folgenden Gerichte mit gekochtem Reis vollständig auskühlen lassen. Das ist wichtig, damit der Reis beim Braten nicht klebrig wird. Zugedeckt in den Kühlschrank stellen.

Gemüse-Safran-Reis

Etwas teurer

Für 4 Personen
400 g Basmatireis
2 Döschen gemahlener Safran (0,2 g)
25 g Cashewkerne
6 EL Ghee (geklärte Butter) oder Butterschmalz
2 Zimtrinden (je etwa 5 cm)
5 grüne Kardamomkapseln
5 Gewürznelken
3 Lorbeerblätter
20 g Rosinen
250 g tiefgefrorenes Möhren-Erbsen-Gemüse
25 g Mandelstifte
Salz
2 EL Zucker

Pro Portion: 760 kcal
Zubereitungszeit: 45 Minuten

Den Reis in einem Sieb waschen und abtropfen lassen. Den Safran in eine Schüssel geben und mit 3 EL kochendem Wasser übergießen. Die Cashewkerne klein schneiden.

Einen Wok und darin dann das Ghee bei mittlerer Hitze erwärmen. Die Zimtrinden, Kardamomkapseln, die Nelken und die Lorbeerblätter in das Ghee geben und etwa 2 Minuten anbraten.

Den Reis, die Rosinen und das Gemüse hinzugeben und etwa 3 Minuten mitbraten. Den aufgelösten Safran, die Mandeln, Cashewkerne, Salz und den Zucker hinzufügen und alles gut vermischen.

1 l Wasser angießen und schnell zum Kochen bringen. Die Temperatur reduzieren, den Elektroherd sogar ganz ausschalten. Den Deckel auflegen und den Reis etwa 15 Minuten quellen lassen, bis er weich ist und alle Flüssigkeit aufgesogen hat. Dabei nicht umrühren. Gleich heiß servieren.

Curryreis mit Wirsing

Preiswert

Für 4 Personen
300 g Langkornreis
Salz
75 g Rosinen
300 g zarter Wirsing
1 Zwiebel
2 Knoblauchzehen
4 EL Öl
100 g gehackte Walnüsse
1 EL Currypulver
1 TL Kurkumapulver (Gelbwurz)
1 TL Ingwerpulver
schwarzer Pfeffer
2 EL Zitronensaft
250 g Joghurt

Pro Portion: 540 kcal
Zubereitungszeit: 40 Minuten

Den Reis nach Grundrezept Seite 85 zubereiten. Die Rosinen in lauwarmem Wasser einweichen. Den Wirsing waschen, putzen und in feine Streifen schneiden. Zwiebel und den Knoblauch schälen und fein würfeln.

Den Wok und dann 2 EL Öl darin erhitzen. Die Nüsse unter Rühren 1 Minute anrösten, den Wirsing dazugeben und 5 Minuten mitbraten. Gemüse auf einen Teller geben.

Das restliche Öl erhitzen. Zwiebel und Knoblauch darin 2 Minuten braten. Mit Curry, Kurkuma und Ingwer bestäuben und 1 Minute anschwitzen. Rosinen und Reis hinzufügen und 5 Minuten pfannenrühren.

Den Wirsing mit Nüssen untermischen und 3 Minuten erhitzen. Mit Salz, Pfeffer und Zitronensaft würzen. Den Joghurt extra dazureichen.

Goldgelb mit vielen Gewürzen, so lieben Inder den Gemüse-Safran-Reis.

Reis mit Tunfisch

Für Gäste

Für 4 Personen
3 Knoblauchzehen
1 Stängel frischer Koriander
1 Dose Tunfisch (naturell; etwa 150 g Abtropfgewicht)
3 EL Öl
150 g Maiskörner, Erbsen und rote Paprikawürfel gemischt (frisch oder tiefgefroren)
750 g gekochter, abgekühlter Reis (siehe Grundrezept Seite 85)
2 EL Fischsauce
1 EL helle Sojasauce

Pro Portion: 430 kcal
Zubereitungszeit: 30 Minuten

Den Knoblauch schälen und fein hacken. Den Koriander waschen, den Stiel und die Blätter grob hacken.

Den Tunfisch abtropfen lassen und zerpflücken.

Den Wok heiß werden lassen. Das Öl im Wok erhitzen. Den Knoblauch darin goldgelb braten. Den Tunfisch und das Gemüse hinzufügen und etwa 2 Minuten bei mittlerer Hitze unter Rühren braten.

Den Reis, die Fisch- und die Sojasauce dazugeben und weitere 2 Minuten unter Rühren braten lassen. Den Reis abschmecken, auf Teller verteilen und mit gehacktem Koriander bestreut servieren. Dazu schmeckt eine pikante Chilisauce mit Koriander.

Reis mit Ananas

Gelingt leicht

Für 4 Personen
2 mittelgroße Zwiebeln
2 Tomaten
1 Dose Ananasstücke (580 g)
3 EL Rosinen
3 Knoblauchzehen
3 EL Öl
2 Eier
750 g gekochter, abgekühlter Reis (siehe Grundrezept Seite 85)
2 EL Fischsauce
2 EL Tomatenketchup
1 TL Zucker

Pro Portion: 530 kcal
Zubereitungszeit: 30 Minuten

Die Zwiebeln schälen, die Tomaten waschen und vom Stielansatz befreien. Beides in Würfel schneiden.

Die Ananasstücke abgießen, den Saft trinken oder für ein anderes Gericht verwenden. Die Rosinen mit warmem Wasser gründlich waschen und gut abtropfen lassen. Den Knoblauch schälen und fein hacken.

Den Wok und dann das Öl darin erhitzen, den gehackten Knoblauch hinzufügen und bei mittlerer Hitze goldgelb braten. Die Eier dazugeben, in der Pfanne verrühren und hellbraun braten.

Die Zwiebeln unterrühren und etwa 1 Minute mitbraten. Dann die Tomatenwürfel, die Ananasstücke, die Rosinen und den Reis hinzufügen und unter Rühren schön heiß werden lassen. Mit Fischsauce, Ketchup und dem Zucker würzen, heiß servieren.

Tipp!

Statt der Dosenananas können Sie auch frische Ananas verwenden. Die Frucht ungeschält längs halbieren und den harten Strunk in der Mitte entfernen, das Fruchtfleisch ausschneiden und würfeln. Die ausgehöhlten Ananashälften im Backofen erwärmen und den fertigen Reis darin anrichten.

Im Bild vorne: Reis mit Tunfisch.
Im Bild hinten: Reis mit Ananas.

Gedämpfter Gemüsereis

Gelingt leicht

Für 2 Personen
150 g Chinakohl
300 g gekochter Reis (etwa 100 g roh, siehe Grundrezept Seite 85)
1 kleine rote Paprikaschote
1 kleine gelbe Paprikaschote
200 g Lauch
Salz · schwarzer Pfeffer
750 ml Hühnerbrühe
1/2 Bund glatte Petersilie
Sojasauce

Pro Portion: 130 kcal
Zubereitungszeit: 40 Minuten

Den Chinakohl putzen und waschen. Wenn Sie im Bambuskörbchen dämpfen, legen Sie dieses zuerst mit einigen Kohlblättern aus, damit der Reis nicht durchs Gitter fällt.

Übrigen Chinakohl in 1–2 cm breite Streifen schneiden und mit dem Reis mischen.

Die Paprikaschoten putzen und waschen, dann in feine Streifen schneiden und diese ebenfalls unter den Reis mischen. Den Lauch putzen, längs aufschlitzen und gründlich waschen. In etwa 5 cm lange Stücke, diese in schmale Streifen schneiden und unter den Reis mischen, mit Salz und Pfeffer würzen. Den Gemüsereis auf das Chinakohlbett oder auf einen breiten Teller geben.

Die Hühnerbrühe im Wok aufkochen. Das Dämpfkörbchen oder den Teller auf gekreuzten Essstäbchen hineinstellen, den Deckel auflegen. Reis etwa 15 Minuten dämpfen.

Die Petersilie waschen und trockenschütteln. Die Blättchen grob hacken und über den fertigen Reis streuen. Bei Tisch Sojasauce über den Reis träufeln.

Selleriereis mit Rosinen

Raffiniert

Für 2 Personen
150 g Langkorn-Wildreis-Mischung
Salz
25 g Rosinen
75 ml Gemüsebrühe
5 Stangen Staudensellerie
1 große rote Zwiebel
1 kleines Bund Petersilie
2 TL Zitronensaft
1 Döschen gemahlener Safran
4 EL Öl
1 EL Mandelblättchen
Cayennepfeffer
1 Prise Zimtpulver

Pro Portion: 540 kcal
Zubereitungszeit: 45 Minuten

Den Reis mit 300 ml Wasser und etwas Salz in einem Topf zum Kochen bringen und zugedeckt bei schwacher Hitze nach Packungsangabe ausquellen lassen. Dann in eine Schüssel füllen und abkühlen lassen.

Rosinen in der Gemüsebrühe einweichen. Den Sellerie waschen, die Fäden abziehen und die Stangen in feine Scheiben schneiden. Selleriegrün beiseite legen. Zwiebel schälen, längs halbieren und quer in feine Streifen schneiden. Petersilie waschen, trockenschwenken und mit dem Selleriegrün fein hacken.

Rosinen abtropfen lassen, Gemüsebrühe auffangen und mit Zitronensaft und Safran verrühren.

Den Wok erhitzen und 3 EL Öl darin heiß werden lassen. Reis hineingeben und flach im Wok verteilen. Von einer Seite bei mittlerer bis starker Hitze in 3 Minuten braun werden lassen. Dann wenden und noch 1 Minute braten. Den Reis zerpflücken und an den Rand des Woks schieben.

Das restliche Öl im Wok erhitzen. Die Selleriescheiben darin bei starker Hitze unter Rühren 3 Minuten braten. Die Zwiebelstreifen mit den Mandelblättchen hinzufügen und noch 1 Minute braten. Die Gemüsebrühe mit Rosinen untermischen, alles mit Salz, Cayennepfeffer und Zimt pikant abschmecken. Das Selleriegemüse mit dem Reis im Wok mischen, mit gehackter Petersilie und Selleriegrün bestreuen und möglichst sofort servieren.

Knoblauchreis

Schnell

Für 4 Personen
8 Tassen körnig gekochter Langkornreis (siehe Grundrezept Seite 85)
2 Knoblauchzehen
1 Frühlingszwiebel oder
1 Bund Schnittlauch
2 EL Pflanzenöl
1/2 TL Fischsauce
1/2 TL helle chinesische Sojasauce
Zucker · Salz · Pfeffer
1 Prise Glutamat

Pro Portion: 149 kcal
Zubereitungszeit: 15 Minuten

Den Reis auflockern. Knoblauch schälen und klein würfeln. Frühlingszwiebel oder den Schnittlauch waschen, putzen und klein hacken.

Den Wok erhitzen und das Öl darin heiß werden lassen. Zwei Drittel vom Knoblauch und von der Frühlingszwiebel darin glasig braten. Den Reis bei starker Hitze hineingeben und mit dem Kochlöffel ständig rühren, damit der Reis nicht anbrennt. Fischsauce, die Sojasauce, eine Prise Zucker, Salz, Pfeffer und das Glutamat hinzufügen und alles abschmecken. Den Rest vom Knoblauch und von der Frühlingszwiebel zum Schluss der Bratzeit untermischen. Gleich heiß servieren.

Reis-Linsen-Gemüse-Topf

Für Gäste

Für 6 Personen
1/2 Blumenkohl
200 g Kartoffeln
2 Zwiebeln · 2 Tomaten
1 frische Chilischote
4 EL Ghee (geklärte Butter)
3 Lorbeerblätter
1 TL Kurkumapulver
1 TL gemahlener Kreuzkümmel (Cumin)
1 1/2 TL Paprikapulver, edelsüß
1/4 TL Chilipulver
200 g Basmatireis
200 g geschälte rote Linsen (Masoor Dal)
100 g tiefgefrorene Erbsen
Salz
1 TL Garam Masala (indische Gewürzmischung)

Pro Portion: 540 kcal
Zubereitungszeit: 1 Stunde

Das Gemüse waschen. Den Blumenkohl in Röschen von etwa 3 cm Länge schneiden. Die Kartoffeln schälen und in etwa 3 cm große Stücke schneiden. Die Zwiebeln schälen und fein schneiden.

Die Tomaten vierteln. Die Chilischote putzen und entkernen, in kleine Stücke schneiden.

Einen Wok und dann 3 EL Ghee darin erhitzen. Die Zwiebeln darin gut braun anbraten. Chilistücke, Lorbeerblätter und die gemahlenen Gewürze (außer dem Garam Masala) hinzufügen und alles bei schwacher Hitze etwa 3 Minuten anbraten.

Reis, die Linsen, Kartoffeln, Blumenkohlröschen, die Tomaten und die Erbsen nach und nach dazugeben und alles gut vermischen.

Salzen und 1 1/2 l Wasser hinzufügen, zum Kochen bringen. Dann die Temperatur reduzieren und den Deckel auflegen. Alles zugedeckt etwa 25 Minuten köcheln lassen, bis Reis und Gemüse gar sind.

Das übrige Ghee schmelzen und mit dem Garam Masala verrühren, über das Reisgericht gießen und servieren. Dazu passen Pickles (fertig gekauft) und Chutneys.

Reisbällchen mit Gurkensauce

Gut vorzubereiten

Für 4 Personen
300 g Langkorn-Wildreis-Mischung · Salz
1 Bund Frühlingszwiebeln
2 Knoblauchzehen
1 Stück Ingwer
1 Gärtnergurke
2 Eier · 50 g Mehl
2 EL gemahlene Mandeln
Pfeffer
250 ml Öl zum Braten
100 ml süßscharfe Sauce (aus dem Asienladen)
2 TL Reisessig · 1 TL Sojasauce
einige Salatblätter in Streifen

Pro Portion: 430 kcal
Zubereitungszeit: 50 Minuten

Reis mit 600 ml Wasser und Salz aufkochen, bei schwacher Hitze in 20 Minuten ausquellen lassen. Ausdämpfen und etwas abkühlen lassen.

Frühlingszwiebeln waschen und putzen, Knoblauch und Ingwer schälen, alles fein hacken. Gurke schälen, längs halbieren, entkernen, in feine Würfel schneiden.

Den Reis mit Eiern, Mehl und Mandeln vermischen, mit Salz und Pfeffer würzen. Mit leicht angefeuchteten Händen zu etwa walnussgroßen Bällchen formen.

Den Wok und dann 1 EL Öl darin erhitzen. Frühlingszwiebeln, Knoblauch und Ingwer unter Rühren 2 Minuten braten. Herausnehmen und mit Gurke und süßscharfer Sauce mischen, mit Reisessig und Sojasauce abschmecken.

Übriges Öl im Wok erhitzen. Reisbällchen darin portionsweise in 4–5 Minuten rundum knusprig braun braten, abtropfen lassen. Auf Salatstreifen anrichten und mit der Sauce heiß servieren.

Reispflänzchen im Lauchblatt

Für Gäste

Für 4 Personen
200 g Rundkornreis
400 ml Gemüsebrühe
1 Bund Basilikum
1/2 unbehandelte Zitrone
2 Knoblauchzehen
1 dicke Stange Lauch
Salz
1 EL Pinienkerne
1 Ei · 2 TL Kapern
50 g geriebener Parmesan
Cayennepfeffer
einige Schnittlauchhalme
3 EL Olivenöl
200 g passierte Tomaten (Fertigprodukt)

Pro Portion: 420 kcal
Zubereitungszeit: 50 Minuten

Reis mit Brühe aufkochen, zugedeckt bei schwacher Hitze in 20 Minuten ausquellen, dann auskühlen lassen.

Basilikum waschen, Blättchen fein hacken. Zitrone waschen, die Schale fein hacken. Knoblauch schälen und durch die Presse drücken.

Lauch waschen. Einige Blätter so ablösen, dass sie ganz bleiben. In kochendem Salzwasser 1 Minute blanchieren, kalt abschrecken und abtropfen lassen. In 10 cm lange Stücke schneiden.

Wok erhitzen, Pinienkerne darin ohne Fett goldgelb rösten. Reis mit Zitronenschale, Basilikum, Knoblauch, Pinienkernen, Ei, Kapern und Käse mischen, mit Salz und Cayennepfeffer würzen. Reismasse zu Pflänzchen formen und in die Lauchstücke wickeln, mit Schnittlauch binden.

Wok wieder erhitzen. Öl darin heiß werden lassen. Lauchpäckchen darin unter gelegentlichem Wenden 5 Minuten braten. Tomatenpüree erhitzen, würzen und zu den Reispflänzchen servieren.

Im Bild vorne: Reisbällchen mit Gurkensauce.
Im Bild hinten: Reispflänzchen im Lauchblatt.

Gebratener Gemüse-Reis

Braucht etwas Zeit

Für 4 Personen
5 getrocknete Tongkupilze
10 getrocknete chinesische Morcheln
1 Stange Lauch
2 Stangen Sellerie
10 grüne Bohnen
2 Möhren
50 g Bambussprossen (Dose)
50 g Erbsen (tiefgefroren)
50 g Bohnenkeime
10 Strohpilze (Dose)
3 EL neutrales Pflanzenöl
125 g Tofu
1 EL gehackter Ingwer
3 EL helle Sojasauce
Salz · Zucker
750 g körnig gekochter Reis (siehe Grundrezept Seite 85)
Pfeffer
1 EL gehackte Frühlingszwiebel

Pro Portion: 380 kcal
Zubereitungszeit: 45 Minuten

Die getrockneten Pilze waschen und getrennt in jeweils 1 Tasse Wasser etwa 10 Minuten einweichen. Den Lauch und den Sellerie (samt den grünen Blättern), die Bohnen und die Möhren putzen, waschen und klein schneiden. Die Bambussprossen würfeln. Die Erbsen und die Bohnen kurz blanchieren, abtropfen lassen. Die Bohnenkeime waschen.

Die Tongkupilze und die Morcheln entstielen. Die Strohpilze abtropfen lassen. Alle Pilze klein würfeln.

Den Wok und dann das Öl darin erhitzen. Tofu würfeln, kurz anbraten. Lauch und Sellerie untermischen, glasig braten. Das übrige vorbereitete Gemüse einrühren, mit Ingwer, 2 EL Sojasauce, etwas Salz und Zucker würzen, unter Rühren etwa 2 Minuten braten. Den Reis dazugeben, etwa 2 Minuten mitbraten, abschmecken. Die Frühlingszwiebeln aufstreuen.

Gebratener Meeresfrüchte-Reis

Für Gäste

Für 4 Personen
2 Frühlingszwiebeln
1 daumengroßes Stück Ingwer
200 g tiefgefrorene Erbsen
Salz
3 EL neutrales Pflanzenöl
4 Eier
250 g Garnelenfleisch
250 g Krebsfleisch (Dose)
1 TL Zucker
750 g körnig gekochter Langkornreis (siehe Grundrezept Seite 85)
3 EL helle Sojasauce · Pfeffer

Pro Portion: 500 kcal
Zubereitungszeit: 25 Minuten

Die Frühlingszwiebeln putzen, waschen, in feine Ringe schneiden, den Ingwer schälen und hacken. Die Erbsen kurz in kochendem Salzwasser blanchieren, in ein Sieb gießen, kalt überbrausen und abtropfen lassen.

Den Wok und dann das Öl darin erhitzen, die weißen Zwiebelringe und den Ingwer im Öl glasig braten. Die Eier verschlagen, salzen und in den Wok gießen. Stocken lassen, mit Koch- oder Essstäbchen zerpflücken.

Die Garnelen und das Krebsfleisch mit den Erbsen in die Pfanne geben. Mit Zucker würzen, etwa 1 Minute unter Rühren anbraten.

Den Reis auflockern, dazugeben und unter Rühren körnig braten. Mit Zucker, Sojasauce, Pfeffer und Salz abschmecken. Mit dem Zwiebelgrün bestreuen und servieren.

Tipp!

Statt Krebsfleisch können Sie auch Surimi (mit Paprika rot gefärbte Krebsstäbchen) verwenden. Aber nur ganz kurz erhitzen, sonst zerfallen sie.

Reis mit Garnelen

Für Gäste

Für 4 Personen
500 g mittelgroße Garnelen
2 EL helle Sojasauce
1/2 TL schwarzer Pfeffer
2 mittelgroße Zwiebeln
2 Frühlingszwiebeln
3 Knoblauchzehen
1 Salatgurke · 3 EL Öl
750 g gekochter, abgekühlter Reis (siehe Grundrezept Seite 85)
2 EL Fischsauce
2 EL Tomatenketchup
1 TL Zucker

Pro Portion: 450 kcal
Zubereitungszeit: 40 Minuten

Den Kopf der Garnelen abtrennen. Die Garnelen schälen, dabei das Schwanzende daranlassen. Die Garnelen am Rücken der Länge nach leicht einschneiden und den dunkleren Darm entfernen. Die Garnelen waschen, abtrocknen, mit der Sojasauce und dem Pfeffer mischen und etwa 10 Minuten marinieren.

Zwiebeln schälen und in dünne Ringe schneiden, Frühlingszwiebeln waschen, putzen, längs halbieren und in 3 cm lange Stücke schneiden. Den Knoblauch schälen und fein hacken. Gurke schälen und in etwa 1/2 cm dicke Scheiben schneiden.

Den Wok und dann das Öl darin erhitzen. Knoblauch im Öl goldgelb braten. Garnelen hinzugeben und etwa 1 Minute bei starker Hitze braten, bis sie hellrot werden. Zwiebelringe unterrühren und noch etwa 1 Minute braten.

Reis, Frühlingszwiebeln, Fischsauce, Tomatenketchup und Zucker hinzufügen und weiter braten, bis alles sehr heiß ist. Einige Male umrühren, abschmecken und auf Teller verteilen. Mit Gurkenscheiben garnieren. Dazu schmeckt eine pikante Chilisauce.

Tomaten-Reis mit Fisch

Etwas teurer

Für 4 Personen
250 g Langkornreis · Salz
300 g tiefgekühlter Brokkoli
250 g tiefgekühltes Pfahlmuschelfleisch
250 g Seeteufelfilet (ersatzweise Lachsfilet)
2 Zwiebeln
2 Bund Schnittlauch
5 EL Öl · Pfeffer
2 EL Fischsauce (Asienladen)
1 TL Chilisauce (bis 2 TL)
250 g passierte Tomaten (aus der Packung)

Pro Portion: 560 kcal
Zubereitungszeit: 1 Stunde

Den Reis nach Grundrezept Seite 85 zubereiten. Den garen Reis gut ausdampfen, dann erkalten lassen.

Brokkoli und die Muscheln auftauen lassen. Brokkoli klein schneiden. Das Fischfilet mit Küchenpapier trocknen und in Würfel schneiden. Die Zwiebeln schälen und fein hacken. Den Schnittlauch waschen, trockenschwenken und in feine Röllchen schneiden.

Den Wok und dann darin 3 EL Öl erhitzen. Zwiebeln dazugeben und in etwa 3 Minuten glasig braten. Fischwürfel hinzufügen und 2 Minuten pfannenrühren. Dann die Muscheln dazugeben und 2 Minuten mitbraten. Alles salzen und pfeffern, herausnehmen.

Den Wok säubern, wieder erhitzen und das übrige Öl darin heiß werden lassen. Den Reis in dem Öl 3 Minuten pfannenrühren. Mit Fisch- und Chilisauce sowie dem Tomatenpüree vermengen. Brokkoli, Fischwürfel und die Muscheln untermischen, noch 3 Minuten ziehen lassen. Den Tomatenreis mit Salz und Pfeffer abschmecken, die Schnittlauchröllchen untermischen und servieren.

Nasi Goreng

Gut vorzubereiten

Für 4 Personen
200 g Langkornreis
Salz
100 g Schalotten
6 EL Öl
2 Eier
schwarzer Pfeffer
250 g Schweinefilet
1 Zwiebel
1 Knoblauchzehe
150 g Lauch
150 g Knollensellerie
150 g Möhren
100 g Bohnensprossen (frisch oder aus dem Glas)
1 TL Sambal tjampoer (Sambal mit Garnelenpaste)
150 g geschälte und gekochte Garnelen
2 EL Sojasauce
1 TL Zucker
2 EL Zitronensaft

Pro Portion: 590 kcal
Zubereitungszeit: 1 Stunde

Den Reis in einem Topf mit der doppelten Menge Wasser und 1 TL Salz zum Kochen aufsetzen. Sobald das Wasser siedet, die Hitze stark reduzieren und den Reis zugedeckt 15 Minuten quellen lassen. Mit einer Gabel auflockern und auf der ausgeschalteten Herdplatte offen ausdampfen und erkalten lassen. Bei Gasherden verlängert sich die Garzeit um 5 Minuten.

Während der Reis gart, die Schalotten schälen und in sehr dünne Ringe schneiden. Den Wok und dann 2 EL Öl darin erhitzen. Die Schalotten im Öl unter häufigem Wenden 5 Minuten bräunen. Auf Küchenpapier auslegen und abkühlen lassen.

Die Eier mit Salz und Pfeffer verquirlen. Erneut 2 EL Öl in dem Wok erhitzen. Darin aus den Eiern in je etwa 3 Minuten nacheinander zwei dünne Omeletts braten. Herausnehmen und abkühlen lassen. Dann einrollen und quer in feine Streifen schneiden.

Das Fleisch in etwa 1 cm breite Streifen schneiden. Die Zwiebel und die Knoblauchzehe schälen und fein hacken. Den Lauch putzen, längs aufschneiden, gründlich waschen und in dünne Scheiben schneiden. Den Sellerie und die Möhren schälen und klein würfeln. Die Sprossen abspülen und abtropfen lassen.

In dem Wok das übrige Öl erhitzen. Zwiebel und Knoblauch darin kurz anbraten. Sambal tjampoer hinzufügen und 1 weitere Minute braten. Das Fleisch dazugeben und in 2 Minuten braun anbraten. Zuerst Lauch, Möhren und Sellerie 3 Minuten pfannenrühren, dann Sprossen und Garnelen noch 2–3 Minuten unter Rühren mitbraten. Zuletzt den abgekühlten Reis dazugeben und bei starker Hitze 3–5 Minuten gut durchbraten, bis er goldgelb ist.

Das Gericht mit Sojasauce, Zucker, Zitronensaft und Salz abschmecken. Den Reis mit den Omelettstreifen und den Schalotten garnieren.

Tipp!

Diese Reispfanne eignet sich prima für ein Essen mit Gästen: Fast alle Zutaten können Sie schon lange vorher zubereiten. Eine Viertelstunde vorm Servieren braten Sie dann alles im Wok an. Stellen Sie den Wok direkt auf den Tisch und reichen Sie fertige Würzpasten dazu, zum Beispiel scharfes Sambal Oelek und süßscharfes Sambal Manis. Als Getränk passt Tee, Bier oder auch ein nicht zu trockener Weißwein.

Nasi Goreng – gebratener Reis – stammt aus der indonesischen Küche und ist ein gutes Beispiel dafür, wie man Reis- und Gemüsereste lecker verwenden kann.

Gebratener Reis mit Schinken

Preiswert

Für 4 Personen
250 g Langkornreis
1 Tomate (etwa 100 g)
50 g Gurke
100 g gekochter Schinken
4 EL Pflanzenöl
Salz · Pfeffer

Pro Portion: 330 kcal
Zubereitungszeit: 40 Minuten

Den Reis waschen, mit der doppelten Menge Wasser zum Kochen bringen und zugedeckt bei schwacher Hitze in etwa 20 Minuten ausquellen lassen. Dann in einer Schüssel erkalten lassen, eventuell bis zum nächsten Tag.

Die Tomate mit kochendem Wasser kurz überbrühen, kalt abschrecken und häuten. Tomate entkernen und klein würfeln. Gurke waschen und ebenfalls würfeln. Den Schinken klein schneiden.

Einen Wok erhitzen. Das Öl hineingeben und heiß werden lassen. Schinken, Tomaten- und Gurkenwürfel darin bei mittlerer Hitze unter Rühren 1/2 Minute braten. Reis dazu geben, mit Salz und Pfeffer würzen und unter Rühren etwa 2 Minuten braten. Dann sofort servieren.

Reiskrusten mit Garnelen

Für Gäste

Für 3 Personen
200 g rohe geschälte Garnelen
2 EL Reiswein
Salz
2 EL Maisstärke (Speisestärke)
100 g Gurke
20 g Lauch
20 g Ingwerwurzel
2 Knoblauchzehen
100 g Pflanzenöl
300 ml Hühnerbrühe
1 Prise Pfeffer
150 g getrocknete Reiskrusten (fertig gekauft)

Pro Portion: 410 kcal
Zubereitungszeit: 30 Minuten

Von den Garnelen den dunkleren Darm auf der Rückenseite entfernen. Garnelen kurz waschen, trocknen und in Scheiben schneiden. 1 EL Reiswein mit Salz und 1 Messerspitze Maisstärke verrühren, mit den Garnelenscheiben mischen. Die übrige Maisstärke mit 2 EL Wasser anrühren.

Gurke waschen und in 3 cm lange und 2 cm breite Scheiben schneiden. Lauch putzen und waschen. Ingwer und den Knoblauch schälen. Alle diese drei Zutaten fein zerkleinern.

Den Wok erhitzen. 30 ml Öl hineingeben und heiß werden lassen. Das Garnelenfleisch hinzufügen und kurz unter Rühren anbraten. Gurke, Lauch, Ingwer und Knoblauch hinzufügen und ebenfalls unter Rühren kurz anbraten.

Den übrigen Reiswein und die Hühnerbrühe angießen, mit Salz und Pfeffer würzen und zum Kochen bringen. Die angerührte Maisstärke untermischen. Alles noch einmal aufkochen, bis die Sauce leicht gebunden ist.

Die Garnelenmischung in eine vorgewärmte Schüssel geben.

Den Wok säubern. Das restliche Öl hineingeben und erhitzen. Die Reiskrusten hineingeben und frittieren, bis sie aufgegangen und leicht gebräunt sind. Die Reiskrusten aus dem Öl heben und auf einen Teller geben. Das Garnelenragout dazu servieren.

Tipp!

Reiskrusten können Sie auch selbst herstellen: Nach Grundrezept Seite 85 gegarten Reis auf Backpapier in einer dünnen Schicht ausbreiten und im Backofen bei 50 °C etwa 30 Minuten backen, dann in grobe Stücke brechen.

Lauch-Ananas-Reis

Scharf

Für 4 Personen
300 g Lauch
450 g frische Ananas
3 EL Öl
1 EL Currypulver
250 ml Gemüsebrühe
1 Prise Zucker
600 g gekochter Reis
(siehe Grundrezept Seite 85)
Salz

Pro Portion: 314 kcal
Zubereitungszeit: 30 Minuten

Den Lauch putzen, gründlich waschen und sehr schräg in etwa 1 1/2 cm große Stücke schneiden. Die Ananas schälen und würfeln.

Den Wok und dann darin das Öl erhitzen. Den Lauch im Öl unter Rühren etwa 3 Minuten braten. Das Currypulver darüber stäuben und kurz anschwitzen. Brühe und Zucker dazugeben und alles bei schwacher Hitze etwa 2 Minuten kochen lassen.

Den Reis und die Ananas in den Wok geben und unter Rühren heiß werden lassen, mit Salz abschmecken und gleich servieren.

Gebratener Reis mit Sprossen

Preiswert

Für 4–5 Personen
3 Knoblauchzehen
5 Schalotten
150 g Sojabohnensprossen
(Mungobohnensprossen)
2 mittelgroße Möhren
150 g Zuckerschoten
3 Eier
1 1/2 TL Salz
8 EL neutrales Öl
750 g gekochter Reis
(aus 250 g rohem Reis, siehe Grundrezept Seite 85)
2 EL Tomatenketchup
1 EL Zucker
2 TL Sambal Oelek
2 EL süße Sojasauce

Pro Portion: 380 kcal
Zubereitungszeit: 30 Minuten

Knoblauch und die Schalotten schälen und fein hacken. Die Bohnensprossen kalt abspülen und abtropfen lassen. Die Möhren putzen, schälen und in feine Stifte schneiden. Die Zuckerschoten waschen, die Enden abtrennen.

Die Eier mit 1/2 TL Salz in einer Schüssel verquirlen.

In einer Pfanne 3 EL Öl erhitzen. Die Eiermasse hineingeben und von beiden Seiten goldgelb braten. Das Omelett in Streifchen schneiden.

Den Wok und darin dann das restliche Öl erhitzen. Den Knoblauch und die Schalotten im Öl etwa 2 Minuten braten.

Die Möhren, Zuckerschoten und die Bohnensprossen in den Wok geben und etwa 2 Minuten mitbraten. Den Reis untermischen.

Das restliche Salz, Ketchup, Zucker, Sambal Oelek und Sojasauce unterrühren. Alles noch etwa 2 Minuten braten. Die Omelettstreifen unterheben und den Gemüsereis gleich servieren.

Tipp!

Sprossen von Sojabohnen sollten vor der Verwendung kurz blanchiert werden. Aber die Sojakeimlinge, die es frisch im Handel gibt, stammen meist von Mungobohnen. In diesem Fall steht zum Beispiel »Sojakeimlinge aus Mungobohnen« auf der Packung, und diese können roh verzehrt werden.

Gedämpfter Reis mit Huhn

Braucht etwas Zeit

Für 4 Personen
500 g Hühnerklein
1 walnussgroßes Stück Ingwer
1 Zwiebel
Salz
10 getrocknete Tongkupilze (Shiitake-Pilze)
2 Hühnerbrustfilets
1 EL helle Sojasauce
Zucker
Pfeffer
Glutamat
2 EL neutrales Pflanzenöl
350 g Langkornreis
1 Frühlingszwiebel oder
1/2 Bund Schnittlauch

Pro Portion: 430 kcal
Zubereitungszeit: 1 3/4 Stunden

Das Hühnerklein waschen und in einen Suppentopf geben. Etwa 1 1/2 l Wasser angießen. Den Ingwer schälen, die Hälfte davon fein reiben und beiseite stellen, den Rest in Scheiben schneiden. Die Zwiebel schälen und zerteilen, mit den Ingwerscheiben und etwas Salz in den Topf geben. Zum Kochen bringen, bei mittlerer Hitze zugedeckt etwa 20 Minuten leise köcheln lassen.

Die Tongkupilze unter fließendem Wasser waschen, in etwa 1/2 Tasse warmem Wasser 20 Minuten einweichen.

Die Hühnerbrustfilets mit Küchenpapier abtrocknen, in dünne Streifen schneiden. In einer Schüssel mit der Sojasauce, etwas Salz, einer Prise Zucker, Pfeffer und Glutamat würzen, bis zur Verwendung marinieren lassen.

Die eingeweichten Pilze in ein Sieb gießen, den Einweichsud auffangen. Die Pilze abtropfen lassen, den Sud in den Suppentopf gießen. Von den Tongkupilzen die harten Stiele entfernen und die Hüte in Streifen schneiden.

Den Wok und dann das Öl darin nicht zu stark erhitzen, den geriebenen Ingwer hineingeben und glasig braten. Den Reis einstreuen, bei schwacher Hitze unter Rühren etwa 1 Minute anbraten. Den Wok vom Herd nehmen.

Die Hühnerbrühe durch ein Sieb abgießen. Etwa 1,2 l Brühe abmessen und zum Reis gießen. Den Wok wieder auf den Herd stellen, die Brühe aufkochen und leicht sieden lassen, bis der Reis die Brühe aufgenommen hat. Den fast garen Reis dann in eine hitzebeständige Schüssel umfüllen. Den Wok säubern.

Die Hühnerfleischstreifen und die Pilze zum Reis geben, noch etwa 200 ml Brühe darüber gießen.

Im Wok etwa 3 cm hoch Wasser aufkochen. Die Schüssel mit dem Reis in einen Dämpfkorb stellen, abdecken und alles im Dampf noch etwa 20 Minuten garen.

Inzwischen die Frühlingszwiebel putzen, waschen und klein hacken. Den fertigen Reis in der Schüssel mit gehackter Frühlingszwiebel bestreut servieren.

Tipp!

Sie können auch die Hühnerbrustfilets und die Tongkupilze mit 1 EL Austernsauce würzen und vor dem Vermischen mit dem Reis kurz im heißen Wok pfannenrühren. Dann genügen etwa 15 Minuten Dämpfzeit.

Dämpfen ist in China eine sehr beliebte Garmethode, denn dabei behalten die Zutaten ihr eigenes Aroma. Hier wird Reis mit Pilzen und Hühnerfleisch gemischt und mit Hühnerbrühe gegart.

Reis mit Zwiebeln und Champignons

Preiswert

Für 4 Personen
250 g Duftreis
2 Bund Frühlingszwiebeln
400 g kleine Champignons
3 EL Öl · 6 Eier
Salz oder 3 EL helle Sojasauce
schwarzer Pfeffer

Pro Portion: 430 kcal
Zubereitungszeit: 40 Minuten

Den Duftreis nach Packungsangabe garen, ausdampfen lassen. Frühlingszwiebeln putzen, waschen und schräg in dünne Ringe schneiden.

Die Champignons putzen und säubern, dann halbieren.

Den Wok und dann das Öl darin erhitzen. Einige grüne Zwiebelringe zum Garnieren beiseite legen, die übrigen Zwiebeln im Wok unter Rühren anschwitzen. Dann die Pilze dazugeben und anbraten.

Den gekochten Reis in den Wok geben, alles gründlich vermengen und etwa 3 Minuten pfannenrühren.

Die Reismischung an den Rand des Woks schieben. Die Eier in einem Schälchen verquirlen, mit Salz oder der Sojasauce und Pfeffer würzen. In die Wokmitte gießen und dort zu einem lockeren Rührei braten.

Zum Schluss das Rührei unter den Reis mischen. Mit Salz und Pfeffer abschmecken und mit den grünen Zwiebelringen bestreut servieren.

Dazu eine scharfe Sauce servieren. Oder den Reis als Beilage zu einem Fleisch- oder Fischgericht reichen.

Gebratener Reis mit Chillie

Scharf

Für 4 Personen
150 g Rinderhackfleisch
250 g Kidneybohnen (aus der Dose)
1 1/2 EL thailändische Fischsauce
1 EL dunkle Sojasauce
100 g grüne Bohnen
4 frische rote Chilischoten
Salz · 3 Knoblauchzehen
2 EL Öl
750 g gegarter Langkornreis (siehe Grundrezept Seite 85)
1 EL Zucker · Pfeffer
Fischsauce zum Abschmecken
1 Bund Basilikum (vorzugsweise thailändisches, in Streifen geschnitten)

Pro Portion: 409 kcal
Zubereitungszeit: 50 Minuten

Rinderhack mit den abgetropften roten Bohnen in eine Schüssel geben und gut vermischen. Fischsauce und Sojasauce unterrühren. Abgedeckt etwa 30 Minuten marinieren lassen.

Die grünen Bohnen waschen, putzen und in 1 cm lange Stücke schneiden.

Die Chilischoten mit einem Messer aufschlitzen, entkernen und fein hacken. Mit dem Salz in eine Schüssel geben. Den Knoblauch schälen und dazupressen.

Einen Wok und dann das Öl darin erhitzen, die Chilimischung im Öl etwa 1 Minute anbraten.

Die Rindfleisch-Bohnen-Mischung zum Chiliöl geben und unter ständigem Rühren etwa 3 Minuten braten, bis das Fleisch krümelig wird. Die grünen Bohnen in den Wok geben, noch weitere 3 Minuten bei mittlerer Hitze braten.

Den gegarten Reis mit dem Zucker untermischen. Unter ständigem vorsichtigem Rühren und Wenden den Reis erhitzen. Mit Salz, Pfeffer und noch etwas Fischsauce würzen. Den heißen Reis auf einem Servierteller anrichten, mit Basilikumstreifen bestreuen und servieren.

Kichererbsen-Reis mit Zucchini

Für Gäste

Für 4 Personen
200 g getrocknete Kichererbsen
1 Bund Frühlingszwiebeln
300 g Zucchini
3 EL Olivenöl
Salz · Pfeffer
Paprikapulver
250 g Langkornreis
3 Stängel Minze (oder Petersilie), fein gehackt
4 EL Zitronensaft

Pro Portion: 600 kcal
Einweichzeit: 12 Stunden
Zubereitungszeit: 1 Stunde

Am Vorabend die Kichererbsen mit kaltem Wasser bedecken und einweichen. Am nächsten Tag im Einweichwasser zugedeckt etwa 30 Minuten köcheln lassen.

Inzwischen das Gemüse waschen und putzen. Von den Frühlingszwiebeln das Weiße in feine Scheiben, das Grün in etwa 3 cm lange Stücke schneiden. Zucchini würfeln. Die Kichererbsen abgießen, den Sud auffangen.

Zuerst den Wok und dann darin das Öl erhitzen. Zwiebelgrün und Zucchini unter Rühren anbraten. Herausheben, salzen und pfeffern. Weiße Zwiebelringe im Bratöl glasig werden lassen. Mit Salz, Paprika und Pfeffer würzen.

Die Kichererbsen mit dem Reis und 1/2 l Kichererbsenkochwasser im Wok aufkochen und zugedeckt bei schwacher Hitze etwa 25 Minuten köcheln lassen.

Die Zwiebeln und die Zucchini unter die Kichererbsen und den Reis mischen, mit heiß werden lassen. Abschmecken, mit Kräutern bestreuen und mit Zitronensaft beträufeln.

Orientalischer süßer Reis

Gelingt leicht

Für 4 Personen
1/2 l Milch
125 g Milchreis · Salz
2 EL Zucker
40 g Orangeat
40 g Zitronat
50 g gehackte Mandeln
2 EL gehackte Pistazienkerne
2 EL Butter
1 unbehandelte Zitrone
2 EL Rosinen
2 EL Orangenlikör (nach Belieben)
Minzeblättchen zum Garnieren

Pro Portion: 430 kcal
Zubereitungszeit: 35 Minuten

In einem Topf die Milch mit dem Reis, einer Prise Salz und Zucker aufkochen und zugedeckt bei schwacher Hitze in etwa 20 Minuten ausquellen lassen. Inzwischen Orangeat und Zitronat fein hacken.

Zuerst den Wok und dann darin bei mittlerer Hitze die Mandeln und Pistazien ohne Fett unter Rühren rösten, bis sie duften, herausnehmen.

Die Butter in den Wok geben. Den gegarten Reis unter Rühren darin 2–3 Minuten braten. Die Zitrone heiß waschen, die Schale abreiben, den Saft auspressen. Orangeat, Zitronat, Mandeln, Pistazien, Zitronenschale, Rosinen und Likör unter den Reis mischen. Mit Zitronensaft abschmecken. Zum Servieren mit Minzeblättchen garnieren.

Tipp!

Zu diesem süßen Reisgericht passt eine Aprikosen- oder Orangensauce (gibt's fertig zu kaufen).

Reis mit Tongku-Pilzen

Kalorienarm

Für 4 Personen
250 g Langkornreis
100 g frische Tongku-Pilze (Shiitake)
75 g zarte Möhren
100 g grüne Erbsen (frisch oder tiefgefroren)
2 Eier
3 EL Pflanzenöl
Salz · Pfeffer

Pro Portion: 330 kcal
Zubereitungszeit: 45 Minuten

Den Reis waschen und nach dem Grundrezept Seite 85 garen. In eine Schüssel geben und (möglichst bis zum nächsten Tag) abkühlen lassen.

Die Pilze putzen und in kleine Würfel schneiden. Die Möhren schälen und ebenfalls klein würfeln. Die Erbsen in kochendem Wasser etwa 3 Minuten garen, dann kalt abschrecken und abtropfen lassen. Die Eier verquirlen.

Den Wok und dann das Öl erhitzen. Eiermasse darin unter Rühren 1 Minute braten. Gemüse untermischen, mit Salz und Pfeffer würzen und unter Rühren 1/2 Minute braten. Reis dazugeben und alles noch einmal 2 Minuten garen. Dabei ständig rühren.

Paprikaschoten mit Reisfüllung

Braucht etwas Zeit

Für 4 Personen
125 g Patnareis
Salz
3 rote Paprikaschoten
3 grüne Paprikaschoten
300 g Putenbrustfilet
200 g Spinat
2 kleine Zwiebeln
1 walnussgroßes Stück frischer Ingwer
1 Knoblauchzehe
4 EL Öl
30 g Pinienkerne
schwarzer Pfeffer
4 EL Sojasauce
150 ml Hühnerbrühe
2 EL Hoisinsauce (Asienladen)
1 TL Speisestärke

Pro Portion: 440 kcal
Zubereitungszeit: 1 1/2 Stunden

Den Reis in 200 ml kochendes Salzwasser geben und bei schwacher Hitze 12 Minuten ausquellen lassen.

Die Paprikaschoten waschen, vom Stielende einen flachen Deckel abschneiden, die Schoten putzen. Das Fleisch in feine Streifen schneiden. Spinat waschen, verlesen, putzen und grob hacken. Zwiebeln schälen und in feine Ringe schneiden. Ingwer und Knoblauch schälen und in sehr kleine Würfel schneiden.

Den Wok und dann darin 1 EL Öl erhitzen. Pinienkerne goldbraun rösten, herausnehmen. Restliches Öl erhitzen. Zwiebeln, Ingwer und Knoblauch unter Rühren 1–2 Minuten braten. Fleisch dazufügen und 3 Minuten pfannenrühren. Spinat 1 Minute mitbraten, bis er zusammengefallen ist. Mit Pfeffer und 2 EL Sojasauce würzen. Pinienkerne bis auf 1 EL sowie den Reis untermischen, in die Paprikaschoten füllen, die Deckel auflegen. Schoten auf einen feuerfesten Teller setzen.

Im Wok 375 ml Salzwasser aufkochen. Den Teller auf einem Dämpfeinsatz hineinstellen. Paprika zugedeckt bei mittlerer Hitze 40–45 Minuten dämpfen, dann herausnehmen und warm stellen.

Brühe, übrige Sojasauce, Hoisinsauce und Stärke in einem Topf verrühren. Den Saft aus dem Wok dazugießen. Die Sauce aufkochen und köcheln lassen, bis sie dicklich ist. Mit den Schoten anrichten, übrige Pinienkerne aufstreuen.

Gedämpfte Paprikaschoten, mit Reis, Pinienkernen und Spinat gefüllt, sind besonders zart und würzig.

Reisröllchen mit Tomaten und Käse

Gelingt leicht

Für 4 Personen
24 Stück Reisteigblätter (16 cm Durchmesser)
2 Tomaten
50 g Salatgurke
3 Stängel Dill
100 g gekochter Reis (siehe Grundrezept Seite 85)
1 Ei
50 g Cheddar, frisch gerieben
Salz · Pfeffer
2 Eiweiße
Pflanzenöl zum Ausbacken

Pro Portion: 520 kcal
Zubereitungszeit: 40 Minuten

Die Reisteigblätter nebeneinander zwischen nasse Küchenhandtücher legen und in etwa 10 Minuten weich und biegsam werden lassen.

Inzwischen Stielansätze der Tomaten entfernen. Die Tomaten kurz überbrühen, häuten, quer halbieren und entkernen. Das Fruchtfleisch klein würfeln. Gurke waschen und mit Schale klein würfeln.

Den Dill waschen und die Spitzen grob zerpflücken. Den Reis mit dem Ei vermischen, dann die Tomaten- und Gurkenwürfel, Dill und geriebenen Käse untermengen, salzen und pfeffern.

Die Teigblätter paarweise übereinanderlegen, die Ränder mit etwas Eiweiß bepinseln. Jeweils etwas Füllung auf die untere Blatthälfte geben. Das untere Blattende umklappen, dann die Seiten darüber klappen und die Blätter fest aufwickeln.

Zuerst den Wok und dann das Öl darin erhitzen. Die Röllchen portionsweise in 3–4 Minuten goldgelb und knusprig ausbacken. Heiß mit gedünstetem Blattspinat oder Gemüsesalat reichen.

Gebratener Möhrenreis

Schnell

Für 4 Personen
600 g Möhren
Salz
3 Knoblauchzehen
2 EL Rosmarinnadeln
200 g Gorgonzola (ersatzweise anderer Blauschimmelkäse)
4 EL Olivenöl
750 g gekochte Langkorn-Wildreis-Mischung (siehe Rezept Seite 94)
schwarzer Pfeffer
4 EL Haselnuss- oder Mandelblättchen

Pro Portion: 550 kcal
Zubereitungszeit: 30 Minuten

Die Möhren putzen und mit einem Sparschäler der Länge nach in dünne Scheiben schneiden. Inzwischen Salzwasser erhitzen, die Möhren darin etwa 3 Minuten blanchieren, kalt abschrecken und gut abtropfen lassen.

Den Knoblauch schälen und in hauchdünne Scheibchen schneiden. Die Rosmarinnadeln fein hacken. Den Gorgonzola oder Blauschimmelkäse in kleine Würfel schneiden.

Zuerst den Wok und dann darin das Öl erhitzen. Die Möhren und den Knoblauch etwa 3 Minuten unter Rühren braten. Dann den Reis und den Rosmarin hinzufügen und alles miteinander noch 3–4 Minuten unter weiterem Rühren braten, bis alles heiß ist. Salzen und pfeffern.

Die Käsewürfel unterheben und den Reis mit den Nüssen bestreut servieren.

Perlen-Klebreis-klöße

Braucht etwas Zeit

Für 5 Personen
150 g Klebreis
100 g Zucker
1 EL Weizenmehl
1 TL Sesamsamen
2 TL Sesampaste
2 EL Sesamöl
400 g Klebreismehl (Asienladen)

Pro Portion: 450 kcal
Zubereitungszeit: 1 Stunde

Den Klebreis in einer Schüssel mit 200 ml heißem Wasser übergießen und etwa 15 Minuten quellen lassen.

Inzwischen den Zucker mit dem Weizenmehl, Sesamsamen, Sesampaste und 1 EL Sesamöl in eine andere Schüssel geben und gründlich vermischen.

Das Klebreismehl mit 300 ml lauwarmem Wasser vermischen und so lange verkneten, bis ein glänzender Teig entsteht, der nicht mehr an den Fingern klebt. Den Teig in 10 Stücke teilen.

Jeweils ein Klebreisteigstück in die mit Wasser befeuchtete Hand nehmen und etwas flach drücken. Etwas Sesammasse auf den Teig geben und darin einhüllen. Die Stücke etwas länglich formen. Den eingeweichten Klebreis abtropfen lassen. Die Teigrollen darin wälzen. Sie sollen hübsch und gleichmäßig von Reiskörnern überzogen sein.

In einem Wok etwa 3 cm hoch Wasser erhitzen. Den Dämpfkorb mit einem feuchten Tuch auslegen. Die Klebreisklöße in 2 Portionen hineinlegen und jeweils über dem heißen Wasserdampf etwa 15 Minuten dämpfen. Die Klebreisklöße heiß oder etwas abgekühlt servieren.

Gedämpfte Birnen mit Klebreis

Preiswert

Für 6 Personen
100 g Klebreis
1 EL Zucker
6 mittelgroße gelbe Birnen mit festem Fruchtfleisch
50 g Kandiszucker

Pro Portion: 180 kcal
Zubereitungszeit: 40 Minuten

Den Klebreis waschen und etwa 5 Minuten in einer Schüssel in heißem Wasser einweichen. Die Schüssel in einen Wok auf eine umgedrehte Tasse oder auf gekreuzte Essstäbchen stellen. Etwa 4 cm hoch Wasser in den Wok gießen und den Reis zugedeckt etwa 10 Minuten dämpfen.

Den Reis abtropfen lassen und mit 1 EL Zucker verrühren. Die Birnen waschen. An der Spitze einen Deckel abschneiden. Das Kerngehäuse mit einem Obstmesser vorsichtig herausheben, ohne die Birnen zu verletzen. Den Klebreis in die Birnen füllen.

Die gefüllten Birnen in einen Bambusdämpfer oder einen Dämpfeinsatz stellen, mit dem abgelösten Birnendeckel belegen und im Wok über dem heißen Wasserdampf bei mittlerer Hitze zugedeckt etwa 10 Minuten dämpfen.

Während die Birnen garen, 300 ml Wasser mit dem Kandiszucker in einen Topf geben und zum Kochen bringen. Rühren, bis der Kandiszucker geschmolzen ist. Die Birnen hübsch auf einem Teller anrichten. Mit dem Zuckerwasser übergießen und noch warm servieren.

Tipp!

Dieses Reisdessert gelingt auch mit festen, leicht säuerlichen Äpfeln (Boskop oder Cox Orange).

Nudelgerichte

Wer denkt, nur in Italien gäbe es viele verschiedene Nudeln, sollte einmal gründlich in einem Asienladen stöbern.

Fernöstliche Nudeln können aus Weizenmehl, aber auch aus Reis- und anderen Mehlen hergestellt sein. Manche werden einfach gekocht als Beilage gereicht.

Viele Nudelgerichte werden aber im Wok zubereitet, damit sie gleich den Geschmack von Gemüse, Fleisch oder Fisch aufnehmen.

Während Reis ein Produkt der Natur ist, erfordert die Herstellung von Nudeln großes handwerkliches Geschick. Am Anfang steht ein Teig, eine Mischung aus Mehl, Wasser und manchmal Eiern, die in Form gebracht werden muss.

Nudelkunst

Bis heute hält sich die Meinung, die Chinesen seien die Erfinder der Nudeln und erst der Venezianer Marco Polo habe sie seinen Landsleuten schmackhaft gemacht. Eine hübsche Geschichte, aber Teigwaren gab es lange vor Marco Polo in Italien. Wahrscheinlich wurden in vielen Ländern schon die ersten Nudeln geformt, als man gelernt hatte, Getreide zu Mehl zu vermahlen.

Während italienische Pasta vorwiegend aus Hartweizengrieß und Wasser hergestellt wird, gibt es in Asien eine Vielzahl von Nudeln aus anderen Mehlen. Schließlich sind Asiaten genau so begeisterte Nudelesser wie Europäer. Doch während bei uns die meisten Nudeln aus der Großfabrik kommen, werden Teigwaren in Asien noch überwiegend in kleinen Handwerksbetrieben hergestellt. Am berühmtesten sind wohl die kantonesischen Nudelmacher, die einen einfachen Weizenmehlteig mit großem Geschick so lange durch die Luft wirbeln und verdrehen, bis er zu hauchdünnen, endlos langen Nudeln geworden ist. Solche langen Nudeln (Mian) werden besonders gern zu Geburtstagen und Familienfesten gegessen, denn lange Teigwaren stehen für ein langes Leben. Diese Nudeln würde ein Chinese auch nicht zerteilen, sonst hätte er das Gefühl, er würde sein Leben kürzer machen.

Neben diesen »Langes-Leben-Nudeln« gibt es in China noch viele Formen bis zu breiten Streifen, die unseren Bandnudeln entsprechen (die Sie auch als Ersatz dafür nehmen können).

Chinesische Weizennudeln werden mit und ohne Eierzusatz hergestellt und sind oft zu festen Bündeln oder einem Block gepresst. Aufpassen: Weizennudeln sind oft vorgedämpft und dann getrocknet. Solche Instant-Nudeln sind in kürzester Zeit gar, oft genügt es, sie mit kochendem Wasser zu übergießen und kurz ziehen zu lassen, für Nudelgerichte aus dem Wok sollen sie nur halb gar sein. Dann kalt überbrausen, um die Stärke zu entfernen und gründlich abtropfen lassen.

Von oben im Uhrzeigersinn: Reisnudeln, chinesische Mu-Nudeln, Mian-Nudeln (für ein langes Leben), Instant-Eiernudeln und die haarfeinen Glasnudeln.

Chinesische Eiernudeln werden manchmal mit Gänse- oder Enteneiern zubereitet und werden wie die Weizennudeln in Formen gepresst. Auch sie sind oft vorgegart und benötigen dann eine ganz kurze Garzeit (achten Sie auf die Packungsangabe). Manche Sorten sind mit Spinat grün gefärbt oder mit getrockneten und gemahlenen Fischen oder Garnelen gewürzt, sehen dadurch leicht gesprenkelt aus und schmecken würzig-apart.

Japanische Somen-Nudeln aus Hartweizenmehl ähneln dünnen Spaghetti, Udon-Nudeln sind eher langgestreckte runde, kantige oder flache Bandnudeln, beide werden in Bündeln verkauft und sind ohne Eizusatz hergestellt. Sie benötigen eine Garzeit von etwa 10 Minuten. Als Ersatz eignen sich italienische Spaghettini beziehungsweise Hartweizen-Tagliatelle.

Glasnudeln

Sie sind zwar durchsichtig, aber trotzdem nicht aus Glas: die Glasnudeln. Sie werden aus Stärkemehl von Sojabohnen, Mungobohnen oder anderen Hülsenfrüchten sowie Tapioka- oder Kartoffelstärke hergestellt und zu haarfeinen Fäden gesponnen. Die langen Nudeln werden zu lockeren Bündeln zusammengefasst und in Plastikbeuteln verkauft. Sie finden sie in jedem Asienregal gut sortierter Supermärkte. Sie werden nicht gekocht, sondern nur mit heißem Wasser übergossen und müssen etwa 10 Minuten ziehen, bis sie weich und durchsichtig sind. Dann gut abtropfen lassen und mit einer Schere in Stücke schneiden. Besonders in China werden die Glasnudeln gern als Suppeneinlage verwendet. Sie lassen sich aber auch ungegart und kleiner geschnitten in heißem Öl frittieren, dann blähen sie sich zur doppelten Größe auf, werden ganz weiß und herrlich knusprig. So sehen sie auch als Garnitur schön aus.

Reisnudeln sehen transparent wie Milchglas aus und werden aus Reismehl hergestellt. Es gibt sie frisch und getrocknet in verschiedenen Größen – von fadendünn bis bandnudelbreit. Reisnudeln werden vor dem Garen im Wok etwa 3 Minuten in Wasser gekocht, dann abgetropft unter die übrigen Zutaten gemischt. Die gegarten Reisnudeln nicht lange stehen lassen, sonst werden sie wieder hart. In Stücke geschnitten, können sie auch wie die Glasnudeln in heißem Öl knusprig ausgebacken werden.

Eiernudeln mit kochendem Wasser übergießen, aufkochen und 2 Minuten garen.

Glasnudeln nur überbrühen und 10 Minuten ziehen lassen, dann klein schneiden.

Japanische Soba-Nudeln bestehen überwiegend aus Buchweizenmehl, sind hellgrau, spaghettilang und von unterschiedlicher Form. Sie schmecken würzig-süßlich und werden gern in Suppen gegeben, schmecken aber auch warm und kalt mit Saucen. Ihre Garzeit beträgt etwa 10 Minuten.

Glasnudeln mit Gemüse-Tatar

Raffiniert

Für 4 Personen
400 g gemischtes Gemüse (z.B. Kohlrabi, Möhren, Lauch und Rettich)
etwa 2 cm frischer Ingwer
2 Knoblauchzehen
1 Bund Schnittlauch
1 Ei
1 EL Sesamöl
400 ml Öl zum Frittieren
150 g Glasnudeln
2 EL Reiswein (ersatzweise Gemüsebrühe)
2 EL helle Sojasauce
Salz · schwarzer Pfeffer

Pro Portion: 300 kcal
Zubereitungszeit: 35 Minuten

Gemüse waschen, putzen und sehr fein hacken. Den Ingwer schälen und zuerst in dünne Scheiben, dann in feine Stifte schneiden. Knoblauch schälen und fein hacken. Schnittlauch waschen und in 2 cm lange Stücke teilen. Das Ei mit dem Sesamöl verrühren.

Backofen auf 75° (Umluft 50°) vorheizen. Öl zum Frittieren im Wok erhitzen. Die Glasnudeln auseinander lösen und in 4–5 Portionen jeweils 1–2 Minuten im heißen Öl frittieren, bis sie aufgegangen und weiß sind. Herausheben und im Ofen warm halten.

Wenn alle Nudeln frittiert sind, das Öl bis auf einen dünnen Film aus dem Wok gießen. Gemüse mit Ingwer und Knoblauch in den Wok geben und unter ständigem Rühren bei starker Hitze 3–4 Minuten braten, bis es bissfest ist.

Eimasse untermengen und 1/2 Minute braten. Reiswein und Sojasauce hinzufügen und alles mit Salz und Pfeffer abschmecken.

Glasnudeln auf Teller verteilen und mit dem Gemüsetatar bedecken. Mit Schnittlauch bestreut servieren.

Glasnudeln mit Paprika und Sprossen

Gelingt leicht

Für 2 Personen
100 g Glasnudeln
10 Mu-Err-Pilze
1 rote Paprikaschote
1 grüne Paprikaschote
1 Limette
150 g gemischte Sprossen
4 EL neutrales Öl
2 EL Mohnsamen
2 TL Sambal oelek
1 TL Honig · Salz

Pro Portion: 440 kcal
Zubereitungszeit: 45 Minuten

Glasnudeln in lauwarmem Wasser 30 Minuten quellen lassen. Mu-Err-Pilze getrennt ebenfalls in lauwarmem Wasser einweichen.

Paprikaschoten waschen, halbieren, putzen und in feine Streifen schneiden. Limette heiß abwaschen, abtrocknen, 1 Stück Schale dünn abschneiden und in feine Streifen teilen. Eine Hälfte der Limette auspressen. Sprossen kalt abspülen und abtropfen lassen. Mu-Err-Pilze abtropfen lassen, von den Stielen befreien und grob hacken.

Den Wok erhitzen, dann das Öl darin heiß werden lassen. Paprika mit Mohn und Pilzen hinzufügen und bei starker Hitze 3–4 Minuten pfannenrühren, bis die Paprikastreifen bissfest sind.

Die Glasnudeln abtropfen lassen, mit einer Küchenschere etwas kleiner schneiden und mit Sprossen, Limettenschale und -saft, Sambal oelek, Honig und 4 EL Wasser in den Wok geben. Alles unter Rühren garen, bis die Nudeln heiß sind. Mit Salz abschmecken und servieren.

Im Bild vorne: Glasnudeln mit Paprika und Sprossen.
Im Bild hinten: Glasnudeln mit Gemüsetatar.

Reisnudeln mit grünem Gemüse

Gelingt leicht

Für 4 Personen
250 g asiatische Reisnudeln
2 Knoblauchzehen
etwa 2 cm frischer Ingwer
1 frische rote Chilischote
1 grüne Paprikaschote
2 mittelgroße Zucchini
2 Stangen Staudensellerie
4 Frühlingszwiebeln
4 Stängel Koriandergrün
5 EL Öl
50 ml Gemüsebrühe
5 EL helle Sojasauce
2 EL milder Weißweinessig
1 Prise Zucker · Pfeffer

Pro Portion: 340 kcal
Zubereitungszeit: 30 Minuten

Die Reisnudeln in lauwarmem Wasser etwa 10 Minuten einweichen.

Knoblauch und Ingwer schälen und sehr fein würfeln. Die Chilischote waschen, putzen und fein hacken. Das Gemüse waschen, putzen und in dekorative, mundgerechte Stücke schneiden. Den Koriander waschen, die Blättchen von den Stängeln zupfen.

Die Nudeln abtropfen lassen und in etwa 10 cm lange Stücke schneiden. Zuerst den Wok und dann das Öl darin erhitzen. Knoblauch, Ingwer und Chilischote unter Rühren kurz anbraten. Dann das Gemüse darin unter ständigem Rühren etwa 3 Minuten pfannenrühren, dabei nach und nach die Brühe dazugießen.

Die Reisnudeln unterheben und etwa 2 Minuten mitbraten. Das Ganze mit Sojasauce, Essig, Zucker und Pfeffer abschmecken. Den Koriander unterheben.

Knuspernudeln mit Mais-Spinat

Gut vorzubereiten

Für 4 Personen
250 g chinesische Eiernudeln
Salz
500 g Blattspinat
2 frische Maiskolben
2 Frühlingszwiebeln
2 Knoblauchzehen
1 Tomate · 6 EL Öl
5 EL Gemüsebrühe
1 EL Sojasauce
2 TL Zitronensaft
1 TL Sambal oelek
Pfeffer · 1 Prise Zucker

Pro Portion: 390 kcal
Zubereitungszeit: 45 Minuten

Eiernudeln nach Packungsanweisung garen. Dann in einem Sieb unter fließendem kaltem Wasser abkühlen. Den Spinat waschen, putzen und dicke Stiele entfernen, Blätter abtropfen lassen. Maiskolben eventuell von den Hüllblättern befreien, schräg auf ein Brett halten und die Körner mit einem Messer abschneiden.

Frühlingszwiebeln putzen, waschen und mit dem zarten Grün in feine Ringe schneiden. Knoblauch schälen und fein hacken. Stielansatz der Tomate entfernen. Tomate kurz überbrühen, häuten und klein würfeln.

Den Wok erhitzen. 4 EL Öl darin heiß werden lassen. Nudeln hineingeben, wie einen Pfannkuchen verteilen und bei starker Hitze 3 Minuten braten, bis er schön knusprig ist. Dann wenden und weitere 2 Minuten braten.

Nudeln herausnehmen und im Backofen bei 50° warm halten. Restliches Öl in den Wok geben. Mais mit Frühlingszwiebeln darin bei starker Hitze 3 Minuten braten. Spinat und Knoblauch mit Tomate hinzufügen und alles Weitere 2 Minuten unter Rühren garen, bis der Spinat zusammengefallen ist.

Gemüsebrühe, Sojasauce, Zitronensaft und Sambal oelek untermischen, Gemüse mit Salz, Pfeffer und Zucker abschmecken und über die Nudeln geben. Heiß servieren.

Udon-Nudeln mit Spargel

Raffiniert

Für 4 Personen
250 g japanische Udon-Nudeln
Salz
500 g weißer Spargel
1 großes Bund Frühlingszwiebeln
2 EL Reiswein
2 EL heller Reisessig
2 EL helle Sojasauce
1 TL Wasabi (grüner Meerrettich aus der Tube)
4 EL Öl

Pro Portion: 340 kcal
Zubereitungszeit: 30 Minuten

Für die Nudeln reichlich Wasser mit Salz zum Kochen bringen. Nudeln darin knapp bissfest kochen, unter fließendem kaltem Wasser abkühlen und gründlich abtropfen lassen.

Den Spargel waschen, von den Enden befreien und von oben nach unten schälen. Die Köpfe knapp abschneiden, die Stangen leicht schräg in etwa 1/2 cm dicke Scheiben schneiden. Die Frühlingszwiebeln putzen, gründlich waschen und mit dem dunklen Grün in feine Ringe schneiden.

Für die Sauce den Reiswein in einem Schüsselchen mit Essig, Sojasauce und Wasabi verrühren.

Den Wok erhitzen, 3 EL Öl darin heiß werden lassen. Spargel bei starker Hitze unter Rühren 4 Minuten braten. Frühlingszwiebeln dazugeben, noch 1 Minute braten.

Restliches Öl mit den Nudeln dazugeben und noch 1 Minute braten, bis die Nudeln warm sind. Sauce darüber gießen, das Gericht mit Salz abschmecken und servieren.

Eiernudeln mit Gemüse

Braucht etwas Zeit

Für 4 Personen
10 getrocknete chinesische Morcheln
5 getrocknete Tongkupilze
1 Frühlingszwiebel
2 Knoblauchzehen
1 kleines Stück Ingwer
1 Möhre · 150 g Chinakohl
5 Strohpilze (aus der Dose)
Salz
300 g chinesische Eiernudeln
3 EL neutrales Pflanzenöl
50 g Bambussprossen (aus der Dose)
2 EL Reiswein
3 EL dunkle Sojasauce
1 EL Miso (siehe Seite 18)
50 g frische Bohnensprossen
1 EL Speisestärke

Pro Portion: 450 kcal
Zubereitungszeit: 45 Minuten

Die Morcheln und die Tongkupilze getrennt in je 1 Tasse warmem Wasser etwa 10 Minuten einweichen.

Die Frühlingszwiebel putzen, waschen, klein schneiden. Knoblauch und Ingwer schälen und hacken. Die Möhre schälen, waschen, fein stifteln. Chinakohl waschen, putzen und in Streifen schneiden.

Eingeweichte Morcheln waschen, von holzigen Stellen befreien, in Stücke schneiden. Die Tongkupilze ausdrücken (Einweichwasser aufbewahren), Stiele entfernen und die Hüte in Streifen schneiden. Die Strohpilze halbieren.

Reichlich Salzwasser aufkochen, die Nudeln darin etwa 2 Minuten garen. Gleichzeitig den Wok und dann das Öl darin erhitzen, leicht salzen, Frühlingszwiebel, Knoblauch und den Ingwer darin glasig werden lassen.

Pilze, Möhrenstifte und die Bambussprossen etwa 2 Minuten mitbraten. Mit dem Reiswein, der Sojasauce und dem Miso würzen. Bohnensprossen und den Chinakohl hinzufügen, 1 Minute mitbraten. Das Einweichwasser der Tongkupilze mit Speisestärke verquirlen, angießen. Aufkochen, abschmecken und zu den Nudeln servieren.

Bahmi Goreng

Braucht etwas Zeit

Für 4 Personen
Salz
350 g chinesische Spaghetti (Mie-Nudeln, ersatzweise Tagliatelle-Nester)
2 Zwiebeln
2 Möhren
300 g Weißkohl
2 Knoblauchzehen
etwa 30 g frischer Ingwer
300 g gegarte Hähnchenbrust (ohne Haut und Knochen)
4 EL Erdnussöl
1 TL Sichuan-Pfeffer
1/2 TL Bockshornkleesamen (Asienladen oder Reformhaus)
200 g Erbsen (tiefgefroren)
400 ml Hühnerbrühe
schwarzer Pfeffer
1 EL Sambal Manis (milde, süße Chilipaste)
1 EL Butter
2 Eier
2 EL frisch gehackte glatte Petersilie

Pro Portion: 620 kcal
Zubereitungszeit: 45 Minuten

Reichlich Salzwasser zum Kochen bringen. Die Nudeln darin etwa 5 Minuten garen. Sofort abgießen, mit kaltem Wasser abschrecken und gut abtropfen lassen.

Die Zwiebeln und die Möhren schälen, den Weißkohl waschen und abtropfen lassen, den Strunk entfernen. Alles in etwa 1/2 cm breite Streifen schneiden. Die Knoblauchzehen und den Ingwer schälen, beides in kleine Würfel schneiden. Die Hähnchenbrust in etwa 1 cm breite Streifen schneiden.

Einen Wok und dann das Erdnussöl darin erhitzen. Zwiebeln, Möhren, Kohl und Knoblauch etwa 3 Minuten unter Rühren anbraten. Den Sichuan-Pfeffer und die Bockshornkleesamen dazugeben und mitrösten.

Ingwer, Hähnchenbruststreifen und die Erbsen dazugeben. Die Brühe angießen, die vorgekochten Nudeln unterrühren. Alles noch etwa 5 Minuten garen. Mit Salz, Pfeffer und Sambal Manis abschmecken und noch etwas einkochen lassen.

Inzwischen die Butter in einer Pfanne zerlassen. Die Eier mit einigen Tropfen Wasser verquirlen und in die Pfanne geben, stocken lassen. Das Omelett etwas abkühlen lassen und in etwa 1 cm breite Streifen schneiden.

Das Bahmi Goreng auf einer Platte anrichten, die Eierkuchenstreifen darauf legen (noch schöner sieht es aus, wenn man sie kreuzweise auflegt) und mit Petersilie bestreut servieren.

Tipps!

Statt der gegarten Hähnchenbrust können Sie auch die gleiche Menge Putenschnitzel in schmale Streifen schneiden und gleich am Anfang mit dem Gemüse anbraten. Die rotbraunen Beeren des Sichuan-Pfeffers (in Japan werden sie »Sansho« genannt) gehören zu den ältesten Gewürzen Chinas. Beim Zerbeißen spürt man eine pfefferähnliche Schärfe, der Geschmack erinnert aber eher an Kardamom, Muskat und etwas Limette. Bei uns ist meist geschroteter Sichuan-Pfeffer im Handel, ganze Körner müssen vor der Verwendung in einem Pfännchen ohne Fett geröstet werden, bis sie stark duften und sich dunkel verfärben. Abgekühlt im Mörser grob zerstoßen.

Das indonesische Bahmi Goreng ist ein Feuerwerk der Gewürze mit Hähnchenfleisch, Gemüse und Nudeln, darüber Eierkuchenstreifen.

Manis

Gebratene Nudeln mit Fleisch

Braucht etwas Zeit

Für 4 Personen
400 g asiatische Nudeln (Mie-Nudeln) · Salz
250 g Schweineschnitzel
250 g Brokkoli
4 Blatt Chinakohl · 1 Möhre
1 Zwiebel
2 Knoblauchzehen
1 daumengroßes Stück Ingwer
1/4 TL getrocknete Krabbenpaste (Terasi)
3 EL Öl · 1/2 TL Sambal oelek
2 EL Sojasauce
2 TL Palmzucker
süße Sojasauce (Kecap manis)

Pro Portion: 550 kcal
Zubereitungszeit: 45 Minuten

Die Nudeln nach Packungsanweisung garen, abgießen und kalt abschrecken.

Reichlich Salzwasser aufkochen. Das Fleisch in dünne Streifen schneiden. Brokkoli waschen, in Röschen teilen, kurz im kochenden Wasser blanchieren, kalt abschrecken und abtropfen lassen.

Chinakohl waschen und in feine Streifen schneiden. Die Möhre waschen, schälen und in streichholzdünne Stifte schneiden. Die Zwiebel schälen und würfeln. Knoblauch schälen und zerdrücken.

Den Ingwer schälen und fein raspeln. Die Krabbenpaste zerdrücken.

Den Wok und dann das Öl darin erhitzen. Fleisch, Zwiebel, Knoblauch, Ingwer, die Krabbenpaste und Sambal oelek hineingeben. Unter Rühren etwa 3 Minuten bei starker Hitze anbraten. Brokkoli und Chinakohl dazu geben und etwa 1 Minute mitbraten. Nudeln, Sojasauce und Zucker untermischen. Alles noch etwa 3 Minuten unter Rühren braten. Mit Sojasauce abschmecken.

Gebratene Glasnudeln

Raffiniert

Für 4 Personen
3 Schalotten
4 Knoblauchzehen
50 g Garnelen in der Schale
50 g Hähnchenbrustfilet
1 rote Chilischote
1/2 Bund Koriandergrün
1/2 l Öl zum Frittieren
200 g Glasnudeln
1 Ei · Salz
2 EL Tamarindenwasser
4 EL brauner Zucker
1 EL helle Sojasauce
1 EL Fischsauce

Pro Portion: 313 kcal
Zubereitungszeit: 50 Minuten

Schalotten und Knoblauch schälen, fein würfeln. Die Garnelen schälen und mit einem Messer den Kopf und den Darm auf der Rückenseite entfernen. Das Hähnchenbrustfilet mit Küchenpapier trocknen und in dünne Scheiben schneiden. Die Chilischote aufschlitzen, die Kerne und Trennwände entfernen. Die Schote waschen und in feine Ringe schneiden. Das Koriandergrün waschen und grob hacken.

Den Backofen auf 50° vorwärmen. Vom Öl 6 EL abnehmen und beiseite stellen, das übrige zum Frittieren im Wok auf 180–190° erhitzen. Es ist heiß genug, wenn eine Nudel, die hineingeworfen wird, sofort aufplatzt. Dann alle Nudeln ins Öl geben und so lange frittieren, bis sie nicht mehr durchsichtig sind. Mit dem Schaumlöffel herausheben und auf Küchenpapier abtropfen lassen. Nudeln offen im Ofen warm stellen, damit sie knusprig bleiben. Öl aus dem Wok abgießen.

Wenig Öl in einer kleinen Pfanne erhitzen. Das Ei mit einer Prise Salz verquirlen, in die Pfanne gießen und zu einem dünnen Omelett backen, aufrollen und in dünne Streifen schneiden. Ebenfalls warm stellen.

Den Wok und dann das restliche Öl darin erhitzen. Die Schalotten mit Knoblauch im Öl goldbraun braten. Herausnehmen, auf Küchenpapier abtropfen lassen und warm stellen. Garnelen und Fleisch im Wok 3–5 Minuten pfannenrühren. Das Öl abgießen.

Tamarindenwasser, Zucker, Sojasauce und Fischsauce unterrühren. Etwa 5 Minuten kochen, bis die Mischung sirupartig wird. Die frittierten Nudeln, gebratenen Schalotten und Knoblauch dazugeben. Untermischen und bei sehr schwacher Hitze 2–3 Minuten ziehen lassen. Auf einer Platte anrichten, die Omelettstreifen obenauf geben. Die Glasnudeln mit den Chiliringen und dem Koriandergrün garnieren, gleich servieren.

Tipp!

Für das Tamarindenwasser 1 EL Tamarindenmus zerdrücken und mit heißem Wasser übergießen, 1–2 Stunden ziehen lassen. Das Wasser durch ein Sieb gießen, das Mus gut ausdrücken und wegwerfen.

Gebratene Nudeln mit Krabben und Pilzen

Gelingt leicht

Für 4 Personen
20 g getrocknete Shiitake-Pilze (Tongkupilze)
100 g dünne Reisnudeln
400 g geschälte, gegarte Tiefseegarnelen
1 Bund Frühlingszwiebeln
2 rote Paprikaschoten
300 g Bambussprossen
1/2 Bund Koriandergrün oder glatte Petersilie
4 EL Öl
4 Knoblauchzehen
2 EL Weißweinessig
4 EL Austernsauce
2 TL süße Sojasauce
Salz · schwarzer Pfeffer

Pro Portion: 310 kcal
Zubereitungszeit: 1 Stunde

Shiitake-Pilze abbrausen und etwa 30 Minuten in etwas warmem Wasser einweichen. Die Reisnudeln nach der Packungsbeschreibung mit heißem Wasser übergießen und quellen lassen.

Die Garnelen kalt abspülen und gut abtropfen lassen. Die Frühlingszwiebeln putzen, waschen und schräg in feine Ringe schneiden. Die Paprikaschoten putzen, waschen und ebenfalls fein stifteln. Eventuell die Bambussprossen (je nach Sorte) klein schneiden. Das Koriandergrün oder die Petersilie waschen, trocknen und grob hacken.

Die Nudeln in ein Sieb gießen und gut abtropfen lassen. Die Pilze ausdrücken, die Stiele herausdrehen und wegwerfen, die Hüte in schmale Streifen schneiden.

Den Wok und dann das Öl darin nicht zu stark erhitzen. Den Knoblauch schälen, hineinpressen und leicht anbraten. Die Paprikastifte und die Frühlingszwiebeln einrühren, dann die klein geschnittenen Pilzhüte, die Bambussprossen und zuletzt die Garnelen untermischen. Unter ständigem Rühren und Wenden etwa 5 Minuten braten.

Den Essig mit der Austernsauce, der Sojasauce, Salz und Pfeffer verrühren und in den Wok gießen.

Die abgetropften Nudeln untermischen, alles sorgfältig vermischen und noch ganz kurz braten. Abschmecken und mit Koriandergrün oder Petersilie bestreut servieren. Nach Belieben noch eine pikante Sauce dazu reichen.

Fisch-Nudeln der Schwester Song

Für Gäste

Für 5 Personen
200 g Fischfilet
2 EL Reiswein
1 Eiweiß
1 TL Maisstärke (Speisestärke)
Salz
60 g Bambussprossen
3 EL Pflanzenöl
30 g scharfe Bohnenpaste
2 TL Sojasauce
150 ml Hühnerbrühe
500 g chinesische Weizennudeln

Pro Portion: 520 kcal
Zubereitungszeit: 30 Minuten

Das Fischfilet mit einer Pinzette von allen Gräten befreien, dann in etwa 1/2 cm große Würfel schneiden. Mit 1 EL Reiswein, dem Eiweiß, der Maisstärke und Salz mischen und 10 Minuten marinieren.

Die Bambussprossen in kleine Würfel schneiden.

Den Wok erhitzen, das Öl hineingeben. Die Fischwürfel unter ständigem Rühren im Öl kurz anbraten. Die Bambussprossen dazugeben und kurz mitbraten. Dann beides herausnehmen. Bohnenpaste im verbliebenen Öl unter Rühren braten, bis sie würzig duftet. Dann 1 EL Reiswein, Sojasauce und die Brühe angießen und zum Kochen bringen. Brühe abschäumen. Fisch und Bambussprossen wieder hineingeben und einmal aufkochen. Zur Seite stellen.

In einem Topf etwa 1 l Wasser zum Kochen bringen. Nudeln darin etwa 2 Minuten kochen, dann abgießen, abtropfen lassen und in fünf Schüsselchen verteilen. Die Fischsauce darüber verteilen und die Nudeln heiß servieren.

Glasnudeln mit Krabbenfleisch

Etwas teurer

Für 4 Personen
250 g Glasnudeln
1 Frühlingszwiebel
1 Knoblauchzehe
150 g Krabbenfleisch (aus der Dose) oder geschälte Garnelen
2 EL Fischsauce
Salz · weißer Pfeffer
3 EL Pflanzenöl
1/4 TL Zucker
2 EL frisch gehacktes Koriandergrün oder Petersilie

Pro Portion: 319 kcal
Zubereitungszeit: 25 Minuten

Die Glasnudeln in warmem Wasser 10 Minuten einweichen; dann auf einem Sieb abtropfen lassen und in kurze Stücke schneiden.

Die Frühlingszwiebel putzen und waschen, Knoblauchzehe schälen und beides klein hacken. Das Krabbenfleisch abtropfen lassen. Mit 1 EL Fischsauce, etwas Salz und Pfeffer würzen.

Den Wok erhitzen und das Öl darin heiß werden lassen. Die Frühlingszwiebel und den Knoblauch im Öl glasig braten. Das Krabbenfleisch hineingeben und 2 Minuten unter ständigem Rühren anbraten. Die Glasnudeln dazufügen und bei mittlerer Hitze glasig braten. Etwas Wasser dazugießen, mit restlicher Fischsauce, Salz, Pfeffer und dem Zucker abschmecken.

Den Wok vom Herd nehmen. Die Nudeln und das Krabbenfleisch auf eine Platte geben, mit Pfeffer und dem Koriandergrün oder Petersilie bestreuen. Nach Belieben eine Chilisauce dazu servieren.

Ein schnelles Gericht aus dem Wok sind die Glasnudeln mit Krabbenfleisch.

Glasnudeln in Kokosmilch

Braucht etwas Zeit

Für 4 Personen
250 g Glasnudeln
1/2 Zwiebel
250 g rohe, geschälte Garnelen
1 Bund Frühlingszwiebeln
2 rote Chilischoten
1 unbehandelte Zitrone
1 Bund Koriandergrün
2 TL Öl
2 Eier
1/2 l Kokosmilch
4 EL helle Sojasauce
2 EL Zucker
1 EL Zitronensaft
300 g frische Sojabohnensprossen (Mungosprossen)

Pro Portion: 406 kcal
Zubereitungszeit: 1 Stunde

Die Glasnudeln 10 Minuten in heißem Wasser einweichen. Abtropfen lassen, beiseite stellen.

Die Zwiebel schälen und grob hacken. Die Garnelen kalt überbrausen, gut abtropfen lassen und mit Küchenpapier trocknen. Die Frühlingszwiebeln waschen und putzen, in feine Scheiben schneiden.

Chilischoten aufschlitzen, die Kerne entfernen. Chilischoten in feine Streifen schneiden. Die Zitrone heiß waschen, in Scheiben schneiden. Das Koriandergrün waschen, trocknen und grob hacken.

In einer kleinen Pfanne das Öl erhitzen. Die Eier verquirlen und daraus ein Omelett in der Pfanne backen. Das fertige Omelett in dünne Streifen schneiden. Warm stellen.

Die Kokosmilch im Wok aufkochen. Bei starker Hitze so lange einkochen, bis sich das Kokosöl an der Oberfläche absetzt. Gehackte Zwiebel, Garnelen, Sojasauce, Zucker und Zitronensaft in den Wok geben und etwa 5 Minuten kochen lassen. Die Hälfte der Mischung in eine Schüssel geben und warm stellen.

Die Glasnudeln unter die Zutaten im Wok mischen. Die Hälfte der Sojabohnensprossen und der gehackten Frühlingszwiebeln unterrühren.

Die Glasnudelmischung auf einem Servierteller anrichten. Die beiseite gestellte Garnelenmischung und die Omelettstreifen darüber geben. Mit Chilischotenstreifen, Zitronenscheiben und gehacktem Koriandergrün garnieren, die restlichen Sojabohnensprossen und Lauchzwiebeln extra dazu reichen.

Nudeln mit Crabmeat

Gelingt leicht

Für 3 Personen
150 g Eiernudeln
Salz
1 Lauchzwiebel
150 g Spinat oder Chinakohl
2 EL Öl
150 g Crabmeat (aus der Dose, abgetropft)
1 TL Sojasauce
250 ml klare Brühe

Pro Portion: 222 kcal
Zubereitungszeit: 25 Minuten

Die Eiernudeln in reichlich Salzwasser nach Packungsanweisung bissfest garen. Gut abtropfen lassen und auf einem vorgewärmten Servierteller anrichten. Warm stellen.

Lauchzwiebel waschen, putzen und hacken. Spinat oder Chinakohl waschen und grob hacken. Den Wok und dann das Öl darin erhitzen. Crabmeat und Spinat oder Chinakohl etwa 1 Minute anbraten.

Sojasauce und klare Brühe zugießen. 2–3 Minuten kochen, dabei ab und zu umrühren. Diese Crabmeatsauce über die Eiernudeln geben und mit der gehackten Lauchzwiebel garnieren. Sofort servieren.

Scharfe Nudeln mit Tunfisch

Preiswert

Für 4 Personen
160 g Glasnudeln
7 kleine rote Chilischoten
4 Stangen Lauch
2 EL Öl
75 g Cashewkerne
8 EL Fischsauce
3 EL Sojasauce
2 Dosen Tunfisch (je 200 g)

Pro Portion: 630 kcal
Zubereitungszeit: 40 Minuten

Die Glasnudeln mit heißem Wasser übergießen und etwa 10 Minuten quellen lassen.

Die Chilischoten putzen, waschen und entkernen, dann in sehr feine Ringe schneiden. Den Lauch putzen, aufschlitzen, waschen und gründlich trockenschütteln, dann in feine Ringe schneiden.

Den Wok und dann das Öl darin mittelstark erhitzen. Die Cashewkerne darin goldbraun anbraten, dann die Chili- und die Lauchringe dazugeben und alles etwa 3 Minuten pfannenrühren.

Die Glasnudeln gut abtropfen lassen, mit einer Schere klein schneiden und in den Wok geben. Mit der Fischsauce und der Sojasauce würzen. Den Tunfisch abtropfen lassen, zerpflücken und in den Wok geben, alles noch etwa 2 Minuten pfannenrühren. Die Nudeln abschmecken und sofort servieren. Dazu eine scharfe Sauce reichen.

Ravioli mit Garnelenfüllung

Braucht etwas Zeit

Für 4 Personen
250 g Mehl und Mehl zum Formen und Ausrollen
5 getrocknete Tongku-Pilze (Shiitake)
150 g rohe geschälte Garnelen
30 g Lauch
1 TL Reiswein
1 EL Sesamöl
Salz · Pfeffer

Pro Portion: 290 kcal
Zubereitungszeit: 1 Stunde

Das Mehl mit etwa 125 ml Wasser zu einem elastischen, glatten Teig verkneten. Mit einem feuchten Tuch bedecken und 20 Minuten ruhen lassen.

Tongku-Pilze mit kochendem Wasser überbrühen und 10 Minuten quellen lassen.

Garnelen waschen, den dunkleren Darm auf der Rückenseite entfernen. Garnelen mit einem großen, schweren Messer sehr fein hacken. Lauch putzen, waschen und ebenfalls sehr fein zerkleinern. Gequollene Pilze abtropfen lassen, fein hacken und mit den Garnelen und dem Lauch mischen. Diese Füllung mit Reiswein, Sesamöl, Salz und Pfeffer pikant abschmecken.

Ein Bambus-Dämpfkörbchen oder einen anderen Dämpfeinsatz mit einem feuchten Tuch auslegen.

Den Teig noch einmal durchkneten, dann auf einem gut bemehlten Küchenbrett zu einer Rolle von etwa 2 cm Durchmesser formen. Die Teigrolle in etwa 20 gleich große Stücke schneiden.

Die Stücke jeweils zu einer Teigscheibe von etwa 6 cm Durchmesser ausrollen. Die Füllung darauf verteilen und die Teigscheiben zusammenfalten. Die Teigränder gut andrücken.

Die Teigtaschen mit etwas Abstand auf das feuchte Tuch legen. Im Wok etwa 3 cm hoch Wasser aufkochen, den Dämpfeinsatz hineinsetzen und die Teigtaschen zugedeckt etwa 10 Minuten dämpfen. Dann sofort servieren.

Chinakohl-Nudeln

Braucht etwas Zeit

Für 4 Personen
300 g Rumpsteak
1 TL Chinagewürz
Salz · schwarzer Pfeffer
20 g Mu-Err-Pilze
250 g breite Weizennudeln
1 Zwiebel · 3 Knoblauchzehen
400 g Chinakohl
2 Stangen Staudensellerie
4 Frühlingszwiebeln
4 EL Öl · 4 EL Sojasauce

Pro Portion: 480 kcal
Zubereitungszeit: 1 1/2 Stunden

Fleisch in dünne Scheiben schneiden, mit 1/2 TL Chinagewürz, Salz und Pfeffer vermischen und kühl 1 Stunde ziehen lassen. Pilze mit heißem Wasser übergießen und 30 Minuten einweichen. Abgetropft grob zerteilen.

Nudeln in einem Topf mit kochendem Wasser übergießen. Aufkochen und 2 Minuten sieden lassen. Kalt abschrecken, abtropfen lassen.

Zwiebel und Knoblauch schälen, klein würfeln. Chinakohl waschen und in feine Streifen schneiden. Sellerie und Frühlingszwiebeln waschen, putzen und in dünne Scheiben teilen. Den Wok und dann darin 3 EL Öl stark erhitzen. Das Fleisch portionsweise in 2–3 Minuten braun anbraten, herausnehmen. Restliches Öl erhitzen, Zwiebel und Knoblauch 1/2 Minute anrösten, Sellerie und Chinakohl 2 Minuten pfannenrühren. Mit dem restlichen Chinagewürz, Salz und Pfeffer würzen. Nudeln, Pilze, Fleisch und die Hälfte der Frühlingszwiebeln dazugeben und 2–3 Minuten wenden, bis das Gericht heiß ist. Mit Sojasauce würzen. Mit übrigen Frühlingszwiebeln bestreut anrichten.

Knuspernudeln mit Schinken

Preiswert

Für 4 Personen
250 g dünne Eiernudeln
200 g gekochter Schinken am Stück
1 rote Paprikaschote
100 g tiefgekühlte Erbsen
1 Dose Maiskörner (200 g)
3 Frühlingszwiebeln
1 Knoblauchzehe
1 TL Speisestärke
6 EL Gemüsebrühe
2 EL Sojasauce
2 EL Tomatenmark
3 TL Reisessig · 2 TL Zucker
Saft von 1 Orange
6 EL Öl
Kresse zum Garnieren

Pro Portion: 600 kcal
Zubereitungszeit: 40 Minuten

Die Nudeln wie im Rezept links garen, abgießen und abtropfen lassen.

Schinken in 1 cm große Würfel schneiden. Paprika waschen, putzen und klein würfeln. Die Erbsen antauen, Mais abtropfen lassen. Frühlingszwiebeln waschen, putzen und in feine Ringe schneiden. Knoblauch schälen. Für die Würzsauce Stärke mit Brühe, Sojasauce, Tomatenmark, Essig, Zucker und Orangensaft verquirlen.

Den Wok und dann 4 EL Öl stark erhitzen. Nudeln darin verteilen, in 5 Minuten knusprig braten. Nudelfladen wenden, noch 3 Minuten braten. Herausheben, warm halten.

Übriges Öl stark erhitzen. Paprika und Frühlingszwiebeln hineingeben, Knoblauch dazupressen. Bei starker Hitze 2 Minuten pfannenrühren. Schinken, Erbsen und Mais hinzufügen und noch 1 weitere Minute braten.

Würzsauce zugießen, unter Rühren 1 Minute kochen lassen. Die Gemüsemischung über die Nudeln verteilen, mit Kresse garniert servieren.

Im Bild vorne:
Knuspernudeln mit Schinken.
Im Bild hinten:
Chinakohl-Nudeln.

Nudeln mit Rindfleisch

Für Gäste

Für 4 Personen
200 g Rinderfilet
Für die Marinade:
2 EL Sojasauce
2 EL Reiswein oder Sherry
1 TL Öl · 1 TL Zucker
1 Prise Pfeffer
8 chinesische getrocknete Morcheln
250 g breite Nudeln
1/2 TL Salz
1 Tasse Chinakohl oder Weißkohl
1 Stange Lauch
1 Möhre · 2 EL Öl
2 EL Speisestärke
Salz · Pfeffer
Für die Sauce:
1/2 Tasse Hühnerbrühe
1 EL Sojasauce
1 EL Reiswein oder Sherry

Pro Portion: 450 kcal
Zubereitungszeit: 50 Minuten

Rinderfilet in feine Streifen schneiden. Alle Zutaten für die Marinade mischen, diese über das Fleisch gießen und ziehen lassen. Die Morcheln in warmem Wasser 15 Minuten einweichen.

Die Nudeln in reichlich Salzwasser nach Packungsvorschrift kochen, kalt abschrecken und gut abtropfen lassen, beiseite stellen.

Den Kohl in feine Streifen schneiden. Den Lauch und die Möhre waschen und putzen, die Möhre schälen und beides in feine Streifen schneiden; die eingeweichten Morcheln waschen und klein schneiden.

Für die Sauce Hühnerbrühe mit Sojasauce und Reiswein vermischen.

Den Wok und dann etwas Öl darin erhitzen, die Nudeln goldbraun knusprig braten, dann herausnehmen und warm stellen.

Die marinierten Rinderfiletstreifen 1–2 Minuten pfannenrühren, in eine angewärmte Schüssel füllen und ebenfalls warm halten.

Das restliche Öl erhitzen, den Kohl, den Lauch, die Möhre und die Morcheln kurz anbraten und zugedeckt 1–2 Minuten ziehen lassen. Das Fleisch und die Sauce darunter mischen und zum Kochen bringen. Die Speisestärke mit etwas kaltem Wasser anrühren, zum Gemüse gießen und aufkochen lassen, bis die Sauce bindet. Mit Salz und Pfeffer abschmecken. Die Mischung über die gebratenen Nudeln geben und heiß servieren.

Wachtelnester in Austernsauce

Braucht etwas Zeit

Für 8 Personen
280 g chinesische Nudeln zum Frittieren (4 Knäuel)
500 g gemischte Geflügelinnereien (Herzen, Lebern, Mägen)
1 Knoblauchzehe
2 Scheiben geschälte Ingwerwurzel
3 EL Austernsauce
1 EL Fischsauce
Salz · Zucker
200 g Brokkoli
1 Möhre · 1 Zwiebel
8 gekochte Wachteleier (aus der Dose)
1/2 l Pflanzenöl
1 TL Würz-Sesamöl
1 1/2 Tassen Hühnerbrühe
Pfeffer
1 EL Speisestärke
2 gehackte Frühlingszwiebeln
1 EL frisch gehacktes Koriandergrün oder Petersilie

Pro Portion: 324 kcal
Zubereitungszeit: 1 Stunde

Die Nudeln in kaltem Wasser 20 Minuten einweichen. Die Innereien waschen und putzen, Sehnen und Fett entfernen. Herzen und die Lebern halbieren. die Mägen in dünne Scheibchen schneiden. Die Knoblauchzehe schälen und mit dem Ingwer hacken.

Für die Innereien eine Marinade aus 1 EL Austernsauce, der Fischsauce, Salz, Zucker, Knoblauch und Ingwer rühren. Die Innereien darin 10 Minuten ziehen lassen.

Brokkoli waschen und in kleine Röschen teilen. Möhre waschen, schälen und in dünne Scheiben schneiden. Zwiebel schälen, halbieren und in Halbringe teilen. Wachteleier schälen. Nudeln in einem Sieb abtropfen lassen und dann in 8 Portionen aufgeteilt auf Küchenpapier legen.

Den Wok und dann das Pflanzenöl darin auf 175° erhitzen. Die Nudeln auf einem Holzkochlöffel zu Wachtelnestern formen und in dem Öl portionsweise goldbraun frittieren. Nudelnester auf Küchenpapier abtropfen lassen und im Backofen bei 50° warm stellen.

Das Frittieröl bis auf 3 EL aus dem Wok gießen. Sesamöl in den Wok geben, stark erhitzen. Zwiebel darin glasig werden lassen. Innereien dazufügen und 3 Minuten pfannenrühren. Wachteleier in den Wok geben und noch 3 Minuten braten. Hitze reduzieren und alles bis auf die Sauce in eine Schüssel geben.

Im Wok Brokkoli und die Möhrenscheiben bei mittlerer Hitze 5 Minuten andünsten. Innereien und die Eier hinzufügen und alles vermischen. Den Wok stark erhitzen. Die restliche Austernsauce und die Hühnerbrühe dazugießen. Mit Salz und Pfeffer abschmecken. Zum Schluss die Stärke mit etwas Wasser verrühren und die Sauce damit binden.

Alles in eine Schüssel geben und mit Frühlingszwiebeln und Koriandergrün garnieren. Auf jeden Teller 1 Nudelnest setzen und 1 Wachtelei hineinlegen. Innereien, Brokkoli und Möhren rundherum verteilen. Die Sauce darüber gießen, servieren.

Reisnudeln mit Brokkoli

Gelingt leicht

Für 4 Personen
200 g Reisnudeln (2–3 cm breit) · Salz
200 g Schweinefleisch aus der Nuss oder Oberschale
200 g Brokkoli
4 Knoblauchzehen
3 EL Öl
2 Eier
2 EL Fischsauce
2 EL helle Sojasauce
1 EL Zucker
schwarzer Pfeffer

Pro Portion: 410 kcal
Zubereitungszeit: 30 Minuten

Die Nudeln in kochendem Salzwasser etwa 3 Minuten garen. Abgießen, mit kaltem Wasser kurz abspülen und gründlich abtropfen lassen.

Das Schweinefleisch in feine Streifen schneiden. Den Brokkoli putzen, waschen und in Röschen teilen. Die Stiele schälen und in feine Scheiben schneiden. Den Knoblauch schälen und fein hacken.

Den Wok und dann das Öl darin auf mittlerer Stufe erhitzen. Den Knoblauch im Öl goldgelb braten. Schweinefleischstreifen hinzufügen und etwa 1 Minute pfannenrühren. Dann das Fleisch im Wok auf die Seite schieben. Die Eier in die Mitte des Woks schlagen, verrühren und braten, bis sie hellbraun geworden sind. Mit dem Fleisch vermischen.

Brokkoli dazugeben, etwa 3 Minuten unter Rühren braten lassen. Nudeln, Fisch- und Sojasauce sowie den Zucker dazugeben, alles gut durchmischen und so lange braten, bis das Gericht heiß ist.

Die Brokkoli-Nudeln im Wok oder in einer Schüssel anrichten und mit frisch gemahlenem Pfeffer bestreuen.

Gebratene Nudeln mit Putenfleisch

Raffiniert

Für 4 Personen
250 g Instant-Mie-Nudeln (chinesische Weizennudeln)
Salz
500 g Brokkoli
400 g Putensteaks
1 rote Paprikaschote
1 grüne Paprikaschote
2 Zwiebeln
2 Knoblauchzehen
6 EL Erdnussöl
4 EL süße Sojasauce
1 EL Sesamöl
einige Tropfen Chilisauce

Pro Portion: 500 kcal
Zubereitungszeit: 45 Minuten

Nudeln in kochendes Salzwasser geben und etwa 6 Minuten ziehen, aber nicht mehr kochen lassen. In ein Sieb schütten, kalt abbrausen und abtropfen lassen.

Brokkoli waschen, putzen und in Röschen teilen. Salzwasser aufkochen und den Brokkoli etwa 3 Minuten blanchieren, abgießen, kalt abschrecken und gut abtropfen lassen.

Putensteaks längs halbieren und quer in dünne Streifen schneiden. Paprikaschoten waschen, putzen und in feine Streifen schneiden. Zwiebeln und Knoblauch schälen. Die Zwiebeln längs halbieren und in dünne Scheiben schneiden. Knoblauch sehr fein hacken.

Den Wok und dann darin 1 EL Erdnussöl erhitzen. Fleischstreifen im Öl unter Rühren rundum anbräunen, in eine Schüssel heben, mit etwas Sojasauce beträufeln. Wieder 2 EL Erdnussöl im Wok erwärmen, bei schwacher Hitze Zwiebeln, Knoblauch und die Paprikastreifen 2–3 Minuten dünsten, zum Fleisch geben.

Im restlichen Öl mit Sesamöl die Nudeln unter Wenden erhitzen. Fleisch, Brokkoli und Gemüse untermischen, kurz erwärmen, mit Soja- und Chilisauce pikant abschmecken und im Wok servieren.

Eiernudeln mit Sojasprossen

Gelingt leicht

Für 4 Personen
300 g chinesische Eiernudeln
200 g Sojabohnensprossen
2 Frühlingszwiebeln
3 Knoblauchzehen
50 g roher Schinken · 3 EL Öl
2 EL Fischsauce
2 EL Austernsauce
1 EL Zucker

Pro Portion: 410 kcal
Zubereitungszeit: 20 Minuten

Die Nudeln in kochendem Wasser etwa 4 Minuten (oder nach Packungsvorschrift) garen. Abgießen, mit kaltem Wasser kurz abspülen und gut abtropfen lassen.

Die Sojabohnensprossen waschen. Frühlingszwiebeln putzen, der Länge nach halbieren, waschen und in etwa 3 cm lange Stücke schneiden. Knoblauch schälen und fein hacken. Den Schinken in kleine Würfel schneiden.

Den Wok und dann das Öl darin erhitzen. Knoblauch und Schinken im Öl bei mittlerer Hitze etwa 1 Minute braten. Die abgetropften Nudeln hinzugeben, gut untermischen und 1 weitere Minute braten.

Sojabohnensprossen, Frühlingszwiebeln, die Fischsauce, Austernsauce und den Zucker hinzufügen, alles sorgfältig vermischen und nur so lange garen, bis die Zutaten gerade heiß sind. Die Sojabohnensprossen sollten noch knackig sein. Sofort servieren.

Gebratene Nudeln mit Putenfleisch machen ein wenig Arbeit, lassen sich aber gut vorbereiten.

Sesamnudeln mit Frühlingszwiebeln

Schnell

Für 4 Personen
350 g breite Reisnudeln
1 walnussgroßes Stück Ingwer
6 Frühlingszwiebeln
2 Zitronenblätter
60 g Sesamsamen
2 EL Sesamöl
1 EL Sojaöl oder Rapsöl
Salz

Pro Portion: 450 kcal
Zubereitungszeit: 30 Minuten

Reisnudeln mit kochendem Wasser überbrühen, 15 Minuten quellen lassen.

Ingwer schälen und fein würfeln. Frühlingszwiebeln waschen, putzen und längs halbieren. Dann in schmale Streifen schneiden. Zitronenblätter waschen, die harte Mittelrippe herausschneiden und die Blätter in feine Streifen schneiden.

Den Wok erhitzen, die Sesamsamen darin unter Rühren ohne Fett rösten, bis sie würzig duften, dann aus dem Wok nehmen und beiseite stellen.

Beide Ölsorten in den Wok geben und erhitzen. Ingwer, Frühlingszwiebeln und Zitronenblätter mit der Hälfte der Sesamsamen unter Rühren etwa 1 Minute braten. Die Reisnudeln abtropfen lassen, untermischen und unter Rühren heiß werden lassen. Das Gericht mit Salz abschmecken und mit dem übrigen Sesam bestreut servieren.

Reisnudeln mit Peperoni

Aus Thailand

Für 4–5 Personen
200 g Reisnudeln (1–2 cm breit)
200 g Austernpilze
5 Knoblauchzehen
2 rote Peperoni
100 g rotes thailändisches Basilikum (Bai Grapau)
5 EL neutrales Öl
3 EL helle Sojasauce
1 EL dunkle Sojasauce
2 EL Zucker · Salz

Pro Portion: 240 kcal
Zubereitungszeit: 25 Minuten

In einem Topf reichlich Wasser zum Kochen bringen. Die Nudeln darin in etwa 4 Minuten garen, dann abgießen, mit kaltem Wasser kurz abspülen und abtropfen lassen.

Die Austernpilze putzen und grob hacken. Knoblauch schälen und fein hacken. Peperoni waschen, entstielen und hacken. Basilikum waschen und die Blätter abzupfen. Den Wok und dann das Öl darin stark erhitzen. Peperoni und Knoblauch etwa 1 Minute scharf anbraten. Nudeln, Pilze, Sojasauce und Zucker hinzufügen. Alles gründlich verrühren. Zum Schluss die Basilikumblätter untermischen. Nudeln noch einmal mit Salz und Zucker abschmecken, heiß servieren.

Süßscharfe Buchweizennudeln

Gelingt leicht

Für 4 Personen
300 g japanische Sobanudeln
Salz
2 junge Zucchini
200 g Austernpilze
2 Knoblauchzehen
1 Stängel Zitronengras
1 Bund Basilikum
1 Bund Schnittlauch
5 EL Öl · 1 EL Sesamsamen
50 g süßscharfe Sauce (Fertigprodukt aus dem Asienladen)

Pro Portion: 400 kcal
Zubereitungszeit: 35 Minuten

Für die Nudeln reichlich Salzwasser aufkochen. Nudeln nach Packungsvorschrift knapp bissfest kochen, unter kaltem Wasser abkühlen und sehr gut abtropfen lassen.

Zucchini waschen, putzen und in knapp 1 cm große Würfel schneiden. Pilze von den zähen Stielen befreien, mit Küchenpapier sauber reiben und in Streifen schneiden. Knoblauch schälen und in Scheiben schneiden. Zitronengras waschen und in 1 cm lange Stücke schneiden. Kräuter waschen und trocknen. Basilikumblättchen abzupfen, Schnittlauch in 1 cm lange Stücke schneiden.

Den Wok und dann 4 EL Öl darin heiß werden lassen. Nudeln hineingeben und in 2 Minuten auf der Unterseite knusprig werden lassen. Wenden und auf der anderen Seite ebenfalls bräunen, dann herausnehmen, mit zwei Kochstäbchen etwas auseinander lösen und im Backofen bei 50° offen warm halten.

Restliches Öl in den Wok geben. Pilze und Zucchini darin mit Zitronengras unter Rühren 2 Minuten braten. Knoblauch, Sesam und Basilikumblätter dazugeben und weitere 2 Minuten braten.

Die Nudeln mit süßscharfer Sauce untermischen, alles mit Salz abschmecken und mit dem Schnittlauch bestreut heiß servieren.

Fadennudeln in Sahnesauce

Für Gäste

Für 6 Personen
1 1/2 l Milch
1 EL Butter
6 Gewürznelken
1 TL gemahlener Kardamom
125 g Fadennudeln
100 g Zucker
je 1 EL gemahlene Pistazien und Mandeln
200 g Sahne
1 TL Rosenwasser

Pro Portion: 550 kcal
Zubereitungszeit: 40 Minuten

Milch erhitzen. Im Wok die Butter schmelzen. Nelken und 1/2 TL Kardamom kurz darin anrösten. Nudeln zerbrechen, dazugeben und unter Rühren hellbraun anbraten. Heiße Milch dazugießen, alles bei mittlerer Hitze etwa 5 Minuten kochen lassen, dabei öfter umrühren. Den Zucker, die Pistazien und die Mandeln hinzugeben und gut vermischen. Die Temperatur reduzieren und das Ganze etwa 15 Minuten kochen lassen, bis es leicht eindickt.

Den Topf vom Herd nehmen, die Sahne und das Rosenwasser hinzufügen. Die Nudeln in Schüsselchen geben, mit dem restlichen Kardamom garnieren. Warm oder kalt servieren.

Limettennudeln mit Exoten

Raffiniert

Für 4 Personen
150 g Bandnudeln · Salz
2 Limetten
200 g Physalis (Kapstachelbeeren)
1 EL Butter
1 TL frisch geriebener Ingwer
2 EL Zucker
125 g Sahne

Pro Portion: 280 kcal
Zubereitungszeit: 25 Minuten

Die Nudeln in Salzwasser nach Anleitung bissfest garen.

Die Limetten heiß waschen, abtrocknen und die Schale mit einem Zestenreißer in dünnen Streifen abziehen. Saft auspressen. Die Physalis aus den Hülsen lösen, waschen und halbieren.

Zuerst den Wok und dann darin die Butter erhitzen. Den Ingwer im Fett kurz anbraten. Zucker darunter rühren, den Limettensaft und zum Schluss die Sahne angießen.

Die Nudeln abtropfen lassen. Mit Physalis und der Hälfte der Limettenschale in der Sauce unter gelegentlichem Rühren heiß werden lassen. Mit restlicher Limettenschale bestreut servieren.

Fische & Meeresfrüchte

Jede Menge Küsten – kein Wunder, dass in Asien Fische und Meeresfrüchte so beliebt sind. Aber auch im tiefsten China wird gern Fisch aus Fluss und See gegessen.

Ganz vorn auf der Hitliste stehen Garnelen in jeder Form, lecker, ohne Gräten und fast küchenfertig.

Aber auch mit preiswerterem Meeresgetier lassen sich im Wok schnelle, köstliche Gerichte zubereiten.

Gebackene Garnelen

Braucht etwas Zeit

Für 4 Personen
24 ungeschälte Riesengarnelen
Salz · weißer Pfeffer
2 grüne Paprikaschoten
5 EL Mehl
4 EL Speisestärke
1 1/2 TL Backpulver
1/2 l neutrales Pflanzenöl

Pro Portion: 410 kcal
Zubereitungszeit: 1 Stunde

Von den Garnelen die Schalen bis auf die Schwänze abtrennen (siehe Seite 136). Mit einer Messerspitze die Rücken der Garnelen aufschlitzen, die Därme herauslösen. Auf der Unterseite der Garnelen vom Kopf bis zum Schwanz einen flachen Schnitt machen. Die Garnelen mit Salz und Pfeffer bestreuen.

Die Paprikaschoten waschen, putzen und in grobe Stücke schneiden.

Für den Ausbackteig das Mehl mit der Speisestärke und dem Backpulver in eine Schüssel sieben. Mit etwa 8 EL Wasser zu einem glatten Teig verrühren, etwa 5 Minuten quellen lassen. Anschließend etwa 2 TL von dem Pflanzenöl unter den Teig rühren.

Restliches Öl im Wok erhitzen. Die Garnelen am Schwanz festhalten, in den Teig tauchen, etwas abtropfen lassen und die Garnelen in das heiße Öl geben. 2–3 Minuten frittieren. Auf Küchenpapier gut abtropfen lassen.

Die Paprikastücke ebenfalls in das Öl geben, etwa 3 Minuten frittieren. Herausnehmen, abtropfen lassen. Auf eine Platte geben, in der Mitte leicht aufhäufen. Die Garnelen mit den Schwänzen nach außen drum herum arrangieren. Nach Belieben mit Sojasauce, Chilisauce oder einer süßsauren Sauce servieren.

Knusprige Garnelen-Bällchen

Für Gäste

Für 4 Personen
500 g geschälte Garnelen (Nordseekrabben)
5 Wasserkastanien (aus der Dose)
50 g frischer Schweinespeck
1 TL Salz · Pfeffer
etwas Zucker
2 TL Speisestärke
1 Eiweiß
6 Scheiben Weißbrot
1 l neutrales Pflanzenöl

Pro Portion: 530 kcal
Zubereitungszeit: 1 Stunde

Die Garnelen sehr fein würfeln und kalt stellen. Die Wasserkastanien abtropfen lassen und ebenfalls sehr fein hacken. Den Speck winzig klein würfeln oder durch den Fleischwolf drehen.

In einer großen Schüssel die Garnelen, Speck, Salz, Pfeffer, Zucker und die Speisestärke sorgfältig verrühren. Die Wasserkastanien dazugeben. Das Eiweiß leicht aufschlagen und untermischen. Zu einer Paste verarbeiten, etwa 20 Minuten im Kühlschrank ziehen lassen.

Das Weißbrot entrinden und ganz klein würfeln. Auf einem Brett ausbreiten. 1 TL Öl unter die Garnelenpaste rühren, zu walnussgroßen Bällchen formen, sorgfältig in den Brotwürfeln wenden.

Das Öl im Wok erhitzen, die Bällchen darin rundherum goldbraun frittieren. Herausheben, auf Küchenpapier abtropfen lassen. Reis und süßsaure Sauce oder Sojasauce dazu servieren.

Im Bild vorne: Knusprige Garnelen-Bällchen.
Im Bild hinten: Gebackene Garnelen.

Fächerförmige Garnelen

Etwas teurer

Für 3 Personen
250 g rohe geschälte Garnelen (etwa 15 Stück)
Salz · Pfeffer
1 TL Reiswein
2 Eiweiße
40 g Maisstärke
je 1 Stück Gurke und Möhre (zusammen 50 g)
1/2 l Pflanzenöl
100 g Blattsalat

Pro Portion: 310 kcal
Zubereitungszeit: 40 Minuten

Garnelen waschen, der Länge nach mehrere Male fächerartig einschneiden, aber nicht ganz durchtrennen. Die einzelnen Spalten auseinander klappen, sodass die Garnelen wie Fächer aussehen. Die Zwischenräume mit Salz und Pfeffer würzen und mit 1 TL Reiswein beträufeln.

Die Eiweiße mit Maisstärke verquirlen. Die Garnelen flach auf einer Platte ausbreiten und gründlich mit der Eiweißmischung bestreichen.

Gurke waschen, die Schale dünn abschneiden. Möhre schälen. Gurkenschale und Möhre in feine Streifen schneiden und zwischen die Garnelenstreifen legen.

Das Öl im Wok erhitzen, bis an einem hölzernen Kochlöffelstiel, den Sie ins Öl tauchen, Bläschen aufsteigen.

Garnelenfächer mit einem Schaumlöffel ins heiße Öl gleiten lassen und etwa 1 Minute frittieren. Dann herausheben und abtropfen lassen. Öl noch einmal heiß werden lassen und die Garnelen wieder hineingeben, noch einmal etwa 1 Minute frittieren, bis sie schön knusprig und goldgelb sind. Garnelen gründlich abtropfen lassen und mit Blattsalat garniert servieren.

Zuckerschoten mit Garnelen

Raffiniert

Für 2 Personen
200 g geschälte Riesengarnelen
1 TL unbehandelte abgeriebene Zitronenschale
200 g Zuckerschoten
1/2 Eisbergsalat (etwa 300 g)
3 Schalotten
2 Knoblauchzehen
1 cm frischer Ingwer
50 ml Fischfond (aus dem Glas)
1 EL helle Sojasauce
1 EL trockener Sherry
1 TL Speisestärke · 2 EL Öl
Salz · schwarzer Pfeffer

Pro Portion: 290 kcal
Zubereitungszeit: 25 Minuten

Die Garnelen mit Küchenpapier trocknen und mit der Zitronenschale vermischen. Zugedeckt beiseite stellen.

Die Zuckerschoten waschen und putzen. Den Salat waschen, verlesen und die Blätter in mundgerechte Stücke schneiden. Schalotten, Knoblauch und Ingwer schälen und fein würfeln.

Für die Würzsauce Fischfond, Sojasauce, Sherry und Speisestärke in einem Schälchen verquirlen, beiseite stellen.

Den Wok und dann das Öl darin stark erhitzen. Schalotten, Knoblauch und Ingwer darin 1/2 Minute anbraten. Dann die Zuckerschoten hinzufügen und 2 Minuten unter Rühren braten, bis sie leuchtend grün sind und rundum von Öl glänzen.

Den Salat dazugeben und 1 Minute pfannenrühren. Jetzt die Garnelen hinzufügen und 1/2 Minute unter ständigem Rühren braten, bis sie eben heiß sind.

Die Würzsauce angießen und unter Rühren kochen lassen, bis sie dicklich ist. Mit Salz und Pfeffer würzen. Sofort zu gekochtem Reis servieren. Dazu passt ein nicht zu trockener, schön aromatischer Weißwein.

Garnelen in Kokossauce

Für Gäste

Für 4 Personen
16 rohe, geschälte Riesengarnelen
3 EL geröstete Erdnüsse
2 Tomaten
1 große Zwiebel
2 Stängel Zitronengras
2 rote Chilischoten
2 1/2 cm frischer Ingwer
2 EL Öl · je 1 EL gemahlener Kreuzkümmel und Koriander
2 EL thailändische Fischsauce
250 ml dicke Kokosmilch
1 TL Zucker
Saft von 1/2 Limette
Korianderblättchen

Pro Portion: 162 kcal
Zubereitungszeit: 40 Minuten

Garnelen unter kaltem Wasser abspülen, mit Küchenpapier trockentupfen. Mit einem scharfen, spitzen Messer auf der Unterseite vom Kopf bis zum Schwanz aufschneiden.

Erdnüsse grob mahlen. Die Tomaten überbrühen, häuten, entkernen und fein würfeln.

Zwiebel schälen, Zitronengras waschen, beides fein hacken. Die Chilischoten aufschlitzen, entkernen und hacken. Den Ingwer schälen und fein hacken. Den Wok und dann das Öl darin erhitzen. Die Zwiebel glasig dünsten. Zitronengras, Chilies, Ingwer, Kreuzkümmel und Koriander unterrühren, etwa 2 Minuten anbraten. Die Fischsauce und die Kokosmilch unterrühren. Gemahlene Erdnüsse und die Tomatenwürfel in den Wok geben, bei schwacher Hitze so lange kochen lassen, bis die Tomaten gar sind.

Garnelen dazugeben und etwa 5 Minuten kochen, bis sie sich rosa gefärbt haben. Zucker unterrühren. Auf einer Platte anrichten. Mit Limettensaft beträufeln und mit Korianderblättchen bestreut servieren.

Strohpilze in Krabbensauce

Schnell

Für 4 Personen
400 g Strohpilze
200 g Krabbenfleisch (aus der Dose)
1 Frühlingszwiebel
1 Knoblauchzehe
2 EL Austernsauce
Salz · Pfeffer
1 EL Pflanzenöl
2 EL Fleischbrühe
1 EL Speisestärke
1 EL frisch gehacktes Koriandergrün oder Petersilie

Pro Portion: 111 kcal
Zubereitungszeit: 15 Minuten

Die Strohpilze abtropfen lassen – je nach Größe ganz lassen oder halbieren. Das Krabbenfleisch abtropfen lassen. Die Frühlingszwiebel waschen, putzen und klein hacken. Die Knoblauchzehe schälen, ebenfalls klein hacken.

Für das Krabbenfleisch eine Marinade bereiten: Dafür etwas von der Frühlingszwiebel, etwas von dem Knoblauch, 1 EL Austernsauce, Salz und Pfeffer vermischen und das Krabbenfleisch damit würzen.

Den Wok erhitzen und das Öl darin heiß werden lassen. Die restliche Frühlingszwiebel und den restlichen Knoblauch darin kurz anbraten und das Krabbenfleisch hinzufügen. Mit der restlichen Austernsauce, Salz und Pfeffer würzen.

Fleischbrühe und die Strohpilze zufügen. Alles unter Rühren aufkochen lassen. Die Speisestärke mit etwas kaltem Wasser anrühren und die Krabbensauce damit unter Rühren binden, noch einmal aufkochen lassen.

Die Strohpilze auf vorgewärmten Tellern anrichten und mit dem Koriandergrün und noch etwas Pfeffer bestreuen, heiß zu Reis servieren.

Garnelen-Mango-Curry

Raffiniert

Für 4 Personen
1 große Mango (etwa 500 g)
3 Scheiben gekochter Schinken ohne Fettrand (à 50 g)
2 mittelgroße Zwiebeln
2 Knoblauchzehen
2 grüne Chilischoten
250 g geschälte Tiefseegarnelen
1 Dose Kokosmilch (400 ml)
3 EL Currypulver · Salz
3 TL Zitronensaft

Pro Portion: 200 kcal
Zubereitungszeit: 30 Minuten

Mango schälen. Das Fruchtfleisch am Stein entlang ablösen und in etwa 2 cm große Würfel schneiden. Schinken in etwa 2 cm lange und 1/2 cm breite Streifen schneiden.

Zwiebeln und Knoblauchzehen schälen und fein hacken. Die Chilischoten putzen und aufschlitzen, die Kerne entfernen. Die Schoten abspülen und in sehr feine Streifen schneiden.

Garnelen kurz kalt abspülen, abtropfen lassen und mit Küchenpapier trockentupfen. Von der Kokosmilch 2 EL der festen, oberen Schicht abnehmen und im Wok erhitzen, bis sich Bläschen bilden. Zwiebelwürfel, Knoblauch und die Chilischote darin pfannenrühren, bis die Zwiebeln glasig sind. Erst jetzt die Garnelen hinzufügen und unter ständigem Pfannenrühren etwa 1 Minute braten.

2 EL Curry darüber stäuben und unterrühren. Dann rasch die restliche Kokosmilch unterrühren und erhitzen, aber nicht aufkochen lassen.

Mangowürfel und die Schinkenstreifen unterheben und unter ständigem Rühren erwärmen. Das Gericht mit Salz, dem Zitronensaft und eventuell dem restlichen Curry abschmecken.

Garnelen mit Glasnudeln

Braucht etwas Zeit

Für 4 Personen
700 g rohe, ungeschälte Garnelen
2 EL helle Sojasauce
1/2 TL Pfeffer
100 g Glasnudeln
100 g Weißkohl
2 Frühlingszwiebeln
1 große Tomate
3 Knoblauchzehen · 3 EL Öl
je 2 EL Fisch- und Austernsauce
1 EL Zucker

Pro Portion: 310 kcal
Zubereitungszeit: 40 Minuten

Die Köpfe von den Garnelen abtrennen. Die Garnelen so schälen, dass das Schwanzende dranbleibt. Die Garnelen am Rücken einschneiden und den Darm entfernen. Mit Sojasauce und Pfeffer würzen.

Glasnudeln in heißem Wasser 10 Minuten einweichen, abtropfen lassen und mit einer Schere kleiner schneiden.

Den Weißkohl putzen und in etwa 2 cm große Quadrate schneiden. Die Frühlingszwiebeln putzen, längs halbieren und in etwa 3 cm lange Stücke schneiden. Die Tomate waschen und achteln.

Den Knoblauch schälen und fein hacken. Den Wok und dann das Öl darin erhitzen, den Knoblauch goldgelb braten. Die Garnelen dazugeben und bei starker Hitze etwa 1 Minute pfannenrühren, bis sie sich hellrot färben. Den Weißkohl hinzugeben und 1 weitere Minute braten.

Tomate, Frühlingszwiebeln, Glasnudeln, Fisch- und Austernsauce, Zucker und etwas Wasser hinzufügen und alle Zutaten gut vermischen. Etwa 1 Minute weiterbraten, dann servieren.

Fruchtig-scharf schmeckt das Garnelen-Mango-Curry.

Scampi in roter Sauce

Für Gäste

Für 4 Personen
20 große rohe Scampi (Kaisergranat)
5 EL Tomatenketchup
3 TL brauner Zucker oder flüssiger Honig
4 EL Sojasauce
4 EL Sake (Reiswein) oder trockener Sherry (Fino)
1 EL Reis- oder Apfelessig
Salz
1 Stück frische Ingwerwurzel (etwa 2 cm)
2 Frühlingszwiebeln
6 EL Erdnuss- oder Sojaöl

Pro Portion: 450 kcal
Zubereitungszeit: 30 Minuten

Die Scampi unter fließendem Wasser abspülen und gründlich trockentupfen. Die Panzer an der Unterseite mit der Küchenschere der Länge nach einschneiden.

Für die Sauce Tomatenketchup, Zucker oder Honig, die Sojasauce, Reiswein oder Sherry und den Essig in einem Schälchen gut verrühren. Eventuell mit Salz würzen.

Den Ingwer schälen, in Scheiben und diese in ganz feine Streifen schneiden. Die Frühlingszwiebeln waschen, putzen und sehr fein hacken.

Den Wok und dann das Öl darin rauchheiß werden lassen. Die Scampi portionsweise braten, bis sie rot sind. Dann herausnehmen.

Das Öl bis auf 2 EL aus dem Wok abgießen. Im restlichen Öl den Ingwer und die Zwiebeln kurz braten. Die Sauce hinzufügen und aufkochen. Die Scampi darin solange wenden, bis sie ganz von der Sauce überzogen sind.

Scampi so auf Tellern anrichten, dass die Köpfe alle in einer Richtung liegen. Dazu Reis oder Weißbrot servieren.

Scampi in Karamellsauce

Etwas teurer

Für 4 Personen
20 geschälte Scampischwänze (eventuell tiefgefroren)
Salz
2 Frühlingszwiebeln
2 Knoblauchzehen
3 EL Pflanzenöl
3 EL Zucker (möglichst brauner Rohrzucker)
2 EL Fischsauce
1 EL Sojasauce
1 TL Sambal oelek
schwarzer Pfeffer

Pro Portion: 176 kcal
Zubereitungszeit: 20 Minuten

Tiefgefrorene Scampi vor der Zubereitung etwa 1 Stunde auftauen lassen. Dann die Scampi kurz in Salzwasser eintauchen und abtropfen lassen. Die Frühlingszwiebeln waschen, putzen und klein hacken. Knoblauch schälen und klein schneiden.

Den Wok erhitzen und das Öl darin heiß werden lassen. Den Zucker hineingeben und im heißen Öl braun werden lassen. Die Zwiebeln und den Knoblauch dazugeben und unter Rühren braten, bis sie glasig sind. Die Scampi in die Karamellsauce geben und 1 Minute pfannenrühren.

Die Fisch- und die Sojasauce, Salz, das Sambal oelek und Pfeffer hineingeben und gut mischen. Die Hitze reduzieren und die Scampi knapp 5 Minuten in der Sauce schmoren lassen. Mit Salz, Zucker und Pfeffer abschmecken.

Tipps!

Statt Scampi können Sie auch Riesengarnelen (frische oder tiefgefrorene) verwenden. Dazu gekochten Reis, Gurken- und Tomatenscheiben oder einen gemischten Salat servieren.

Jakobsmuscheln mit Zuckererbsen

Schnell

Für 2 Personen
8 frische oder tiefgekühlte Jakobsmuscheln mit Corail (siehe Seite 137, eventuell aufgetaut)
200 g Zuckererbsen
1 Knoblauchzehe
6 Frühlingszwiebeln
2 1/2 cm frische Ingwerwurzel
3 EL Öl
1 EL Sesamöl
2 EL Sojasauce
1/2 TL Zucker · Pfeffer

Pro Portion: 273 kcal
Zubereitungszeit: 25 Minuten

Die Muscheln waschen und den roten Corail vorsichtig abtrennen, damit er ganz bleibt. Mit Küchenpapier trocknen und beiseite legen. Die hellen Nüsse in dicke Scheiben schneiden, ebenfalls mit Küchenpapier gut trockentupfen.

Die Zuckerschoten waschen und putzen, in schräge Stücke schneiden. Den Knoblauch schälen. Die Frühlingszwiebeln waschen, putzen und sehr schräg in Stücke schneiden. Den Ingwer schälen und ganz fein hacken.

Den Wok und dann 2 EL Öl darin auf mittlerer Stufe erhitzen. Frühlingszwiebeln und den Ingwer darin ein paar Sekunden anbraten. Zuckerschoten in den Wok geben und den Knoblauch dazupressen. Etwa 2 Minuten mitbraten. In eine Schüssel füllen und beiseite stellen.

Bei mittlerer Hitze das restliche Öl mit dem Sesamöl erhitzen. Die Muschelnüsse darin etwa 3 Minuten anbraten. Die Gemüsemischung wieder in den Wok geben. Den Corail, Sojasauce sowie den Zucker hinzufügen und bei starker Hitze 1–2 Minuten pfannenrühren. Mit Pfeffer abschmecken und sofort servieren.

Chinesisches Garnelenomelett

Gelingt leicht

Für 4 Personen
250 g geschälte kleine Tiefseegarnelen
2 EL Sojasauce
2 EL Sake (Reiswein) oder trockener Sherry (Fino)
2 Frühlingszwiebeln
6 Eier
6 Tropfen Würz-Sesamöl
Salz · weißer Pfeffer
6 EL Erdnussöl
30 g Schweineschmalz

Pro Portion: 530 kcal
Zubereitungszeit: 15 Minuten

Die Garnelen in einem Sieb unter fließendem Wasser kalt abspülen, abtropfen lassen und trockentupfen. Die Sojasauce und den Reiswein oder Sherry vermischen und die Garnelen darin etwa 5 Minuten marinieren.

Inzwischen die Frühlingszwiebeln waschen und putzen, die weißen Abschnitte sehr fein würfeln, das Grün schräg in dünne Streifen schneiden.

Die Eier mit dem Sesamöl verquirlen und mit Salz und Pfeffer nach Geschmack würzen.

Den Wok und dann das Erdnussöl darin erhitzen. Die Garnelen aus der Marinade heben und sehr gründlich trockentupfen. Im Öl unter Rühren etwa 2 Minuten braten, dann herausnehmen und zum Entfetten auf eine dicke Lage Küchenpapier legen.

Das Öl abgießen und das Schmalz im Wok erhitzen. Die gehackten Zwiebeln darin glasig braten. Die Eimasse hinzufügen und langsam rühren. Sobald sie zu stocken beginnt, die Garnelen untermischen.

Alles noch so lange garen, bis die Eimasse gerade fest, aber von cremiger Konsistenz ist. Mit dem geschnittenen Frühlingszwiebelgrün bestreuen und gleich servieren.

Tintenfisch Borneo-Art

Für Gäste

Für 4 Personen
1 küchenfertiger Tintenfisch (800–1000 g)
1 EL Tamarindenmark
3 EL Öl · 1/2 TL Sambal oelek
2 EL süße Sojasauce (Kecap manis)
Salz

Pro Portion: 230 kcal
Zubereitungszeit: 25 Minuten

Den Tintenfisch waschen, trockentupfen und in mundgerechte Stücke schneiden. Das Tamarindenmark in etwa 150 ml warmem Wasser gut durchkneten und durch ein Sieb drücken. Den Saft auffangen, den Rest wegwerfen.

Den Wok und dann das Öl darin erhitzen. Die Tintenfischstücke und das Sambal oelek hineingeben. Alles so lange unter ständigem Rühren braten, bis die Tintenfischstücke zu bräunen beginnen.

Den Tamarindensaft und die Sojasauce hinzufügen. Die Sauce mit Salz würzen. Alles bei mittlerer Hitze unter gelegentlichem Rühren so lange köcheln lassen, bis die Sauce stark eingedickt ist. Warm mit gekochtem Reis oder auch kalt servieren.

Getrocknete Krabben mit Ei

Gelingt leicht

Für 2 Personen
2 EL getrocknete Krabben (Asienladen, siehe Seite 137)
1 mittelgroße Zwiebel
2 Knoblauchzehen
1 daumengroßes Stück frischer Ingwer
5 Kemirinüsse (siehe Tipp)
4 Eier
1/2 Bund frisches Koriandergrün (ersatzweise glatte Petersilie)
2 EL Öl

Pro Portion: 240 kcal
Zubereitungszeit: 25 Minuten

Die getrockneten Krabben in einem Sieb abbrausen und gut abtropfen lassen. Die Zwiebel schälen und in feine Würfel schneiden. Den Knoblauch schälen und zerdrücken. Den Ingwer schälen und fein reiben. Die Kemirinüsse ebenfalls fein zerreiben. Die Eier verquirlen. Den Koriander oder die Petersilie waschen, trockenschütteln und ohne die groben Stiele fein hacken.

Den Wok und dann das Öl darin erhitzen. Die Krabben, Zwiebelwürfel, Knoblauch, Ingwer und die Kemirinüsse hineingeben. Alles bei mittlerer Hitze braten, bis die Zwiebelwürfel gebräunt sind.

Die Eier gleichmäßig darüber gießen und bei mittlerer Hitze 3–5 Minuten stocken lassen. Wenn die Oberfläche trocken ist, das Omelett vorsichtig wenden und die zweite Seite goldgelb braten. Das Omelett herausnehmen, halbieren, mit dem Koriander bestreuen und servieren.

Tipp!

Kemirinüsse haben eine sehr harte Schale und cremefarbene Nusskerne. Sie werden in Indonesien gern zum Andicken von Saucen verwendet. Als Ersatz können Sie geschälte Mandeln, Makadamia- oder Paranüsse nehmen und in der Mandelmühle fein reiben.

Im Bild vorne: Getrocknete Krabben mit Ei.
Im Bild hinten: Tintenfisch Borneo-Art

Meeresfrüchte im Teig

Braucht etwas Zeit

Für 4 Personen
200 g mittelgroße geschälte Garnelen
200 g küchenfertige kleine Tintenfische
200 g Jakobsmuschelfleisch
200 g Seelachs- oder Tunfischfilets
200 g Kabeljaufilets
75 g Weizenmehl
3 EL Tapiokamehl (oder Speisestärke)
1 TL Backpulver · Salz · 1 EL Öl
750 ml Pflanzenöl zum Ausbacken
Saft von 1 Zitrone

Pro Portion: 500 kcal
Zubereitungszeit: 50 Minuten

Garnelen, Tintenfische, die Muscheln und die Fischfilets abspülen und trockentupfen. Die Fischfilets in 2–3 cm große Stücke schneiden.

Für den Ausbackteig Weizenmehl, Tapiokamehl, Backpulver und Salz in einer Schüssel mischen. Mit 1 EL Öl und etwas heißem Wasser zu einem nicht zu dünnen Teig rühren. Fische und Meeresfrüchte in dem Teig wenden.

Zum Ausbacken das Öl im Wok erhitzen. Die Fische und Meeresfrüchte nach und nach mit einem Löffel in das heiße Öl gleiten lassen und darin in 3–5 Minuten goldgelb ausbacken. Vorsicht, Spritzgefahr! Nie zu viel gleichzeitig frittieren, damit die Teile nicht aneinander kleben.

Die frittierten Fische und Meeresfrüchte mit einem Schaumlöffel herausheben und auf Küchenpapier abtropfen lassen. Mit Zitronensaft beträufeln und servieren.

Meeresfrüchte mit Gemüse

Schnell

Für 4 Personen
200 g rohe, geschälte Garnelen
6 Jakobsmuscheln (nur die Nüsse, siehe Seite 137)
1 Eiweiß
2 TL Speisestärke
3 Stangen Staudensellerie
1 rote Paprikaschote
2 Möhren
2 Scheiben frische Ingwerwurzel
3 Frühlingszwiebeln
Öl zum Frittieren
2 EL Sherry
1 TL helle Sojasauce
2 TL gelbe Bohnenpaste
1 TL Salz
1 TL Würz-Sesamöl

Pro Portion: 594 kcal
Zubereitungszeit: 25 Minuten

Kleine Garnelen ganz lassen, große in 2–3 Stücke zerteilen. Die Jakobsmuscheln in Scheiben schneiden. Mit den Garnelen, dem Eiweiß und 1 TL Speisestärke in einer Schüssel gut mischen.

Das Gemüse waschen, putzen und in Scheiben oder Streifen schneiden. Ingwer schälen, die Frühlingszwiebeln waschen und putzen, beides fein hacken.

Das Öl im Wok auf 180–190° erhitzen, bis ein Brotstückchen darin in 1/2 Minute bräunt. Jakobsmuscheln und Garnelen ins Öl geben und etwa 1 Minute unter ständigem Wenden frittieren. Mit dem Schaumlöffel herausnehmen und auf Küchenpapier abtropfen lassen.

Das Öl bis auf 2 EL aus dem Wok gießen. Gemüse, Ingwer und Frühlingszwiebeln im verbliebenen Fett etwa 1 Minute bei starker Hitze pfannenrühren. Garnelen und Muscheln wieder dazugeben. Sherry, Sojasauce, Bohnenpaste und Salz unterrühren.

Die restliche Speisestärke mit wenig kaltem Wasser anrühren, in den Wok rühren und einmal aufkochen lassen, bis die Sauce gebunden ist. Mit Würz-Sesamöl beträufeln, sofort servieren.

Calamares mit Shiitake-Pilzen

Raffiniert

Für 4 Personen
500 g küchenfertige Tintenfische (Calamares; frisch oder tiefgefroren und aufgetaut)
5 EL Öl · schwarzer Pfeffer
2 Knoblauchzehen
250 g frische Shiitake-Pilze
250 g Zuckerschoten
150 ml kräftige Hühnerbrühe
1 TL Sambal manis
1 TL Speisestärke · Salz

Pro Portion: 220 kcal
Zubereitungszeit: 40 Minuten

Die Calamares gründlich waschen und putzen, Körper in schmale Ringe schneiden. Die Fangarme zerteilen. 2 EL Öl mit Pfeffer verquirlen. Knoblauch schälen und dazupressen, Calamares darin wenden.

Die Shiitake-Pilze putzen und säubern, nicht waschen. In schmale Streifen schneiden.

Die Zuckerschoten waschen, die Enden abschneiden und dabei eventuell die Fäden abziehen. Je nach Größe die Zuckerschoten ein- oder zweimal durchschneiden.

Die Hühnerbrühe in einem Schüsselchen mit dem Sambal manis und der Speisestärke glatt verquirlen.

Den Wok und dann die übrigen 3 EL Öl darin erhitzen. Die Zuckerschoten hineingeben und etwa 2 Minuten unter Rühren anbraten. Die Shiitake-Pilze dazugeben, etwa 3 Minuten mitbraten.

Die Gemüsemischung an den Rand des Woks schieben. Die Calamares in die Mitte des Woks geben und etwa 3 Minuten anbraten. Die Würzbrühe angießen, alles vermischen, aufkochen und noch 1–2 Minuten pfannenrühren. Mit Salz und Pfeffer abschmecken. Mit gekochtem Reis servieren.

Gebratene Tintenfische in Bohnensauce

Für Gäste

Für 4 Personen
800 g küchenfertige Tintenfische
4 Frühlingszwiebeln
8 Knoblauchzehen
1 walnussgroßes Stück Ingwer
2 kleine rote Chilischoten
4 TL Austernsauce
2 TL Speisestärke
250 ml Pflanzenöl zum Frittieren
4 EL schwarze Bohnenpaste
2 EL Reiswein

Pro Portion: 360 kcal
Zubereitungszeit: 40 Minuten

Die Tintenfische waschen. Köpfe abtrennen, Augen und Beißwerkzeuge entfernen. Die Tentakeln in drei oder vier Teile schneiden. Die tubenförmigen Körper umstülpen und mit einem scharfen Messer kreuzweise einritzen, dann in 2 x 4 cm große Stücke schneiden. Die Tintenfischstücke in kochendes Wasser tauchen, bis sie sich krümmen. Kalt abschrecken, abtropfen lassen.

Die Frühlingszwiebeln putzen, waschen und die weißen und die grünen Teile getrennt in kurze Stücke schneiden. Den Knoblauch und Ingwer schälen, Chilischoten putzen, alles fein hacken. Die Austernsauce in einem Schüsselchen mit der Stärke und 4 EL Wasser glatt rühren.

Das Öl im Wok erhitzen. Die Tintenfischstücke hineingeben, nach 10 Sekunden wieder herausheben. Das Öl bis auf 2 EL abgießen, den Wok wieder erhitzen.

Weiße Zwiebelteile, Knoblauch und Ingwer darin glasig braten. Chilischoten und die Bohnenpaste einrühren. Tintenfische untermischen und einige Sekunden mitbraten. Die angerührte Speisestärke dazugießen und einmal aufkochen, mit dem Reiswein beträufeln und mit Zwiebelgrün bestreut servieren.

Fisch-Curry

Gelingt leicht

Für 4 Personen
800 g Fischfilets (z.B. Rotbarsch)
2 Tomaten · 2 Kartoffeln
2 frische Chilischoten
4 cm frische Ingwerwurzel
3 TL Senfpulver · 6 EL Senföl
2 TL Kurkumapulver
2 TL gemahlener Kreuzkümmel (Cumin)
2 TL Paprikapulver, edelsüß
1/4 TL Chilipulver
4 EL Vollmilchjogurt · Salz

Pro Portion: 220 kcal
Zubereitungszeit: 45 Minuten

Den Fisch in mundgerechte Stücke schneiden. Tomaten waschen und vierteln. Kartoffeln waschen, schälen und in 1 x 6 cm große Stücke schneiden. Chillies waschen, putzen und klein schneiden. Ingwer schälen und hacken. Das Senfpulver mit 6 EL Wasser verrühren und quellen lassen.

Den Wok und dann das Senföl darin erhitzen. Chillies, Ingwer und die Gewürze dazugeben. Bei schwacher Hitze unter ständigem Rühren etwa 5 Minuten rösten.

Jogurt und Tomaten dazugeben, etwa 5 Minuten unter Rühren braten. 150 ml Wasser aufgießen und unter Rühren zum Kochen bringen.

Die Kartoffeln und das angerührte Senfpulver hineingeben und alles noch einmal etwa 5 Minuten kochen lassen. Salzen, Fisch vorsichtig hineinlegen. Alles halb zugedeckt bei mittlerer Hitze etwa 5 Minuten garen, gelegentlich mit Sauce beschöpfen.

Fischfilet in Zwiebelsauce

Preiswert

Für 4 Personen
800 g frisches Lachsforellen- oder andere Fischfilets · Salz
1 1/2 TL Kurkumapulver
3 Zwiebeln · 3 Tomaten
2 frische Chilischoten
4 cm frische Ingwerwurzel
2 Knoblauchzehen
3 EL Ghee (geklärte Butter)
2 Lorbeerblätter
1/2 TL Kreuzkümmelsamen (Cumin)
2 EL Vollmilchjogurt
2 TL Senföl
1 TL Garam Masala

Pro Portion: 290 kcal
Zubereitungszeit: 45 Minuten

Den Fisch in etwa 6 cm große Stücke schneiden. Fischstücke mit 1/2 TL Salz und 1/2 TL Kurkuma bestreuen. Zwiebeln schälen und fein hacken. Die Tomaten waschen und vierteln. Chilischoten waschen, putzen und klein schneiden. Ingwer und den Knoblauch schälen und fein reiben.

Den Wok und dann das Ghee darin erhitzen. Lorbeerblätter und Kreuzkümmel etwa 1 Minute bei mittlerer Hitze anrösten. Zwiebeln dazugeben und unter Rühren dunkelbraun braten. Nach und nach unter Rühren Ingwer, Knoblauch, Chillies und den übrigen Kurkuma dazugeben und etwa 2 Minuten mitrösten. Tomaten und den Jogurt einrühren und noch etwa 3 Minuten durchmischen. 150 ml Wasser angießen und aufkochen.

Wenn die Sauce kocht, die Temperatur reduzieren, Sauce mit Salz abschmecken und die Fischstücke vorsichtig hineinlegen. Fisch gut mit Sauce bedecken und zugedeckt bei schwacher Hitze etwa 10 Minuten ziehen lassen.

Kurz vor dem Servieren das Senföl und den Garam Masala über den Fisch streuen und sehr vorsichtig wenden, damit die Fischstücke nicht zerfallen. Mit Reis heiß servieren.

Im Bild vorne:
Fischfilet in Zwiebelsauce.
Im Bild hinten:
Fisch-Curry

Gedämpfte Spinat-Fischröllchen

Gelingt leicht

Für 4 Personen
400–500 g Seelachsfilets
5 Knoblauchzehen
6 EL Fischsauce
4 TL Fünf-Gewürze-Pulver
2 Eier
4 TL Sesamöl
200 g Bambussprossen (aus der Dose)
40 große Spinatblätter

Pro Portion: 230 kcal
Zubereitungszeit: 1 Stunde

Die Seelachsfilets kurz kalt abbrausen, abtrocknen und fein schnetzeln.

Den Knoblauch schälen und fein hacken, mit Fischsauce, dem Fünf-Gewürze-Pulver, den Eiern und dem Sesamöl verrühren. Die Fischstreifen darin wenden.

Die Bambussprossen abtropfen lassen, fein stifteln und zum Fisch geben.

Die Spinatblätter putzen und waschen, harte Stiele entfernen. Die Blätter kurz in kochendes Wasser tauchen, bis sie weich sind. Gut abtropfen lassen, auf der Arbeitsfläche ausbreiten und mit Küchenpapier trockentupfen.

Jeweils etwas Füllung auf ein Spinatblatt geben, das Blatt aufrollen, dabei die Seiten einschlagen, damit die Füllung umschlossen ist.

Die Rollen nebeneinander in das Dämpfkörbchen oder auf einen hitzebeständigen Teller legen und in den Wok stellen. Seitlich heißes Wasser in den Wok gießen, das Wasser aufkochen, den Deckel des Woks auflegen. Röllchen zugedeckt bei mittlerer Hitze etwa 7 Minuten dämpfen. Mit süßsaurer Sauce und Reis servieren.

Fischfilet balinesische Art

Schnell

Für 4 Personen
1 EL Tamarindenmark
2 Zwiebeln
1 daumengroßes Stück Ingwer
3 Stängel Zitronengras
8 EL Öl
1/2 TL Sambal oelek
2 TL Palmzucker
1/2 TL Laospulver (gemahlener Galgant)
2 EL süße Sojasauce (Kecap manis)
1 kg Fischfilets (Barsch, Hecht oder Dorsch)
1 TL Salz

Pro Portion: 330 kcal
Zubereitungszeit: 35 Minuten

Das Tamarindenmark mit etwa 150 ml warmem Wasser übergießen und gut durchkneten, durch ein Sieb drücken und den Saft auffangen. Den Rest wegwerfen. Die Zwiebeln schälen und in feine Würfel schneiden. Den Ingwer schälen und fein reiben. Vom Zitronengras nur den unteren dicken Teil in hauchdünne Scheiben schneiden.

Den Wok und dann darin 2 EL Öl erhitzen. Die Zwiebeln, Ingwer und das Zitronengras im Öl braten, bis die Zwiebeln leicht gebräunt sind.

Den Tamarindensaft dazugießen. Das Sambal oelek, Palmzucker, Laospulver und die süße Sojasauce hinzufügen. Alles bei schwacher Hitze etwa 10 Minuten unter gelegentlichem Rühren köcheln lassen, bis die Sauce recht dicklich ist.

Den Fisch in etwa 2 cm dicke Scheiben schneiden und mit dem Salz einreiben. Das restliche Öl in einer Pfanne erhitzen. Den Fisch darin bei mittlerer Hitze auf beiden Seiten etwa 5 Minuten braten. Herausnehmen und auf Tellern anrichten, die Sauce über den Fisch verteilen. Heiß mit gekochtem Reis servieren.

Fischfilets in Zitronensauce

Schnell

Für 4 Personen
500 g Fischfilets
2 EL Öl
1/2 Tasse Fleischbrühe
1 TL Speisestärke
Für die Marinade:
1/2 Tasse Reiswein
1/2 Tasse Zitronensaft
2 EL Mangochutney

Pro Portion: 120 kcal
Zubereitungszeit: 15 Minuten

Die Fischfilets kurz kalt abbrausen, trocknen und in 2 cm große Würfel schneiden.

Alle Zutaten für die Marinade vermischen, über den Fisch gießen und 5–10 Minuten stehen lassen.

Den Wok und dann das Öl darin erhitzen. Die Fischstücke abtropfen lassen und auf jeder Seite 1–2 Minuten braten. Warm stellen.

Die übrige Marinade mit der Fleischbrühe mischen, in den Wok gießen und zum Kochen bringen. Die Speisestärke mit etwas kaltem Wasser anrühren, zu der Sauce gießen und kochen, bis sie bindet. Heiß zum Fisch servieren.

Fischbällchen in Sauce

Braucht etwas Zeit

Für 3 Personen
200 g beliebige weißfleischige Fischfilets
1 EL Maisstärke (Speisestärke)
1 EL Pflanzenöl
Salz
1 Eiweiß
150 g Möhren
150 g Rettich
150 g Gurken
300 ml Hühnerbrühe
Pfeffer

Pro Portion: 150 kcal
Zubereitungszeit: 1 Stunde

Fischfilets mit einer Pinzette von allen Gräten befreien, dann mit einem Küchenbeil oder einem großen schweren Messer sehr fein hacken.

Die Maisstärke mit 1 1/2 EL Wasser anrühren. Das Fischfleisch in einer Schüssel mit dem Öl, 2 EL kaltem Wasser und Salz verrühren, bis die Masse glatt ist. Das Eiweiß und zwei Drittel der angerührten Maisstärke untermischen und alles verrühren, bis die Masse gut gebunden ist.

Möhren, Rettich und Gurken waschen und schälen, in gleichmäßige kugelförmige Stücke schneiden.

Im Wok etwa 2 l Wasser zum Kochen bringen. Vom Herd ziehen. Aus der Fischmasse mit einem TL Bällchen von etwa 1 cm Durchmesser formen und in das Wasser gleiten lassen. Die Fischbällchen etwa 3 Minuten im Wasser ziehen lassen. Wenn die Klößchen alle an der Oberfläche schwimmen, diese mit einem Schaumlöffel herausfischen.

Das Wasser ausgießen, 1/2 l frisches Wasser zum Kochen bringen, Möhren und Rettich hineingeben und 2 Minuten kochen lassen. Gurken hinzufügen und alles noch 1 Minute kochen. Dann herausnehmen.

Das Wasser ausgießen. Die Hühnerbrühe in den Wok geben, mit Salz und Pfeffer abschmecken, aufkochen. Die Fischbällchen hineinlegen und noch einmal etwa 2 Minuten garen. Dann herausfischen und auf einen Teller legen.

Das Gemüse in die Brühe geben und 1 Minute kochen. Herausheben und um die Fischbällchen herum anrichten. Die Brühe mit der übrigen angerührten Maisstärke mischen und aufkochen lassen, bis sie leicht dickflüssig wird. Die Sauce abschmecken und über die Fischbällchen gießen. Die Bällchen servieren. Dazu gekochten Klebreis servieren.

Fischstäbchen mit Mangold

Braucht etwas Zeit

Für 4 Personen
600 g Viktoriabarschfilets (oder andere Fischfilets)
1/2 Eiweiß
1/2 TL Salz · schwarzer Pfeffer
800 g Mangold
4 Frühlingszwiebeln
2 Knoblauchzehen
1 walnussgroßes Stück Ingwer
3 EL Sojasauce
125 ml Fischfond(Glas)
1 TL Speisestärke · 2 EL Mehl
1/2 TL Fünf-Gewürze-Pulver
1/2 l Öl zum Frittieren
Zitronenschnitze zum Garnieren

Pro Portion: 380 kcal
Zubereitungszeit: 1 Stunde

Den Fisch in fingerdicke Stücke schneiden. Eiweiß mit Salz und Pfeffer verquirlen. Den Fisch darin wenden und 45 Minuten zugedeckt kalt stellen.

Mangold waschen und putzen. Stiele in Scheiben, Blätter in 1 cm breite Streifen schneiden. Frühlingszwiebeln waschen, putzen, längs halbieren, schräg in 3 cm lange Stücke teilen. Knoblauch und Ingwer schälen, fein würfeln.

Sojasauce, Fond und Stärke verquirlen. Fischstücke trocknen und mit Mehl und Fünf-Gewürze-Pulver bestäuben.

Im Wok das Öl auf mittlere Temperatur erhitzen (160°). Fischstäbchen portionsweise in 1–2 Minuten goldgelb frittieren. Herausheben, abtropfen lassen, warm stellen.

Das Öl bis auf 2 EL abgießen, erneut erhitzen. Knoblauch, Ingwer und Mangoldstiele darin 3 Minuten pfannenrühren. Frühlingszwiebeln und Mangoldblätter dazugeben, 2 Minuten unter Rühren mitbraten. Würzsauce angießen und aufkochen lassen, bis sie andickt. Salzen und pfeffern. Gemüse und Fischstäbchen mit Zitrone garniert anrichten.

Gebackener Fisch in scharfer Sauce

Für Gäste

Für 4 Personen
400–500 g Fischfilets
1 TL gemahlener Ingwer · Salz
2 Eiweiße
5 frische rote Chilischoten
1 Dose sauer eingelegtes chinesisches Gemüse (184 g; Gurken, Salat, Möhren, Ingwer)
2 EL Zucker
4 EL helle Sojasauce
6 EL Speisestärke
Öl zum Frittieren

Pro Portion: 180 kcal
Zubereitungszeit: 45 Minuten

Die Fischfilets in kleinfingerlange Stücke schneiden, mit Ingwerpulver und etwas Salz bestreuen. Eiweiße leicht verschlagen, die Fischstreifen darin wenden. Zugedeckt in den Kühlschrank stellen.

Für die Sauce Chilischoten putzen, entkernen, waschen und in feine Ringe schneiden.

Das Gemüse abtropfen lassen, Sud auffangen. Gemüse in feine Streifen schneiden. Den Sud mit 250 ml Wasser, Zucker, Sojasauce und 2 TL Speisestärke verrühren.

Reichlich Öl im Wok erhitzen. Die Fischstücke portionsweise in der restlichen Speisestärke wenden und in etwa 2 Minuten goldgelb frittieren. Herausheben und auf Küchenpapier abtropfen lassen.

Das Öl aus dem Wok abgießen. Die Sauce noch einmal durchrühren, in den Wok gießen. Chiliringe und das klein geschnittene Gemüse dazugeben, alles einmal aufkochen, abschmecken und mit den Fischstücken servieren.

Im Bild vorne: Fischstäbchen mit Mangold. Im Bild hinten: Gebackener Fisch in scharfer Sauce.

Lachs mit Zitrone auf japanische Art

Etwas teurer

Für 4 Personen
4 Lachs- oder Lachsforellen-Koteletts (etwa 600 g)
Salz
100 g Butter
Saft von 1 Zitrone
1 unbehandelte Zitrone
2 kleine Gurken

Pro Portion: 497 kcal
Zubereitungszeit: 25 Minuten

Die Fischscheiben mit Salz einreiben und 10 Minuten ruhen lassen; dann abwaschen und mit Küchenkrepp abtrocknen.

Den Wok heiß werden lassen und die Butter darin erhitzen. Die Fischscheiben hineingeben und auf jeder Seite bei mittlerer Hitze 3–4 Minuten braten. Während des Bratens mit Zitronensaft beträufeln.

Die Zitrone und die Gurken waschen und in Scheiben schneiden. Den fertigen Fisch herausnehmen, jede Scheibe auf einen Teller geben und mit Gurken- und Zitronenscheiben garnieren. Heiß auftragen. Dazu gekochten Reis und Sojasauce servieren.

Gedämpfter Lachs mit Dill

Festlich

Für 2 Personen
2 Lachs-Koteletts (etwa 400 g)
2 EL Limetten- oder Zitronensaft · Salz
weißer Pfeffer
einige Blätter Chinakohl
250 ml Fischfond
30 g eiskalte Butter
1/2 Bund frischer Dill

Pro Portion: 530 kcal
Zubereitungszeit: 30 Minuten

Die Lachs-Koteletts vorsichtig waschen und abtrocknen. Mit Limetten- oder Zitronensaft beträufeln, mit Salz und weißem Pfeffer würzen.

Die Chinakohlblätter waschen und putzen, ein Dämpfkörbchen damit auslegen. Die Lachs-Koteletts nebeneinander hineinlegen.

Den Fischfond im Wok aufkochen, das Dämpfkörbchen hineinstellen, den Wokdeckel auflegen. Lachs-Koteletts bei mittlerer Hitze etwa 3 Minuten dämpfen, dann wenden und weitere 3 Minuten garen.

Das Dämpfkörbchen aus dem Wok heben, zugedeckt beiseite stellen. Den Fond im Wok schnell bei starker Hitze auf die Hälfte der Menge einkochen lassen. Den Wok dann vom Herd nehmen.

Die Butter in kleine Stücke schneiden, mit einem Schneebesen nach und nach unter den Fischfond schlagen und die Sauce dadurch binden. Dill waschen, Dillspitzen in die Sauce rühren, abschmecken und mit den Lachs-Koteletts servieren.

Rotbarben auf Reisnudeln

Für Gäste

Für 2 Personen
70 g breite Reisnudeln
1 Bund Frühlingszwiebeln
2 küchenfertige Rotbarben (je etwa 170 g) · Salz
1 Knoblauchzehe
1 haselnussgroßes Stück frischer Ingwer
2 EL Öl
250 ml Fischfond
2 EL Sojasauce
1 TL Sambal trassie
3 Zweige Koriandergrün

Pro Portion: 360 kcal
Zubereitungszeit: 40 Minuten

Die Reisnudeln in einer großen Schüssel mit heißem Wasser übergießen und etwa 20 Minuten quellen lassen. Dann abtropfen lassen.

Inzwischen die Frühlingszwiebeln putzen, waschen und der Länge nach in nudelbreite Streifen schneiden.

Die Rotbarben waschen und abtrocknen. Auf jeder Seite zwei- oder dreimal quer einschneiden. Die Fische innen leicht salzen.

Knoblauch und Ingwer schälen und sehr fein hacken. Beides mischen und in die Einschnitte und Bauchhöhlen der Rotbarben stecken.

Den Wok und dann das Öl darin nicht zu stark erhitzen. Die Frühlingszwiebeln hineingeben und etwa 1 Minute pfannenrühren. Dann die abgetropften Nudeln dazugeben und kurz durchrühren. Mit dem Fond ablöschen, mit Sojasauce und dem Sambal trassie würzen.

Die vorbereiteten Rotbarben nebeneinander in den Wok legen, den Wokdeckel auflegen und die Fische etwa 5 Minuten dämpfen.

Die Rotbarben herausheben, die Nudel-Zwiebel-Mischung durchrühren und abschmecken. Auf eine Platte geben, die Fische darauf legen. Das Koriandergrün hacken und darüber streuen. Mit Sojasauce oder einer anderen würzigen Sauce servieren.

Gedämpfte Schollenröllchen

Raffiniert

Für 4 Personen
4 Schollenfilets (etwa 500 g)
2 EL Zitronensaft
3 Frühlingszwiebeln
1 Knoblauchzehe
1 haselnussgroßes Stück frischer Ingwer
2 EL schwarze Bohnensauce
1/4 TL Sambal oelek
1 EL Sojasauce
1 Eiweiß
4 Stäbchen Krebsfleisch (Surimi; oder 4 geschälte, gegarte Riesengarnelen)

Pro Portion: 110 kcal
Zubereitungszeit: 40 Minuten

Die Schollenfilets kalt abwaschen, abtrocknen und mit dem Zitronensaft beträufeln. Zugedeckt kalt stellen.

Inzwischen die Frühlingszwiebeln putzen und waschen. 2 Zwiebeln in sehr schräge, feine Ringe schneiden und beiseite stellen.

Den Knoblauch und den Ingwer schälen und mit der dritten Frühlingszwiebel sehr fein hacken. Alles mit der schwarzen Bohnensauce, Sambal oelek und der Sojasauce gründlich verrühren. Das Eiweiß leicht verquirlen.

Die Schollenfilets ausbreiten und mit dem Eiweiß bestreichen. Die vorbereitete Bohnensauce darauf verteilen, je 1 Stäbchen Krebsfleisch oder 1 Garnele darauf legen. Die Filets aufrollen, mit je 1 Holzspießchen zustecken und nebeneinander in den Dämpfeinsatz legen.

Im Wok 1/2 l Wasser aufkochen. Den Dämpfeinsatz hineinstellen, den Wokdeckel auflegen und die Schollenröllchen fest zugedeckt 5–6 Minuten dämpfen.

Die Frühlingszwiebelringe auf eine Platte streuen. Die fertigen Schollenröllchen aus dem Wok heben, in Scheiben schneiden und auf dem Zwiebelbett anrichten.

Dazu eine sauerscharfe Sauce, Reis oder Nudeln und gekochtes Gemüse reichen.

Tipp!

Die schwarze Bohnensauce kann sehr salzig und scharf sein, probieren Sie sie erst und nehmen Sie eventuell weniger als angegeben.

Orangen-Wirsing-Fisch

Gelingt leicht

Für 4 Personen
600 g Rotbarschfilets
Salz · schwarzer Pfeffer
1 unbehandelte Orange
1 TL Ingwerpulver
2 EL trockener Sherry
1 TL Speisestärke
3 Frühlingszwiebeln
1 zarter Wirsing (etwa 700 g)
3 getrocknete rote Chilischoten
4 EL Öl
125 ml Kokosmilch
75 ml Hühnerbrühe

Pro Portion: 420 kcal
Zubereitungszeit: 40 Minuten

Filets in 3 cm breite Streifen schneiden, salzen und pfeffern. Orange waschen, trocknen und die Schale abreiben, Saft auspressen. Beides mit Ingwer, Sherry und Stärke verquirlen. Fisch darin wenden und 30 Minuten kalt stellen.

Frühlingszwiebeln waschen und putzen. Weiße und grüne Teile in feine Ringe schneiden. Den Wirsing waschen, längs vierteln und den Strunk entfernen. Die Viertel quer in gut 1 cm breite Streifen teilen. Die Chilischoten entkernen und grob zerbröseln.

Den Fisch abtropfen lassen, die Marinade auffangen. Den Wok und dann darin2 EL Öl stark erhitzen. Chilischoten und das Weiße der Frühlingszwiebeln darin unter Rühren 1/2 Minute anrösten. Fisch dazugeben und bei mittlerer Hitze 2 Minuten pfannenrühren. Herausheben und zugedeckt beiseite stellen.

Wirsing im übrigen Öl 3 Minuten pfannenrühren. Kokosmilch, Brühe und Marinade angießen, aufkochen und 5 Minuten zugedeckt garen.

Den Fisch untermischen, Wok vom Herd nehmen und noch 2 Minuten ziehen lassen. Salzen und pfeffern, die grünen Zwiebelringe aufstreuen.

Geschmorter Fisch mit Lauch

Schnell

Für 4 Personen
1 Fisch von etwa 750 g (Seebarsch, Flussbarsch oder Brasse)
100 g Lauch
1 TL Maisstärke (Speisestärke)
6 EL Pflanzenöl
1 EL Sojasauce
1 EL Reiswein
200 ml Hühnerbrühe
Salz · Pfeffer

Pro Portion: 120 kcal
Zubereitungszeit: 35 Minuten

Den Fisch waschen, von Kopf und Schwanz befreien und quer in etwa 3 cm breite Scheiben schneiden. Nach Wunsch das Rückgrat entfernen. Den Lauch putzen, waschen und längs in Streifen schneiden. Die Streifen in etwa 4 cm lange Stücke schneiden. Die Maisstärke mit 1 TL Wasser anrühren.

Einen Wok erhitzen, das Öl hineingeben und heiß werden lassen. Die Fischstücke hinzufügen und von allen Seiten anbraten. Dann wieder herausnehmen und warm halten.

Den Lauch im verbliebenen Öl unter Rühren braten, bis er würzig duftet. Die Sojasauce, Reiswein und die Hühnerbrühe angießen. Sauce mit Salz und Pfeffer würzen und zugedeckt bei schwacher Hitze etwa 10 Minuten garen.

Die Sauce mit der angerührten Maisstärke mischen und noch einmal aufkochen. Wenn die Sauce leicht gebunden ist, die Fischstücke hineingeben und kurz darin ziehen lassen.

Der Orangen-Wirsing-Fisch gelingt ganz leicht und schmeckt auch Gästen. Dazu Langkornreis servieren.

Schellfisch süßsauer

Gelingt leicht

Für 4 Personen
500 g Schellfisch- oder andere Fischfilets
2 Knoblauchzehen
1 haselnussgroßes Stück Ingwer
4 EL süße Sojasauce
4 EL helle, salzige Sojasauce
5 EL Reis- oder Weißweinessig
1/2 TL Sambal oelek
schwarzer Pfeffer
1 Bund Frühlingszwiebeln
1 kleine frische Ananas (etwa 500 g)
3 EL Öl
50 g Cashewkerne

Pro Portion: 290 kcal
Zubereitungszeit: 45 Minuten

Fischfilets kurz kalt überbrausen, trocknen und in mundgerechte Würfel schneiden.

Den Knoblauch und den Ingwer schälen, sehr fein hacken. Beide Sorten Sojasauce mit dem Essig, Sambal oelek, Pfeffer, Knoblauch und dem Ingwer verrühren, die Fischwürfel darin wenden und zugedeckt kalt stellen.

Die Frühlingszwiebeln putzen, waschen und in sehr schräge Ringe schneiden. Die Ananas schälen und die verbliebenen »Augen« entfernen. Die Frucht längs vierteln und den holzigen Strunk in der Mitte entfernen. Das Fruchtfleisch würfeln (den abtropfenden Saft dabei auffangen).

Den Wok und dann das Öl darin erhitzen. Die Cashewkerne unter Rühren goldbraun rösten, wieder herausnehmen.

Die Frühlingszwiebeln (einige schöne grüne Ringe zum Garnieren aufheben) in den Wok geben und unter Rühren etwa 2 Minuten braten.

Die Ananasstücke samt Saft dazugeben und kurz verrühren. Dann die marinierten Fischwürfel samt der Marinade in den Wok geben. Leicht verrühren, dann zugedeckt etwa 4 Minuten garen, zwischendurch noch einmal vorsichtig umrühren.

Die Fischstücke mit Ananas und Sauce auf eine Platte geben, mit den Cashewkernen und den beiseite gelegten Ringen der Frühlingszwiebeln bestreut servieren. Dazu gekochten Reis reichen.

Tipp!

Schneller geht es mit ungesüßten, im eigenen Saft eingelegten Ananasstücken aus der Dose.

Fisch in Tomatensauce

Raffiniert

Für 3 Personen
250 g beliebige Fischfilets
1 TL Maisstärke (Speisestärke)
+ 1 Msp. Maisstärke
Salz
3 EL Reiswein
je 1 kleine grüne und rote Paprikaschote
10 g Lauch
4 Knoblauchzehen
20 g Ingwerwurzel
1 EL Zucker
1 TL heller chinesischer Reisessig
1 Spritzer Sojasauce
2 TL Tomatenmark
70 ml Pflanzenöl

Pro Portion: 220 kcal
Zubereitungszeit: 30 Minuten

Die Fischfilets in 4 cm lange und 2 cm breite Scheiben schneiden. 1 TL Maisstärke in 1 TL Wasser anrühren und mit einer Prise Salz und 1 EL Reiswein mischen. Fischwürfel untermengen und zugedeckt beiseite stellen.

Die Paprikaschoten waschen und halbieren. Den Stielansatz sowie die Trennwände mit den Kernen entfernen und die Schotenhälften in rautenförmige, nicht zu große Stücke schneiden.

Lauch putzen und waschen, Knoblauch und den Ingwer schälen. Alle drei Zutaten klein schneiden.

Den Zucker mit Essig, Sojasauce, 2 EL Reiswein, 2 TL Tomatenmark, 1 EL Wasser, Salz und 1 Messerspitze Maisstärke mischen.

Den Wok erhitzen. Das Öl hineingeben und erhitzen. Die Fischstücke hinzufügen und kurz anbraten. Dann herausnehmen.

Das Öl bis auf einen dünnen Film aus dem Wok gießen. Die Paprikastücke, Lauch, Ingwer und den Knoblauch in den Wok geben und unter Rühren kurz anbraten.

Die Sauce hinzufügen und alles unter Rühren bei mittlerer bis schwacher Hitze weiter braten, bis die Paprikastücke bissfest sind. Die Fischstücke hinzufügen und noch einmal heiß werden lassen. Mit Reis servieren.

Tipp!

Von der Sojasauce wirklich nur einen Spritzer verwenden, damit der Fisch seine schöne rote Farbe behält.

Frittierter Fisch in roter Sauce

Für Gäste

Für 4 Personen
1 Fisch von etwa 750 g (Flusskarpfen, Seebarsch, Flussbarsch oder Brasse) oder etwa 400 g Fischfilets von Süßwasserfischen
Salz
4 EL Reiswein
1 Eiweiß
100 g Maisstärke (Speisestärke)
+ 1 TL Maisstärke, in 1 EL Wasser angerührt
30 g Lauch
30 g Ingwerwurzel
4 Knoblauchzehen
1 1/2 TL Zucker
1 1/2 TL heller chinesischer Essig
300 g Pflanzenöl
3 EL Tomatenketchup

Pro Portion: 321 kcal
Zubereitungszeit: 40 Minuten

Den Fisch filetieren. Oder Sie bitten den Fischhändler darum, diese Arbeit für Sie zu erledigen. Filets im Abstand von etwa 1/2 cm schräg und kreuzweise einschneiden, sodass ein hübsches Muster entsteht, dann in 4 cm lange und etwa 3 cm breite Stücke schneiden. Fischstücke in eine Schüssel geben, mit Salz würzen und mit 1/2 EL Reiswein beträufeln.

Das Eiweiß verquirlen und unter die Fischstücke mischen. Die Fischstücke in der trockenen Maisstärke wälzen; sie sollen gleichmäßig davon überzogen sein.

Lauch, Ingwer und Knoblauch putzen bzw. schälen und fein hacken. Den Zucker mit Essig, 3 1/2 EL Reiswein, Salz, der angerührten Maisstärke und 2 EL Wasser zu einer Marinade verrühren.

Den Wok und dann das Öl darin erhitzen. Fischstücke vorsichtig ins heiße Öl geben und etwa 2 Minuten frittieren. Dann abtropfen lassen und warm halten.

Das Öl bis auf einen dünnen Film ausgießen. Lauch, Ingwer und Knoblauch darin unter Rühren 1/2 Minute anbraten. Tomatenketchup dazugeben und kurz mitbraten. Die Marinade dazugießen und alles noch einmal 1/2 Minute braten. Die Sauce über den Fisch gießen und servieren.

Tipp!

Dieses Gericht können Sie noch mit etwas Gemüse anreichern. Lassen Sie im Wok Lauch, Ingwer und Knoblauch, eine Paprikaschote in Streifen oder etwas Staudensellerie mitbraten.

Mandel-Kabeljau

Gelingt leicht

Für 4 Personen
4 Kabeljaukoteletts
(je etwa 200 g) · Salz
1 Möhre
1 walnussgroßes Stück Ingwer
4 Knoblauchzehen
3 EL gehackte Mandeln
1 Zitrone · 3 EL Öl
2 EL Sojasauce
6 EL Fischfond (aus dem Glas)
3 Stängel glatte Petersilie

Pro Portion: 330 kcal
Zubereitungszeit: 1 Stunde

Fischkoteletts waschen und mit Küchenpapier trocknen. Salzen und auf einen großen hitzefesten Teller legen.

Möhre und Ingwer schälen. Zuerst in feine Scheiben, dann in dünne Stifte schneiden. Knoblauch schälen und in feine Scheiben teilen.

Den Wok stark erhitzen. Die Mandeln darin unter Rühren ohne Fett goldbraun rösten. Herausnehmen und abkühlen lassen. Die Zitrone auspressen.

Das Öl in dem Wok erhitzen. Möhre, Ingwer und Knoblauch langsam 1 Minute braten. Die Mandeln untermischen. Sojasauce und Zitronensaft einrühren. Die Mischung über die Fischsteaks verteilen.

Den Fond mit Wasser auf 375 ml auffüllen und im Wok aufkochen. Den Teller mit dem Fisch auf einem Dämpfeinsatz in den Wok stellen und zugedeckt bei mittlerer Hitze 10–12 Minuten dämpfen.

Petersilie waschen, die Blättchen abzupfen. Vom Dämpfsud 6 EL abnehmen und über den fertigen Fisch gießen. Mit der Petersilie garnieren und sofort mit Reis servieren.

Dorschfilet mit Ingwersauce

Schnell

Für 4 Personen
600 g Dorschfilet
5 EL Weißwein · Salz
2 Frühlingszwiebeln
etwa 4 cm frischer Ingwer
1 Knoblauchzehe
200 ml Erdnuss- oder Sojaöl
2 Eier · 4 EL Mehl
1 EL geschälte Sesamsamen
200 ml Hühnerbrühe
2 EL Sojasauce
2 TL Speisestärke · Zucker
2 TL eingelegter grüner Pfeffer

Pro Portion: 630 kcal
Zubereitungszeit: 30 Minuten

Fisch kurz abspülen, trocknen, in etwa 5 cm große Stücke schneiden, mit etwas Wein beträufeln und salzen.

Frühlingszwiebeln waschen, putzen und schräg in dünne Ringe schneiden. Ingwer und die Knoblauchzehe schälen und beides sehr fein würfeln.

Den Wok und dann das Öl bis auf 2 EL darin rauchheiß werden lassen. Die Eier verquirlen. Die Fischstücke portionsweise zuerst in verquirltem Ei wenden, dann dünn mit dem Mehl bestäuben. Im heißen Öl knusprig braun braten, vorsichtig wenden. Den fertigen Fisch auf einer dicken Lage Küchenpapier entfetten.

Das Öl abgießen und den Wok reinigen. Das restliche Öl darin erhitzen und die Sesamsamen kurz anrösten. Zwiebeln, Ingwer und den Knoblauch dazufügen und etwa 10 Sekunden braten.

Restlichen Wein, Hühnerbrühe und die Sojasauce angießen und aufkochen. Die Stärke in etwas kaltem Wasser anrühren und die Sauce damit binden. Mit Salz, einer kräftigen Prise Zucker und dem Pfeffer würzen. Die Fischstücke einlegen und unter vorsichtigem Wenden erhitzen. In der Sauce servieren.

Mandel-Kabeljau ist ein leichtes, würziges Gericht, zu dem ein kühler Rosé passt.

Schollenfilets mit Schinken

Raffiniert

Für 4 Personen
2 cm frische Ingwerwurzel
2 Frühlingszwiebeln oder Schalotten
100 g kleine Champignons
8 Schollenfilets (je etwa 75 g), eventuell tiefgefroren und aufgetaut
2 TL Himbeer- oder Sherryessig
Salz · weißer Pfeffer
4 dünne Scheiben milder Schinken (Parmaschinken)
200 ml Fischfond (aus dem Glas)
200 ml trockener Weißwein
2 EL Crème fraîche

Pro Portion: 310 kcal
Zubereitungszeit: 25 Minuten

Die Ingwerwurzel schälen und in dünne Scheiben schneiden. Frühlingszwiebeln oder Schalotten und die Champignons putzen, die Zwiebeln in feine Ringe, die Pilze in dünne Scheiben schneiden.

Fischfilets mit Küchenpapier abtupfen und mit dem Essig auf beiden Seiten einpinseln. Ganz leicht salzen und pfeffern. Die Hälfte der Schollenfilets mit je 1 Schinkenscheibe und einigen Pilzscheiben belegen, die anderen Schollenfilets darauf legen.

Den Ingwer und die Frühlingszwiebeln in den Wok geben. Den Dämpfeinsatz hineinstellen. Den Fischfond und den Wein vermischen und nur soviel in den Wok gießen, dass die Flüssigkeit etwa 1 cm unter dem Dämpfeinsatz steht. Den Sud aufkochen.

Die Fischfilets auf den Rost legen und im geschlossenen Wok etwa 10 Minuten dämpfen. Dann herausnehmen und warm stellen.

Den Fond durchsieben, wieder in den Wok gießen und die restliche Mischung hinzufügen. Bei starker Hitze um ein Drittel einkochen lassen. Mit der Crème fraîche verfeinern und mit Salz und Pfeffer abschmecken. Als Sauce zu den Fischfilets reichen.

Tipps!

Auf diese Art können Sie alle dünnen Fischfilets im Dampf garen. Besonders hübsch: das Gericht mit halbierten Kirschtomaten garnieren. Dazu schmeckt mit Erbsen vermischter Reis.

Seeteufel mit Zuckererbsen

Braucht etwas Zeit

Für 4 Personen
2 1/2 cm frische Ingwerwurzel
1 Knoblauchzehe
3 EL Sojasauce
fein abgeriebene Schale und Saft von 1 großen Zitrone
1/2 TL Fünf-Gewürze-Pulver
400 g Seeteufelfilets
250 g Champignons
250 g Zuckererbsen
2 EL Öl
2 EL Sesamöl
Petersilie zum Garnieren

Pro Portion: 238 kcal
Zubereitungszeit: 50 Minuten

Für die Marinade Ingwer und Knoblauch schälen, Ingwer fein hacken, Knoblauch durch die Presse drücken. Ingwer, Knoblauch, Sojasauce, Zitronenschale und Zitronensaft sowie Fünf-Gewürze-Pulver in einer Schüssel mischen. Den Fisch in Stücke schneiden und darin wenden. Zugedeckt etwa 30 Minuten marinieren, dabei ab und zu umrühren.

Die Pilze mit einem Tuch abreiben und in Scheiben schneiden. Die Zuckerschoten waschen und putzen. Den Wok und dann darin je 1 EL Öl und Sesamöl auf mittlerer Stufe erhitzen. Pilze und Zuckerschoten 3–4 Minuten im Öl anbraten, bis aus den Pilzen Saft austritt. Herausheben und beiseite stellen.

Restliches Öl dazugeben und erhitzen. Fischstücke aus der Marinade heben, in den Wok geben. Etwa 5 Minuten braten. Dann Pilze, Zuckererbsen und Pilzflüssigkeit wieder in den Wok geben. Marinade darüber gießen, alles bei starker Hitze unter ständigem Rühren erhitzen. Mit Petersilie garnieren. Sofort servieren.

Aal mit Sellerie

Raffiniert

Für 2 Personen
200 g frisches Aalfleisch, gehäutet
Salz
1 Eiweiß
10 g Maisstärke
+ 1 TL Maisstärke, in 1 EL Wasser angerührt
100 g Stangensellerie
20 g Ingwerwurzel
1 EL Reiswein
Pfeffer
1 EL Pflanzenöl

Pro Portion: 430 kcal
Zubereitungszeit: 30 Minuten

Das Aalfleisch waschen und in 5 cm lange, feine Streifen schneiden. In eine Schüssel geben und mit Salz würzen.

Das Eiweiß mit 10 g Maisstärke verquirlen und unter das Aalfleisch mischen.

Den Sellerie waschen, von den harten Fasern befreien und in 4 cm lange, feine Streifen schneiden. Den Ingwer schälen und in etwa 2 cm lange, sehr feine Streifen schneiden. Den Reiswein mit Salz, Pfeffer und der angerührten Maisstärke mischen.

Den Wok und dann das Öl darin erhitzen. Den Sellerie hineingeben und unter Rühren etwa 1/2 Minute braten. Den Ingwer hinzufügen und ebenfalls 1/2 Minute braten. Das Aalfleisch dazugeben, die Reisweinmarinade angießen und alles noch einmal etwa 1 Minute braten. Den Aal in Teller füllen und mit gekochtem Reis servieren.

Tipp!

Das Öl darf beim Braten der Aalstreifen nicht zu heiß sein, sonst wird das Fischfleisch hart und zäh.

Scharf gewürzte Forelle

Schnell

Für 4 Personen
300 g Forellenfilets · Salz
2 EL Reiswein
1 1/2 TL Maisstärke (Speisestärke)
1 kleine grüne Paprikaschote
25 g Ingwerwurzel
1 EL Sojasauce
1 EL Pflanzenöl
25 g scharfe Bohnenpaste

Pro Portion: 110 kcal
Zubereitungszeit: 30 Minuten

Forellenfilets in etwa 4 cm lange, dünne Streifen schneiden und mit Salz, 1 EL Reiswein und 1/2 TL Maisstärke vermischen.

1 TL Stärke mit 1 TL Wasser anrühren. Paprikaschote waschen, putzen und in Streifen schneiden. Den Ingwer schälen und ebenfalls in Streifen schneiden. Sojasauce mit 1 EL Reiswein und der angerührten Maisstärke mischen.

Den Wok und dann das Öl darin erhitzen. Den Fisch im Öl unter Rühren 1/2 Minute braten. Bohnenpaste dazugeben. Paprikastreifen und Ingwer untermischen, alles noch einmal etwa 1/2 Minute braten. Sauce untermischen und den Fisch servieren.

Aal mit Zitronen-Kräuter-Butter

Gelingt leicht

Für 4 Personen
800 g frisches Aalfleisch, gehäutet · Salz
4 EL Weinessig
1 Bund gemischte Kräuter
1 unbehandelte Zitrone
5 EL Mehl · weißer Pfeffer
50 g Butterschmalz
80 g Butter

Pro Portion: 930 kcal
Zubereitungszeit: 35 Minuten

Den Aal mit Salz abreiben, abspülen und trocknen. In 5–6 cm lange Stücke schneiden und in einer Schüssel mit dem Essig übergießen. Etwa 10 Minuten ziehen lassen.

Die Kräuter abspülen, trockenschütteln und fein hacken. Die Zitrone heiß waschen, abtrocknen und die Schale abreiben. Den Saft auspressen.

Das Mehl in einer flachen Schüssel mit wenig Salz und reichlich Pfeffer würzen. Die Aalstücke trockentupfen und in dem Mehl wenden.

Den Wok und dann das Butterschmalz darin sehr heiß werden lassen. Die Aalstücke darin portionsweise unter häufigem Wenden 6–8 Minuten braten, bis sie rundherum schön gebräunt sind. Aus dem Wok heben und auf Küchenpapier entfetten.

Das Bratfett aus dem Wok abgießen. Den Wok auswischen. Die Butter darin kurz aufschäumen lassen. Die Kräuter, Zitronenschale und den -saft einrühren. Die Aalstücke darin unter Wenden kurz erwärmen, dann mit der Butter anrichten.

Sardinen mit Kapern

Schnell

Für 4 Personen
12 küchenfertige Sardinen (je etwa 60 g)
4 EL Zitronensaft
1 Bund glatte Petersilie
4 Scheiben altbackenes Weißbrot
2 EL Olivenöl extra nativ
1 Eigelb
1 EL Kapern
4 EL frisch geriebener Parmesan
Salz · weißer Pfeffer
Mehl zum Bestäuben
60 g Butterschmalz
2 unbehandelte Zitronen

Pro Portion: 650 kcal
Zubereitungszeit: 30 Minuten

Die Sardinen an der Bauchseite aufschneiden, unter fließendem Wasser gründlich abspülen, mit Küchenpapier trocknen und mit dem Zitronensaft beträufeln.

Die Petersilie abspülen und trockenschütteln. Weißbrot entrinden. Die Petersilie und das Weißbrot mit Öl, dem Eigelb, Kapern und dem Käse im Mixer zu einer glatten Masse verarbeiten und mit Salz und Pfeffer würzen.

Die Fische aufklappen, mit der Haut nach unten auf die Arbeitsfläche legen, mit der Brotmasse bestreichen, zusammenrollen und mit Zahnstochern zustecken. Mit Mehl bestäuben.

Den Wok und dann das Butterschmalz darin erhitzen und die Fischrollen portionsweise im Fett unter Wenden 2–3 Minuten garen. Fertig gebratene Fische aus dem Fett heben und warm stellen.

Zitronen heiß abspülen, trocknen und in Scheiben schneiden. Auf eine Platte legen. Die Sardinenrollen darauf anrichten und sehr heiß servieren.

Sardinen mit Kapern sind schnell zubereitetes Fingerfood.

Forellen auf Zucchini

Gelingt leicht

Für 2 Personen
2 küchenfertige Forellen (je etwa 300 g)
Salz · schwarzer Pfeffer
1 unbehandelte Zitrone
1 walnussgroßes Stück frischer Ingwer
1 Schalotte
1 Bund glatte Petersilie
2 kleine Zucchini (etwa 250 g)
3 EL Sojasauce
3 EL trockener Sherry
2 TL Sesamöl
1 TL Zucker
Öl zum Einfetten

Pro Portion: 580 kcal
Zubereitungszeit: 1 Stunde

Die Forellen waschen, mit Küchenpapier trockentupfen und die Haut auf beiden Seiten drei- bis viermal schräg einschneiden. Die Fische innen und außen mit Salz und Pfeffer würzen.

Die Zitrone heiß waschen und abtrocknen. Die Schale abreiben, die Zitrone auspressen. Den Ingwer und die Schalotte schälen und in ganz kleine Würfel schneiden.

Die Petersilie waschen. Einige Blättchen zum Garnieren beiseite legen, die übrigen Blättchen fein hacken. Zitronenschale, Ingwer, Schalotte und Petersilie mischen. Die Hälfte der Mischung in die Bauchhöhlen der Fische verteilen.

Die Zucchini waschen, putzen und in dünne Scheiben schneiden. Einen hitzefesten Teller (etwa 26 cm Durchmesser) oder eine Platte mit Öl einpinseln und die Zucchinischeiben dachziegelartig darauf auslegen, salzen und mit 1 EL Zitronensaft beträufeln.

Sojasauce, Sherry, 2 EL Zitronensaft, Sesamöl, Zucker, Salz und Pfeffer gut verquirlen. Etwas von dieser Marinade in den Bauch der Forellen träufeln. Die Forellen auf die Zucchini legen und mit der übrigen Gewürzmischung bestreuen. Die restliche Marinade darüber verteilen.

In einem Wok 375 ml Salzwasser aufkochen lassen. Die Platte auf einem Siebeinsatz oder gekreuzten Essstäbchen in den Wok stellen. Alles zugedeckt bei mittlerer Hitze 20 Minuten dämpfen.

Tipp!

Eine Reis-Wildreis-Mischung und ein trockener Riesling passen gut dazu.

Forellen in Ingwersauce

Aus Thailand

Für 4 Personen
4 Forellen (je etwa 250 g)
1 EL Pflanzenöl
Salz
3 EL Weizenmehl
1 daumendickes Stück Ingwerwurzel
2 Frühlingszwiebeln
1 frische rote Chilischote
3 EL Weinessig
3 EL Zucker
1 TL Fischsauce
1 Prise Glutamat
Öl zum Braten
1 TL Speisestärke

Pro Portion: 245 kcal
Zubereitungszeit: 40 Minuten

Die Forellen eventuell beim Einkauf vom Fischverkäufer ausnehmen lassen. Die Forellen waschen, auf Küchenpapier abtropfen lassen und abtrocknen. Mit dem Öl und Salz einreiben; dann in dem Weizenmehl wälzen.

Den Ingwer schälen und in dünne Scheiben schneiden, im Mörser zerquetschen. Die Frühlingszwiebeln waschen, putzen und klein hacken. Die Chilischote waschen, aufschlitzen und entkernen, die Schote klein hacken.

Den Essig mit Zucker, Salz, Fischsauce, dem Glutamat und dem zerquetschten Ingwer mischen. Die Sauce beiseite stellen.

Den Wok erhitzen und so viel Öl hineingeben, dass es den Boden 2 cm hoch bedeckt. Das Öl erhitzen, bis fast leichter Rauch entsteht. Die Fische portionsweise hineingeben und auf beiden Seiten goldgelb und knusprig braten. Gebratene Fische auf eine Platte geben und im Backofen bei 50° warm halten.

Das Öl bis auf 1 EL aus dem Wok ausgießen. Das verbliebene Öl wieder erhitzen, die Zwiebeln und die Chilischote darin unter Rühren anrösten, dann die Ingwersauce hineingeben und alles 4 Minuten schmoren lassen. Die Speisestärke mit etwas kaltem Wasser anrühren und zur Sauce gießen. Aufkochen, bis sie bindet. Die Sauce über die Fische gießen, servieren.

Tipp!

In Thailand reicht man dazu gerne eingelegten Ingwer (gibt es im Asienladen) und Gurkensalat.

Karpfen mit Kräutern

Für Gäste

Für 4 Personen
1 Karpfen (1000-1500 g), küchenfertig
1 EL Essig · Salz
1/2 TL Zucker · Pfeffer
2 Frühlingszwiebeln
2 Stängel Zitronengras
1 daumendickes Stück Ingwer
2 cm frische Galgantwurzel (nach Belieben)
2 Knoblauchzehen
1 rote Chilischote oder 1/2 TL Sambal oelek
3 frische Zitronenblätter
5 EL Pflanzenöl
1/2 Bund Koriandergrün

Pro Portion: 253 kcal
Zubereitungszeit: 40 Minuten

Den Karpfen mit Essigwasser und Salz säubern, trocknen. Auf beiden Seiten das Fleisch mit dem Messer kreuz und quer leicht einschneiden. Mit Salz, Zucker und Pfeffer innen und außen einreiben; dann 10 Minuten ruhen lassen.

Frühlingszwiebeln waschen, putzen und in kleine Stücke schneiden. Zitronengras waschen, den unteren weißen Teil klein schneiden. Ingwer, Galgant und Knoblauchzehen schälen und klein hacken. Die Chilischote waschen, Kerne entfernen und die Schote klein hacken. Zitronenblätter waschen und in dünne Streifen schneiden.

Den Wok erhitzen und das Öl darin heiß werden lassen. Den Karpfen hineingeben und zunächst auf der einen Seite bei starker Hitze 3 Minuten braten; dann die Hitze kleiner stellen, den Wok zudecken und den Fisch bei mittlerer Hitze 5 Minuten garen lassen. Den Deckel dann abheben, den Fisch umdrehen und bei starker Hitze auf der anderen Seite goldbraun braten.

Den gebratenen Fisch aus dem Wok nehmen, auf einen vorgewärmten Teller legen und im Backofen bei 50° warm halten.

Das Öl aus dem Wok bis auf 2 EL abgießen. Die Hitze erhöhen. Frühlingszwiebeln, Knoblauch, Zitronengras, Galgant und Ingwer im heißen Öl goldbraun braten. Den Wok vom Herd nehmen.

Die Kräuter auf beiden Seiten des Fisches gut verteilen, die gehackte Chilischote und die Zitronenblätter darüber streuen. Die Korianderblätter waschen, trocknen und den Fisch damit verzieren. Heiß mit Reis und Tomatensalat servieren.

Geflügel

Hühner, Gänse und Enten sind in Asien sehr geschätzt und werden auf tausenderlei Arten zubereitet.

Je nach Fleischsorte wird im Wok rasch pfannengerührt oder gedämpft, ausgebacken oder in Sauce geschmort.

Freiland statt Gummiadler – die Qualität ist wichtig, denn bei Geflügelgerichten kommt es auf den Geschmack besonders an.

Schon die ersten Begegnungen mit den Küchen machen deutlich: Geflügel gehört zu den beliebtesten Gerichten. Vor allem Hähnchen kommen oft in den Wok, was auch leicht erklärbar ist. Ein Huhn liefert gerade die richtige Menge Fleisch für eine Familie – so es denn auf asiatische Art zerkleinert und mit viel Gemüse gebraten wird.

Mistkratzer

Vom lauten Krähen der Hähne am frühen Morgen wird sich in Asien keiner gestört fühlen, es gehört zum Alltag. Auf jedem kleinen Bauernhof, ja sogar auf manchem Balkon gackern Hühner herum, bei jeder Reise hat eine chinesische Familie einen Korb mit lebenden Hühnern dabei, als Mitbringsel oder Proviant.

Auf jedem Markt findet man Geflügel, meist noch lebend, denn nur so kann man sicher sein, frisches Fleisch zu bekommen. Außerdem ergeben sich beim Schlachten und Ausnehmen noch viele Leckerbissen. Leber, Nieren und Mägen, Herz, Hals, Füße und Hirn – alles wird verwendet. Mägen und Herzen sind beliebte Suppeneinlagen. Richtig gegart sind sie weich mit herzhaftem Biss, was Chinesen gerne mögen.

Außerdem wird das gelbe Hühnerfett als Bratfett sehr geschätzt. Es verleiht den Gerichten, die damit zubereitet werden, einen charakteristischen Geschmack.

Leider wird bei uns gerade beim Geflügel an der falschen Stelle gespart. Für die folgenden Gerichte sollten Sie kein tiefgekühltes Geflügel verwenden. Es hat zu wässriges Fleisch und kaum Geschmack. Frischgeflügel ist schon besser, vorzugsweise sollten Sie aber nach fleischigen Hähnchen aus bäuerlicher Aufzucht schauen. Geflügel, das freien Auslauf hatte, kostet zwar mehr als eines aus der Massenhaltung, aber das Fleisch schmeckt viel aromatischer und bleibt beim Garen saftig.

Das gilt für alle Geflügelarten wie Enten, Gänse, Puten und Tauben. Der kritische Einkauf entscheidet letztlich auch darüber, ob sich der Aufwand einer sorgfältigen Zubereitung überhaupt lohnt.

Enten gelten in Asien als festliche Spezialität, weil sie so groß sind, dass sie auch für viele Gäste reichen. Bei uns kaufen Sie besser ausgelöste Entenbrust von einer Flugente oder einer Barberie-Ente,einer Kreuzung von Haus- und Wildente mit aromatischem, festem Fleisch.

Hähnchen, besser noch eine Poularde (Fleischhähnchen, Poulet) zwischen 1,5 und 1,8 Kilo Gewicht kaufen Sie am besten ganz. Bei fertig zerteilten Stücken (Brust, Keulen) zahlen Sie nur drauf, denn sie sind wesentlich teurer als ein ganzes Huhn, das außerdem nach dem Zerteilen genügend Knochen und Abschnitte für Hühnerbrühe liefert, die für asiatische Gerichte am besten selbst gekocht sein sollte.

Alte Hühner

In Asien werden selten so junge Tiere zubereitet wie bei uns, meist nimmt man ältere, die fleischiger sind und einen intensiveren Geschmack haben. Bei uns finden Sie solche unter der Bezeichnung »Suppenhuhn«. Das sind Hühner oder Hähne, die über

Ganze Hähnchen vorm Zerteilen waschen und mit Küchenpapier trocknen.

ein Jahr alt sind und das kräftigste Aroma haben. Ihr Fleisch ist zwar fester und muss länger gegart werden, aber wenn zum Beispiel die ausgelöste Brust (siehe Bild rechts) in Streifen geschnitten und mariniert wird, eignet sie sich genau so gut zum Pfannenrühren. Auch das Fleisch der Schenkel kann nach dem Enthäuten in Würfel oder Streifen geschnitten und im Wok gebraten werden.

Zum groben Zerteilen ist die Geflügelschere am besten geeignet, dann kommt ein großes Messer oder ein chinesisches Küchenbeil zur Anwendung. Nach dem Zerteilen sollten Sie die Innenseite der Bauchhöhle inspizieren. Manchmal sind die Innereien nicht vollständig entfernt oder neben dem Rückgrat sind noch Reste der Lunge verblieben. Dies alles sollte sorgfältig abgetrennt werden, denn es verdirbt hinterher den Geschmack der Brühe.

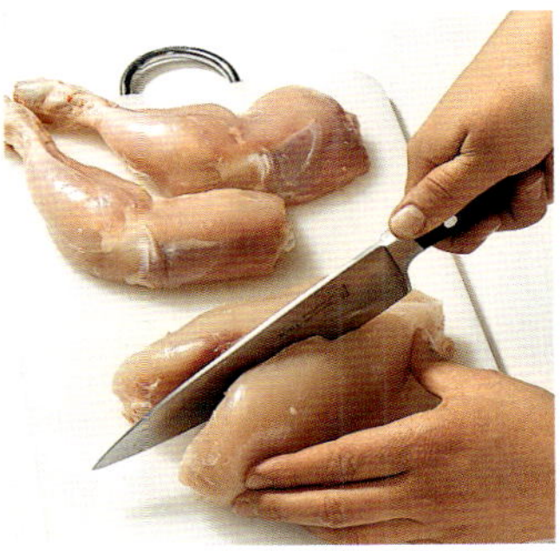

Nach dem Enthäuten wird die Hähnchenbrust halbiert und das Fleisch abgelöst.

Hühnerbrühe

Dafür Hühnerknochen und alle Abschnitte vom Zerteilen in einen Topf geben, mit Wasser bedecken und aufkochen. Den Schaum abschöpfen, dann zerkleinertes Suppengemüse und etwa 3 cm in Scheiben geschnittene Ingwerwurzel dazugeben. Salzen und das Ganze 2 bis 3 Stunden zugedeckt leise köcheln lassen. Die Brühe durch ein feines Sieb gießen, im Kühlschrank aufheben oder portionsweise tiefgefrieren.

Waschen, trocknen

Jedes Geflügel vor der Verarbeitung innen und außen gründlich waschen und mit Küchenpapier trocknen, danach die Arbeitsfläche und alle verwendeten Geräte mit heißem Wasser säubern, damit sich keine Salmonellen vermehren können. Wenn Sie das Fleisch mit Haut braten wollen, muss das Geflügel sauber nachgerupft werden, die kleinen Federreste lassen sich leicht mit den Fingerspitzen oder einer Pinzette auszupfen.

Ausgelöste Hähnchenfilets können in Streifen geschnitten oder gehackt werden.

Garmethoden

Beim Geflügel gibt es keine Garmethode, die nicht dafür geeignet wäre. Das fängt mit dem Garen im Dampf an (siehe Seite 174), für das besonders zartes Hähnchenfilet verwendet werden sollte. Hähnchenbrust kann auch fein gehackt und zu Klößchen verarbeitet werden, in Scheiben oder Streifen eignet es sich zum Pfannenrühren bei starker Hitze. Wenn Geflügelfleisch in streichholzfeine Streifen geschnitten wird, kombiniert man es in Asien gerne mit Nudeln, die ja die gleiche Form haben. Festeres Fleisch wie das der Schenkel, von älteren Tieren oder Entenfleisch wird in würziger Sauce länger geschmort – in China heißt das »Rotschmoren« (siehe Seite 194).

Gedämpftes Huhn

Gelingt leicht

Für 4 Personen
1 daumengroßes Stück Ingwer
2 Knoblauchzehen
Salz · Pfeffer
400 g Hähnchenbrustfilet
4 TL Reiswein
1 Frühlingszwiebel
1 rote Paprikaschote
100 g Zuckerschoten
200 g Brokkoli
50 g Bambussprossen (aus der Dose)
100 g Strohpilze (aus der Dose)
2 EL neutrales Pflanzenöl
3 EL helle Sojasauce
2 TL Speisestärke

Pro Portion: 220 kcal
Zubereitungszeit: 1 Stunde

Ingwer und Knoblauch schälen und fein hacken, mit etwas Salz und Pfeffer vermischen. Die Hähnchenfilets in dünne Scheiben schneiden, damit einreiben. In eine tiefe, hitzebeständige Schüssel schichten. Mit 1 TL Reiswein beträufeln, etwa 20 Minuten im Wok dämpfen.

Alles Gemüse putzen und waschen. Frühlingszwiebel und Paprikaschote klein schneiden, die Zuckerschoten entfädeln, Brokkoli in kleine Röschen zerteilen. Die Bambussprossen und die Strohpilze klein schneiden.

Den Wok und dann das Öl darin erhitzen. Zwiebel im Öl glasig dünsten. Alles Gemüse hineingeben, unter Rühren etwa 2 Minuten braten. Etwas Wasser angießen. Mit Salz, Sojasauce und übrigem Reiswein würzen, etwa 3 Minuten garen. Die Speisestärke mit etwas Wasser glatt rühren, die Sauce im Wok damit binden. Das Hühnerfleisch anrichten, das Gemüse darauf verteilen.

Gebratenes Huhn

Für Gäste

Für 4 Personen
5 getrocknete chinesische Morcheln (Mu-Err)
500 g Hähnchenbrustfilets
Salz
2 TL helle Sojasauce
2 EL Reiswein
3 Frühlingszwiebeln
1 daumengroßes Stück Ingwer
1 rote Chilischote
10 Strohpilze (aus der Dose)
1 rote Paprikaschote
150 g tiefgefrorene Erbsen
1 Eiweiß
3 EL Speisestärke
1/2 l neutrales Pflanzenöl
50 g ungesalzene Cashewkerne
Pfeffer
2 TL Austernsauce

Pro Portion: 410 kcal
Zubereitungszeit: 1 Stunde

Morcheln in warmem Wasser einweichen. Hähnchenfleisch klein würfeln, mit Salz, Sojasauce und Reiswein etwa 15 Minuten marinieren.

Frühlingszwiebeln waschen und in kleine Stücke schneiden. Ingwer schälen, Chilischote waschen und putzen, beides sehr fein hacken. Strohpilze halbieren. Paprikaschote waschen und klein würfeln. Erbsen kurz blanchieren, abtropfen lassen. Morcheln abtropfen lassen, holzige Stellen entfernen, die Hüte in Stücke schneiden.

Eiweiß leicht aufschlagen. Die Fleischstücke unterrühren, in der Stärke wenden. Das Öl im Wok erhitzen. Fleischstücke darin etwa 3 Minuten frittieren. Auf Küchenpapier abtropfen lassen.

Bis auf 2 EL das Öl aus dem Wok abgießen. Wok wieder erhitzen, Zwiebeln und Ingwer etwa 2 Minuten pfannenrühren. Vorbereitete Gemüse und Cashewkerne dazugeben, 2 Minuten braten. Mit Salz, Pfeffer und Austernsauce würzen. Das Fleisch noch kurz unter Rühren mitbraten.

Im Bild vorne: Gedämpftes Huhn.
Im Bild hinten: Gebratenes Huhn.

Hähnchenbrust mit Shiitakepilzen

Etwas teurer

Für 4 Personen
600 g Hähnchenbrustfilets
400 g frische Shiitakepilze
etwa 3 cm frischer Ingwer
3 Schalotten
1 Knoblauchzehe
100 ml Geflügelfond (aus dem Glas) oder Hühnerbrühe
3 EL Sake (Reiswein) oder trockener Sherry (Fino)
3 EL helle Sojasauce
1/2 Bund Schnittlauch
2 TL Speisestärke
1 1/2 TL flüssiger Honig
Salz

Pro Portion: 290 kcal
Zubereitungszeit: 45 Minuten

Die Hähnchenbrustfilets in mundgerechte Stücke schneiden. Die Shiitakepilze mit Küchenpapier trocken abreiben, die Stiele an den Enden etwas abschneiden. Die Pilze in dünne Scheiben schneiden.

Den Ingwer schälen und in feine Scheiben schneiden. Die Schalotten und den Knoblauch ebenfalls schälen. Die Schalotten vierteln, den Knoblauch halbieren.

Einen Dämpfeinsatz oder einen Rost in den Wok stellen und bis zu dessen Unterkante kochend heißes Wasser einfüllen. Eine weite, hitzefeste Schüssel auf den Dämpfeinsatz oder den Rost stellen.

Das Hühnerfleisch mit den Pilzen und dem Geflügelfond oder Brühe in die Schüssel geben und mit je 2 EL Reiswein oder Sherry und der Sojasauce beträufeln. Mit den Ingwerscheiben, den Schalotten und dem Knoblauch belegen und den Wok mit dem Deckel verschließen.

Das Gericht 15–20 Minuten dämpfen, bis ein zarter Duft aufsteigt. Inzwischen den Schnittlauch abspülen, trockentupfen und in etwa 1 cm lange Stücke schneiden.

Die Ingwer-, die Schalotten- und die Knoblauchstücke entfernen. Das Fleisch und die Pilze aus der Schüssel nehmen und den Sud durch ein feines Sieb gießen. Aus dem Wok das Wasser abgießen.

Den Sud wieder in den Wok gießen und aufkochen lassen. Den restlichen Reiswein mit der noch übrigen Sojasauce vermischen und die Speisestärke darin auflösen. In den Sud einrühren und alles noch einmal aufkochen lassen.

Erst wenn die Sauce gebunden ist, 1 TL Honig darin auflösen. Die Sauce eventuell mit etwas Salz und nach Belieben mit dem übrigen Honig nachwürzen. Fleisch und Pilze wieder in den Wok geben. Unter Rühren erwärmen und dabei ganz mit der Sauce überziehen. Sofort mit Schnittlauch bestreut servieren. Dazu passt am besten Reis.

Hähnchenbrust mit Brokkoli

Preiswert

Für 4 Personen
400 g Hähnchenbrustfilets
2 TL Speisestärke
4 EL Sojasauce
6 EL Öl
300 g Brokkoli
200 g kleine Egerlinge (braune Champignons)
4 Frühlingszwiebeln
150 ml Geflügelfond (aus dem Glas)
2 EL trockener Sherry
1 EL Zitronensaft
100 g ungesalzene Cashewkerne
Salz · schwarzer Pfeffer

Pro Portion: 500 kcal
Zubereitungszeit: 45 Minuten

Die Hähnchenbrust in 1/2 cm dünne Scheiben schneiden. 1 TL Speisestärke mit 2 EL Sojasauce und 1 EL Öl verquirlen. Die Fleischscheiben damit vermengen und 30 Minuten ziehen lassen.

Inzwischen den Brokkoli waschen und putzen. Die Röschen in kleine Stücke zerteilen, Stiele schälen und schräg in 1/2 cm dünne Scheiben schneiden. Die Pilze putzen und halbieren. Frühlingszwiebeln waschen, putzen und schräg in 1/2 cm dünne Scheiben schneiden.

Geflügelfond, Sherry, übrige Sojasauce und Zitronensaft mit der restlichen Speisestärke glatt verrühren.

Den Wok und dann 2 EL Öl darin erhitzen und die Nüsse 1 Minute unter Rühren hellbraun braten, herausheben. Das Fleisch portionsweise im heißen Öl 4 Minuten pfannenrühren, bis es goldbraun ist, dann herausnehmen.

Das übrige Öl im Wok erhitzen. Darin erst die Brokkolistiele 2 Minuten unter Rühren braten, dann die Röschen 2 Minuten mitbraten. Pilze und Frühlingszwiebeln dazugeben, alles noch 4 Minuten pfannenrühren.

Die Würzsauce angießen und aufkochen lassen. Das Fleisch und die Cashewkerne hinzufügen. Alles bei starker Hitze 1 weitere Minute unter ständigem Rühren vermischen, bis die Sauce angedickt ist. Mit Salz und Pfeffer abschmecken, gleich servieren.

Hühnerfleisch mit Bambussprossen

Gelingt leicht

Für 4 Personen
400 g Hähnchenbrustfilets
1 Dose Bambussprossen (etwa 540 g)
1/2 rote Paprikaschote
20 Blätter thailändisches Basilikum
1 Dose Kokosmilch (400 ml)
2 EL grüne Currypaste (Gäng Kiau Wan, aus dem Asienladen)
4 EL Fischsauce
3 EL Zucker

Pro Portion: 190 kcal
Zubereitungszeit: 30 Minuten

Die Hähnchenbrustfilets in dünne Scheiben schneiden. Die Bambussprossen abtropfen lassen und in feine Streifen stifteln. Die Paprikaschote waschen, vom Stielansatz, den Kernen und den weißen Rippen befreien, halbieren und in feine Streifen schneiden. Das Basilikum waschen und trockenschütteln, die Blätter abzupfen.

Von dem dicken Teil der Kokosmilch 5 EL abnehmen und in einem Wok zum Kochen bringen. Die Currypaste einrühren und etwa 1 Minute bei schwacher Hitze kochen lassen. Die Hähnchenbruststreifen, Bambussprossen, Fischsauce, Zucker, den Rest der Kokosmilch und etwas Wasser hinzugeben. Alles etwa 10 Minuten bei schwacher Hitze leicht kochen lassen, dabei öfter umrühren.

Das Gericht in eine passende Schüssel geben und mit den Paprikastreifen und den Basilikumblättchen garnieren.

Tipps!

Die Currypasten werden in Thailand zwar selbst frisch hergestellt, bei uns sind die Zutaten aber schwierig zu bekommen, deshalb nehmen Sie am besten eine fertige grüne Currypaste (auf Thailändisch »Gäng Kiau Wan«), die es in asiatischen Lebensmittelgeschäften gibt. Sie hält sich im Kühlschrank auch angebrochen lange frisch. Das thailändische Basilikum schmeckt anders als das bei uns gebräuchliche, viel intensiver und nach Anis. Fragen Sie im Asiengeschäft nach »Bai Horapah«. Daneben gibt es noch andere thailändische Sorten mit behaarten oder mit roten Blättern (»heiliges Basilikum«).

Hähnchenbrust süßsauer

Braucht etwas Zeit

Für 4 Personen
300 g Hähnchenbrustfilets
2 EL helle Sojasauce
weißer Pfeffer
2 mittelgroße Tomaten
2 mittelgroße Zwiebeln
1/2 Salatgurke
1 rote Paprikaschote
1 kleine Dose Ananasstücke (etwa 300 g)
3 Knoblauchzehen
1/2 l geschmacksneutrales Pflanzenöl
100 g Tempuramehl (siehe Tipp)
1 EL Speisestärke
5 EL Tomatenketchup
3 EL Fischsauce
3 EL Weißwein- oder Reisessig
4 EL Zucker

Pro Portion: 620 kcal
Zubereitungszeit: 1 Stunde

Das Hähnchenfleisch waschen, trockentupfen und in etwa 2 cm große Würfel schneiden. Mit der Sojasauce und Pfeffer mischen und etwa 30 Minuten marinieren.

Inzwischen die Tomaten waschen, vom Stielansatz befreien und vierteln. Die Zwiebeln und die Gurke schälen und in grobe Würfel schneiden. Die Paprikaschote waschen, putzen, von den weißen Rippen und den Kernen befreien. Dann ebenfalls in grobe Würfel schneiden. Die Ananasstücke abtropfen lassen, den Saft dabei auffangen. Vom Saft 125 ml abmessen. Den Knoblauch schälen und fein hacken.

Das Öl in einem Wok erhitzen. Das Tempuramehl mit knapp 250 ml Wasser klumpenfrei zu einem zähflüssigen Teig anrühren. Falls der Teig zu dick ist, noch etwas mehr Wasser untermischen.

Die marinierten Hähnchenstückchen in diesem Teig wenden, portionsweise ins heiße Öl geben und goldbraun ausbacken. Mit einem Sieblöffel herausnehmen und auf eine dick mit Küchenpapier ausgelegte Platte legen. Die gebackenen Stückchen im Backofen warm halten.

Wenn alle Fleischstücke frittiert sind, das Öl aus dem Wok bis auf 3 EL abgießen. Die Speisestärke in einer Tasse mit etwas Wasser glatt rühren. Das Öl im Wok wieder erhitzen. Den Knoblauch darin goldgelb braten. Zwiebeln, Gurke, die Paprika- und die Ananasstücke dazugeben und etwa 3 Minuten bei sehr starker Hitze braten.

Den Tomatenketchup und die Fischsauce hinzugeben und die Hitze reduzieren. Die Tomatenviertel und den Ananassaft dazugeben und alles einmal aufkochen lassen.

Die Gemüsesauce mit Essig und dem Zucker süßsauer abschmecken. Die Speisestärke noch einmal aufrühren und vorsichtig untermengen. Das Gericht muss jetzt noch einmal kurz aufkochen, bis die Sauce dickflüssig wird.

Den Wokinhalt in eine Schüssel geben und die warm gestellten Hühnerbruststückchen obenauf verteilen. Sofort servieren!

Tipps!

Tempuramehl für Ausbackteig gibt es im Asienladen. Ersatzweise 100 g normales Weizenmehl mit 1 Messerspitze Backpulver mischen, eventuell weniger Wasser nehmen. Das fertige Gericht nicht lange stehen lassen, sonst wird die knusprige Hülle der Hähnchenstücke weich und schmeckt nicht mehr so gut.

Zartes Geflügelfleisch in knuspriger Teighülle auf fruchtiger Sauce serviert, ist ein ideales Gästeessen, das jeder gerne mag.

Hähnchen mit Mango

Gelingt leicht

Für 4 Personen
1 Brathähnchen (etwa 1 kg)
Salz
40 g Butterschmalz
1 frische Mango
4 Frühlingszwiebeln
1 unbehandelte Zitrone
200 ml Hühnerfond (aus dem Glas) oder Hühnerbrühe
weißer Pfeffer
geriebene Muskatnuss
Paprikapulver, edelsüß
75 g Crème fraîche

Pro Portion: 570 kcal
Zubereitungszeit: 25 Minuten

Von dem Hähnchen die Keulen und Flügel abschneiden. Den Körper längs halbieren und jede Hälfte in 2 Stücke teilen. Die Hähnchenteile abspülen, trockentupfen und mit Salz einreiben.

Den Wok und dann darin gut die Hälfte vom Butterschmalz erhitzen und die Hähnchenteile darin etwa 10 Minuten rundum anbraten.

Die Mango schälen und das Fruchtfleisch würfeln. Die Frühlingszwiebeln putzen und schräg in dünne Ringe schneiden. Die Zitrone heiß waschen, abtrocknen und die Schale abreiben. Den Saft auspressen.

Die Hähnchenteile auf den Abtropfrost des Woks legen. Restliches Butterschmalz im Wok erhitzen. Mangowürfel, die Zwiebelringe und die Zitronenschale darin unter Rühren etwa 2 Minuten braten.

Die Hähnchenteile mit dem Hühnerfond und etwas Zitronensaft dazufügen und bei starker Hitze 5–10 Minuten kochen, würzen und die Crème fraîche unterrühren.

Hähnchen mit Ingwer und Honig

Schnell

Für 4 Personen
4 getrocknete, chinesische Mu-Err-Pilze
5 Lauchzwiebeln
1 Zwiebel
3 Knoblauchzehen
50 g frische Ingwerwurzel
3 Hähnchenbrustfilets
3 Hähnchenlebern
2 EL Öl
2 EL Sojasauce
1 EL Honig

Pro Portion: 292 kcal
Zubereitungszeit: 30 Minuten

Die Pilze 20 Minuten in warmem Wasser einweichen. Lauchzwiebeln waschen und putzen, in 1 cm lange Stücke schneiden. In eine Schüssel mit kaltem Wasser geben und darin liegen lassen, bis sie verarbeitet werden.

Die Zwiebel und den Knoblauch schälen, die Zwiebel würfeln. Den Ingwer schälen und fein hacken.

Das Fleisch in feine Streifen schneiden, die Lebern grob hacken. Den Wok und dann das Öl darin auf mittlerer Stufe erhitzen. Fleisch und Hähnchenlebern darin etwa 5 Minuten braten, herausnehmen und beiseite stellen.

Die Pilze abtropfen lassen und gut ausdrücken. Stiele, falls nötig, entfernen. Die Zwiebelwürfel im verbliebenen Bratöl bei schwacher Hitze glasig dünsten. Den Knoblauch dazupressen, Pilze dazugeben und alles etwa 1 Minute braten. Hähnchenstreifen und Lebern wieder in den Wok geben.

Sojasauce und Honig cremig verrühren. Über das Fleisch gießen und gut durchrühren. Den Ingwer dazugeben und 2–3 Minuten mitbraten.

Die Lauchzwiebeln aus dem Wasser nehmen, abtropfen lassen und ebenfalls untermischen, kurz erhitzen. Das Gericht auf einem Servierteller anrichten und gleich mit gekochtem Reis auftragen.

Hähnchencurry javanische Art

Braucht etwas Zeit

Für 4 Personen
1 Brathähnchen (etwa 1 kg)
3 Zwiebeln · 3 Knoblauchzehen
1 daumengroßes Stück Ingwer
3 Stängel Zitronengras
12 Kemirinüsse (ersatzweise Macadamianüsse)
3 Gewürznelken
1/2 TL Sambal oelek
1 TL gemahlener Koriander
1/2 TL geriebene Muskatnuss
Salz · 3 TL Palmzucker
6 EL Öl · 400 ml Kokosmilch
1 Stange Zimt
3 EL frisch geraspelte Kokosnuss (ersatzweise Kokosraspel)

Pro Portion: 670 kcal
Zubereitungszeit: 1 1/2 Stunden

Vom Hähnchen die Keulen und Flügel mit einer Geflügelschere abschneiden. Das Hähnchen längs halbieren. Jede Hälfte in zwei Teile schneiden. Alle Teile waschen und gründlich trockentupfen.

Zwiebeln schälen und in feine Würfel schneiden. Knoblauch schälen und zerdrücken. Ingwer schälen und fein reiben. Vom Zitronengras den dicken, unteren Teil in hauchdünne Scheiben schneiden. Die Kemirinüsse fein zerreiben. Die Nelken mit einem Mörser zerstoßen. Alles mit Sambal oelek, Koriander, Muskat, Salz, Palmzucker und 2 EL Öl verrühren.

Den Wok und dann darin das restliche Öl erhitzen. Die Hähnchenteile bei mittlerer Hitze rundum anbraten. Die Hitze reduzieren. Die Gewürzpaste zu den Hähnchenteilen geben und unter Rühren etwa 3 Minuten mitbraten. Kokosmilch und die Zimtstange dazugeben und alles bei schwacher Hitze zugedeckt etwa 30 Minuten schmoren lassen. Zimtstange entfernen. Kokosraspel unterrühren und das Curry zu Reis servieren.

Sesam-Hähnchen

Schnell

Für 4 Personen
500 g Hähnchenbrustfilets
1 1/2 TL Speisestärke
1 grüne Paprikaschote
4 EL Öl
2 1/2 EL Sojasauce
2 1/2 EL Sesammus (Tahin)
1 EL Sesamöl
1 EL Brühe oder Wasser
1 TL Chilisauce
1 EL trockener Sherry
Sesamsamen zum Bestreuen

Pro Portion: 336 kcal
Zubereitungszeit: 30 Minuten

Das Fleisch in etwa 2 1/2 cm große Würfel schneiden. Die Hähnchenbrustwürfel in eine Schüssel füllen und mit der Speisestärke bestreuen. Gut mit den Fingern einmassieren. Paprikaschote waschen, putzen und in 2 1/2 cm große Würfel schneiden.

Den Wok und dann das Öl darin erhitzen. Die Hähnchenwürfel im Öl bei starker Hitze knapp 1 Minute pfannenrühren. Aus dem Wok nehmen und beiseite stellen.

Paprikastücke im heißen Öl etwa 1 Minute bei mittlerer Hitze anbraten. 1 EL Sojasauce dazugeben, Paprikastücke aus dem Wok nehmen und beiseite stellen.

Die restliche Sojasauce, das Sesammus, Sesamöl, Brühe oder Wasser, Chilisauce und Sherry dazugeben. Alles gut mischen und etwa 1 Minute bei mittlerer Hitze kochen.

Die Hähnchenbrustfilets wieder in den Wok zur Sauce geben und unter ständigem Rühren etwa 1 Minute bei starker Hitze kochen. Die Paprikastücke dazugeben und 1/2 Minute mitgaren, das Gemüse soll noch Biss haben. Das fertige Gericht auf einer Platte anrichten, mit Sesamsamen bestreuen und sofort mit gekochtem Reis servieren.

Hähnchenkeulen mit Chinakohl

Geht schnell

Für 4 Personen
4 Hähnchenschenkel
(à etwa 200 g)
Chinagewürz · Salz
125 ml Erdnussöl
250 ml Hühnerbrühe
3 EL Sojasauce
2 TL Zucker
3 EL trockener Sherry (Fino)
4 Frühlingszwiebeln
4 junge Möhren
800 g Chinakohl
1 TL Speisestärke
1/2 TL geschroteter Koriander

Pro Portion: 390 kcal
Zubereitungszeit: 30 Minuten

Hähnchenschenkel abspülen, trockentupfen, mit Chinagewürz und Salz einreiben.

Den Wok und dann das Öl darin rauchheiß werden lassen. Die Schenkel darin unter mehrmaligem Wenden etwa 10 Minuten anbraten.

Hühnerbrühe mit Sojasauce, Zucker und Sherry mischen. Das Öl aus dem Wok abgießen und die Brühe in den Wok geben. Die Hähnchenschenkel etwa 10 Minuten darin schmoren, bis die Flüssigkeit um etwa zwei Drittel eingekocht ist. Inzwischen die Frühlingszwiebeln putzen, die Möhren schälen. Beides in feine Scheiben schneiden. Den Chinakohl ebenfalls putzen und in feine Streifen schneiden.

Die Hähnchenschenkel auf den Abtropfrost legen. Das Gemüse in die Schmorflüssigkeit geben und nur kurz darin zusammenfallen lassen.

Die Speisestärke mit etwas Wasser glatt rühren und das Gemüse damit binden. Mit Salz und Koriander abschmecken. Die Hähnchenschenkel auf das Gemüse legen und nochmal kurz erwärmen. Auf dem Gemüse anrichten.

Hähnchenbrust mit Walnüssen

Gelingt leicht

Für 4 Personen
500 g Hähnchenbrustfilets
2 TL Speisestärke · 1 Eiweiß
4 EL Sojasauce · 1/2 TL Zucker
Cayennepfeffer
4 Frühlingszwiebeln
200 g Champignons
150 g Zuckerschoten
1/2 Bund glatte Petersilie
4 EL Erdnussöl
100 g Walnusskerne
4 EL trockener Weißwein
4 EL Hühnerbrühe

Pro Portion: 450 kcal
Zubereitungszeit: 35 Minuten

Die Hähnchenbrustfilets in Streifen schneiden. Die Stärke mit dem Eiweiß, 2 EL von der Sojasauce, Zucker und reichlich Cayennepfeffer verrühren und die Fleischstücke darin etwa 15 Minuten marinieren.

Die Frühlingszwiebeln und die Champignons putzen und in dünne Scheiben schneiden. Die Zuckerschoten waschen, abtropfen lassen. Die Petersilie fein hacken.

Den Wok und dann das Öl darin erhitzen. Die Walnusskerne darin kurz anbraten, dann herausnehmen.

Das Hühnerfleisch mit der Marinade unter Rühren im Öl kurz anbraten. Das Gemüse dazufügen und unter Rühren etwa 1/2 Minute braten. Den Wein und die Brühe dazugießen und etwa 2 Minuten dünsten.

Die Walnusskerne wieder dazufügen und das Gericht mit der restlichen Sojasauce und Cayennepfeffer abschmecken. Mit der gehackten Petersilie bestreut servieren.

Schnell zubereitet und ganz besonders fein: Hähnchenbrust mit Walnüssen.

Zitronen-Hähnchen mit Zucchini

Gelingt leicht

Für 4 Personen
1 Brathähnchen (etwa 1,2 kg)
1 1/2 unbehandelte Zitronen
3 EL Sojasauce
Salz · schwarzer Pfeffer
3 cm frischer Ingwer
280 ml Hühnerbrühe
1 EL brauner Zucker
1 TL Sesamöl · 3 EL Öl
500 g kleine Zucchini
1 TL Speisestärke
Zitronenscheiben zum Garnieren

Pro Portion: 470 kcal
Zubereitungszeit: 1 1/4 Stunden

Das Hähnchen in 10 Stücke teilen, waschen und gut trocknen. Zitronen heiß waschen, trocknen und die Schale fein abreiben. 1/4 TL Zitronenschale mit 2 EL Sojasauce, Salz und Pfeffer vermischen. Hähnchenteile damit einpinseln. 30 Minuten marinieren.

Ingwer schälen und fein würfeln. Zitronen auspressen und den Saft mit 250 ml Brühe, übriger Sojasauce, Zucker, Sesamöl und der restlichen Zitronenschale verquirlen. Den Wok und darin das Öl stark erhitzen. Geflügelteile im Öl in 15–20 Minuten rundum braun braten. Zucchini waschen und schräg in 2 cm dicke Scheiben schneiden. Ingwer zum Hähnchen geben und 1 Minute mitbraten. Zucchini um die Geflügelteile legen, Zitronensaft-Mischung angießen und aufkochen lassen. Zugedeckt bei schwacher Hitze 20 Minuten schmoren.

Hähnchen und Zucchini herausheben, auf einer vorgewärmten Platte anrichten. Die übrige Brühe mit Stärke verquirlen, in die Sauce rühren, aufkochen und andicken lassen. Die Sauce über Fleisch und Gemüse verteilen. Mit Zitronenscheiben garnieren.

Geschmortes Zitronenhuhn

Gut vorzubereiten

Für 4 Personen
1 Hähnchen (etwa 1,2 kg)
4 Knoblauchzehen · Salz
2 cm frischer Ingwer
5 EL Zitronensaft
3 EL Sojasauce
1 EL Sesamöl
1/2 l Erdnussöl zum Braten
1/2 l Hühnerbrühe
1 TL Chilisauce
1 EL Tomatenmark
2 Frühlingszwiebeln

Pro Portion: 410 kcal
Zubereitungszeit: 1 1/4 Stunden

Hähnchen zerteilen, waschen und trockentupfen. Knoblauch schälen, grob hacken und mit etwas Salz zerdrücken. Den Ingwer schälen und durch die Presse zum Knoblauch geben. Mit jeweils 2 EL Zitronensaft und Sojasauce sowie Sesamöl verrühren. Hähnchenteile in der Marinade etwa 30 Minuten ziehen, dann abtropfen lassen (die Marinade dabei auffangen) und trocknen.

Den Wok und dann das Erdnussöl darin erhitzen. Hähnchenteile bei starker Hitze portionsweise rundum braun braten. Fleisch herausheben.

Öl abgießen, die Marinade, Brühe, Chilisauce, Tomatenmark, restlichen Zitronensaft und Sojasauce im Wok aufkochen. Die Poulardenteile darin bei schwacher Hitze in etwa 1 Stunde weich schmoren.

Frühlingszwiebeln putzen und schräg in feine Ringe schneiden. Die Poulardenteile auf dem Abtropfgitter warm halten, die Sauce bei starker Hitze dicklich einkochen lassen. Das Fleisch anrichten, mit Sauce überziehen und mit Frühlingszwiebeln bestreuen.

Das Zitronenhähnchen mit Zucchinini schmeckt auch Gästen ganz vorzüglich.

Hähnchenbrust mit Zitronengras

Scharf

Für 4 Personen
500 g Hähnchenbrustfilets
2 Stängel Zitronengras
2 rote Chilischoten
2 rote Paprikaschoten
1 Zwiebel
2 Knoblauchzehen
1 TL Shrimpspaste
1 EL Fischsauce
1 TL Zucker · Salz
2 frische Zitronenblätter
2 EL Pflanzenöl
Pfeffer
1 EL frisch gehacktes Koriandergrün oder Petersilie

Pro Portion: 201 kcal
Zubereitungszeit: 25 Minuten

Das Hühnerfleisch in dünne Streifen schneiden. Zitronengras waschen, den unteren Teil in feine Scheiben schneiden. Chilischoten waschen, aufschneiden, entkernen und klein schneiden. Paprikaschoten waschen, putzen und in dünne Streifen schneiden. Zwiebel schälen, halbieren und in Scheiben schneiden. Den Knoblauch schälen und klein hacken.

Jeweils die Hälfte vom Zitronengras, Chilischoten und Knoblauch mit Shrimpspaste, Fischsauce, Zucker und Salz verrühren. Hühnerfleisch darin 15 Minuten ziehen lassen. Die Zitronenblätter waschen und in sehr dünne Streifen schneiden.

Den Wok heiß werden lassen und das Öl darin erhitzen. Die Zwiebel, restliches Zitronengras, Chilischoten und Knoblauch darin kurz anbraten. Die Paprikastreifen hineingeben und 2 Minuten braten. Das Hühnerfleisch unter ständigem Rühren dazufügen. Mit 4 EL Wasser ablöschen und mit Salz und Pfeffer würzen. Alles bei starker Hitze aufkochen lassen. Mit Koriandergrün und Pfeffer bestreut servieren.

Scharf gewürztes Paprikahuhn

Für Gäste

Für 4 Personen
50 g Glasnudeln
1 Hähnchen
3 grüne Paprikaschoten
2 Peperoni
2 Knoblauchzehen
1 Zwiebel
3 EL Pflanzenöl
1 TL Sambal oelek
Saft von 1 Zitrone
3 EL süße indonesische Sojasauce
1 TL Zucker
Salz
Pfeffer
1 EL Schnittlauchröllchen

Pro Portion: 450 kcal
Zubereitungszeit: 45 Minuten

Die Glasnudeln 10 Minuten in warmem Wasser einweichen, abtropfen lassen und in kurze Stücke schneiden.

Das Hähnchenfleisch vom Knochen ablösen und in feine Streifen schneiden. Die Paprikaschoten waschen, vom Stielansatz befreien, entkernen und in Streifen schneiden. Die Peperoni waschen, entstielen, entkernen und fein hacken. Die Knoblauchzehen und die Zwiebel schälen und klein hacken.

Den Wok heiß werden lassen. Das Pflanzenöl darin erhitzen. Knoblauch und die Zwiebel darin glasig anbraten. Das Sambal oelek unterrühren. Das Hähnchenfleisch hinzugeben und in 3 Minuten goldgelb braten. Paprika und Peperoni hinzufügen. Mit em Zitronensaft, der süßen Sojasauce, Zucker, Salz und Pfeffer würzen. 1 Tasse heißes Wasser aufgießen. Das Ganze 2 Minuten kochen lassen.

Die Glasnudeln untermischen und alles bei schwacher Hitze noch 5 Minuten schmoren lassen. Das Gericht mit dem Schnittlauch und Pfeffer bestreuen und heiß servieren. Dazu passt Reis und Salat.

Kokoshuhn mit Minze

Scharf

Für 4 Personen
500 g Hähnchenbrustfilets
5 frische Perlzwiebeln
1 Bund junge Frühlingszwiebeln
3 Knoblauchzehen
200 g frische Minze
4 frische scharfe Peperoni (Chilischoten)
Pflanzenöl
1 Tasse Kokosmilch
2 TL Shrimpspaste
1 EL Fischsauce
1 EL helle chinesische Sojasauce
1 TL Zucker
Salz · Pfeffer

Pro Portion: 256 kcal
Zubereitungszeit: 30 Minuten

Das Hühnerfleisch in dünne Streifen schneiden. Perlzwiebeln waschen, schälen und in dünne Scheiben schneiden. Die Frühlingszwiebeln waschen, putzen und in kurze Stücke schneiden. Die Knoblauchzehen schälen und klein hacken. Die Minze waschen und klein hacken. Die Peperoni waschen, entstielen, entkernen und klein hacken.

Den Wok heiß werden lassen. Das Öl darin erhitzen. Die Perlzwiebeln im Öl glasig braten. Die Hähnchenbrustfilets dazufügen und 1 Minute anbraten. Knoblauch, Frühlingszwiebeln, die Minze und die Peperoni hinzufügen und alles unter Rühren anbraten.

Anschließend die Kokosmilch, Shrimpspaste, Fischsauce, die Sojasauce, Zucker, Salz und Pfeffer dazugeben und noch 5 Minuten schmoren lassen. Noch einmal abschmecken und heiß servieren.

Hähnchenbrust mit Chillies

Geht schnell

Für 4 Personen
700 g Hähnchenbrustfilets
1 EL Fischsauce
5 frische thailändische Chilischoten
3 Knoblauchzehen
20 Blätter rotes thailändisches Basilikum (Bai Grapua)
3 EL Öl
2 EL helle Sojasauce
2 EL Austernsauce
1 EL Zucker

Pro Portion: 260 kcal
Zubereitungszeit: 30 Minuten

Die Hähnchenbrustfilets erst in feine Scheiben schneiden, dann fein hacken (siehe Seite 173). Mit der Fischsauce mischen und etwa 10 Minuten marinieren lassen.

In der Zwischenzeit die Chillies waschen und entstielen. Den Knoblauch schälen und mit den Chilischoten im Mörser glatt zerstampfen. Die Basilikumblätter waschen und trockenschütteln.

Den Wok und dann das Öl darin erhitzen. Die Knoblauch-Chilipaste hinzugeben. Die gehackte Hühnerbrust hinzufügen und etwa 1 Minute bei mittlerer Hitze unter Rühren braten. Soja- und Austernsauce, den Zucker und etwas Wasser unterrühren. Das Fleisch etwa 2 Minuten garen.

Zum Schluss die Basilikumblätter dazugeben und das Gericht eventuell noch mit etwas Soja- oder Austernsauce abschmecken.

Tipp!

Das rote Basilikum, auch »heiliges Basilikum« genannt, hat rötliche bis violette Stängel, manchmal sind auch Blätter und Blüten rötlich gefärbt. Es duftet besonders würzig und hat einen leicht medizinischen Geschmack. Sie erhalten es manchmal in Thai-Läden, sonst nehmen Sie süßes Basilikum (Bai Horapa).

Poularde mit Ingwer

Gelingt leicht

Für 4 Personen
1 Poularde (gut 1,2 kg)
etwa 5 cm frische Ingwerwurzel
2 Knoblauchzehen
1 kleine grüne Chilischote
4 EL Sesam- oder Erdnussöl
2 Sternanis
10 schwarze Pfefferkörner
5 Pimentkörner
6 EL dunkle Sojasauce
3 Frühlingszwiebeln
1 kleine rote Paprikaschote
1 kleine grüne Paprikaschote
2 EL Sake (Reiswein) oder trockener Sherry (Fino)
2 TL Zucker

Pro Portion: 650 kcal
Zubereitungszeit: 1 Stunde

Die Poularde von innen und außen abspülen und mit Küchenpapier trockentupfen.

Von dem Ingwer 2 cm abschneiden, schälen und grob zerteilen. Die Knoblauchzehen schälen und halbieren. Die Chilischote längs aufschlitzen, von Kernen und Trennwänden befreien, abspülen und trockentupfen.

Den Wok und dann darin 2 EL von dem Öl erhitzen, den Sternanis, die Pfeffer- und die Pimentkörner sowie den Knoblauch darin unter Rühren 1–2 Minuten anrösten. Die Poularde, geschnittenen Ingwer und die Chilischote dazugeben. 1/2 l Wasser und 3 EL von der Sojasauce angießen.

Das Wasser aufkochen und die Poularde im geschlossenen Wok 30–40 Minuten garen, bis das Fleisch weich ist. Die Poularde zwischendurch einmal wenden.

Inzwischen die Frühlingszwiebeln putzen, die weißen Abschnitte sehr fein hacken, das Grün schräg in feine Ringe schneiden. Den restlichen Ingwer schälen und in etwa streichholzgroße Stifte schneiden.

Die Paprikaschoten vierteln. Die Stängelansätze, Samen und Trennwände entfernen. Die Schoten abspülen, gründlich abtropfen lassen und quer in feine Streifen schneiden.

Die Poularde aus dem Sud nehmen und den Sud aus dem Wok gießen. Die Poularde häuten, das Fleisch von den Knochen lösen und in mundgerechte Stücke teilen.

Den Wok und dann das restliche Öl darin erhitzen, die Frühlingszwiebeln, die Paprika- und die Ingwerstreifen im Öl unter Rühren etwa 2 Minuten anbraten, bis die Zwiebeln glasig sind. Erst dann die restliche Sojasauce, den Reiswein oder den Sherry und den Zucker unterrühren.

Die Poulardenstücke in den Wok geben und unter mehrmaligem Wenden in etwa 3 Minuten ganz mit der Sauce überziehen. Mit gekochtem Reis servieren.

Tipps!

Die würzige Kochbrühe nicht weggießen, sondern zum Aufgießen von Gerichten verwenden, für die eine würzige Hühnerbrühe benötigt wird. In China wird diese Brühe immer wieder zum Kochen von Geflügel und Fleisch verwendet, sodass sie von Mal zu Mal gehaltvoller wird.
Statt der Poularde können Sie auch eine Ente nehmen, aber vor dem Kochen in Brust und Keulen zerteilen, dann ist die Garzeit gleich wie bei der Poularde.

Erst gekocht, dann gebraten wird die Poularde, der Ingwer und andere Gewürze ein raffiniertes Aroma verleihen.

Chilihuhn nach Sichuan-Art

Scharf

Für 4 Personen
2 EL scharfe Chilisauce
1 EL Sojasauce
4 Frühlingszwiebeln
5 cm frische Ingwerwurzel
1 Knoblauchzehe
350 g Hähnchenbrustfilets
2 EL Öl

Pro Portion: 139 kcal
Zubereitungszeit: 40 Minuten

Die scharfe Chilisauce mit der Sojasauce und 4 EL Wasser in einem Schüsselchen vermischen. Beiseite stellen.

Die Frühlingszwiebeln waschen und putzen, die hellen Teile schräg in kleine Stücke, den grünen Teil in feine Ringe schneiden. Die Ingwerwurzel und den Knoblauch schälen, den Ingwer fein hacken und den Knoblauch durch die Presse drücken.

Die Hähnchenbrustfilets mit Küchenpapier trocknen und in schmale Streifen schneiden.

Den Wok und dann das Öl darin auf mittlerer Stufe erhitzen. Frühlingszwiebeln, Ingwer und Knoblauch darin etwa 1/2 Minute anbraten. Die Hähnchenbrustfilets dazugeben und bei starker Hitze 3–4 Minuten braten, bis sie schön gebräunt sind. Die Chilisaucen-Mischung in den Wok gießen und alles gut verrühren. Mit den grünen Frühlingszwiebelringen garnieren und sehr heiß servieren.

Hühnerklein pikant

Preiswert

Für 2 Personen
150 g Hühnerklein (Hühnerherzen und -lebern)
Salz
2 EL Reiswein
1 TL Maisstärke (Speisestärke)
50 g frische grüne Pfefferschoten (Chilischoten, nicht zu scharf!)
20 g Lauch
10 g frische Ingwerwurzel
2 Knoblauchzehen
1 EL Reisessig
2–3 EL Sojasauce
schwarzer Pfeffer
3 EL Pflanzenöl

Pro Portion: 270 kcal
Zubereitungszeit: 30 Minuten

Das Hühnerklein sorgfältig von allen Sehnen und von Fettstückchen befreien, waschen und in Scheiben schneiden. Mit Salz, 1 EL Reiswein und der Maisstärke vermischen, beiseite stellen.

Pfefferschoten putzen, waschen und längs aufschlitzen, von den Kernen befreien. In etwa 1 cm große, rautenförmige Stücke schneiden.

Den Lauch längs aufschlitzen, gründlich waschen und in dünne Scheiben schneiden. Ingwer und Knoblauch schälen und ebenfalls in dünne Scheiben schneiden. Den Reisessig mit Sojasauce, restlichem Reiswein, Pfeffer und Salz vermischen.

Den Wok erhitzen. 3 EL Öl angießen und heiß werden lassen. Das Hühnerklein dazugeben und unter Rühren etwa 1 Minute kräftig anbraten. Pfefferschoten, Lauch, Ingwer und Knoblauch untermischen und alles unter Rühren noch einmal etwa 1 Minute braten. Die Soja-Reiswein-Sauce dazugießen und kurz erhitzen. Dann heiß servieren.

Tipp!

Wenn Mägen bei dem Hühnerklein dabei sind, muss vorher die harte Haut abgezogen werden, sonst bleiben sie zäh.

Fünf-Gewürze-Hähnchen

Gelingt leicht

Für 4 Personen
350 g Hähnchenbrustfilets
3 EL Öl
1 Zwiebel
3 Möhren
150 g Blumenkohl
1 1/2 TL Fünf-Gewürze-Pulver
75 ml Hühnerbrühe oder Wasser
2 EL Sojasauce
250 g Wasserkastanien (aus der Dose, abgetropft und in Stücke geschnitten)
schwarzer Pfeffer

Pro Portion: 341 kcal
Zubereitungszeit: 35 Minuten

Hähnchenbrustfilets mit Küchenpapier trocknen und in dünne Streifen schneiden. Den Wok und dann 2 EL Öl darin auf mittlerer Stufe erhitzen. Das Fleisch im Öl 3–4 Minuten anbraten, bis es von allen Seiten leicht gebräunt ist. Den Wok von der Kochstelle nehmen. Fleisch mit dem Bratsaft auf einen Teller geben und beiseite stellen. Den Wok säubern.

Zwiebel und Möhren schälen und in dünne Streifen schneiden. Blumenkohl waschen und in Röschen zerteilen. Den Wok und dann das restliche Öl darin erhitzen. Das Gemüse in den Wok geben, mit Gewürzen bestreuen und 3–4 Minuten braten. Das Gemüse sollte noch bissfest sein und keine Farbe angenommen haben. Die Hühnerbrühe oder Wasser und die Sojasauce dazugießen. Unter ständigem Rühren aufkochen.

Fleisch und Bratsaft mit den Wasserkastanien in den Wok geben. Unter ständigem Rühren 1–2 Minuten erhitzen. Mit Pfeffer abschmecken und sofort servieren.

Hähnchen mit Kurkuma

Für Gäste

Für 4 Personen
50 g Macadamia-Nüsse
1 Zwiebel
1 Knoblauchzehe
3 EL Öl
8 Hähnchenkeulen
1 EL Kurkumapulver (Gelbwurz)
1 TL Zitronengraspulver
Salz · schwarzer Pfeffer
300 ml Kokosmilch
abgeriebene Schale und Saft von 1 unbehandelten Zitrone
einige Petersilienzweige zum Garnieren

Pro Portion: 442 kcal
Zubereitungszeit: 40 Minuten

Die Macadamia-Nüsse hacken. Die Zwiebel und den Knoblauch schälen, die Zwiebel fein, den Knoblauch grob hacken. Die Hälfte der Nüsse und den Knoblauch im Mörser oder im Mixer zu einer glatten Paste verarbeiten.

Den Wok und dann das Öl darin auf mittlerer Stufe erhitzen. Die Zwiebelwürfel und die Nuss-Knoblauch-Paste 2–3 Minuten darin braten, bis die Zwiebelwürfel glasig sind.

Hähnchenkeulen dazugeben, Fleisch 1–2 Minuten bei starker Hitze von allen Seiten anbraten. Kurkuma und Zitronengraspulver untermischen. Mit Salz und Pfeffer würzen. Die Kokosmilch dazugießen und unter ständigem Rühren aufkochen lassen.

Die Hitze reduzieren, Zitronenschale und -saft hinzugeben. Unter ständigem Rühren 10–15 Minuten köcheln lassen, bis das Fleisch gar und die Sauce etwas eingekocht ist. Mit Salz und Pfeffer abschmecken. Mit den restlichen gehackten Nüssen und den Petersilienzweigen garnieren. Heiß servieren.

Rotgeschmorte China-Ente

Braucht etwas Zeit

Für 6 Personen
1 Flugente (etwa 2 kg)
1 TL Chinagewürz
Salz · schwarzer Pfeffer
6 Knoblauchzehen
3 cm frischer Ingwer · 4 EL Öl
3 EL brauner Zucker
600 ml Hühnerbrühe
150 ml Sojasauce
2 EL Austernsauce · 2 Eier

Pro Portion: 770 kcal
Ruhezeit: über Nacht
Zubereitungszeit: 2 1/2 Stunden

Die Ente waschen und trocknen. Innen und außen mit Chinagewürz, 1 TL Salz und Pfeffer einreiben. Knoblauch schälen und halbieren, Ingwer schälen und in Scheiben schneiden. Die Ente damit füllen und über Nacht im Kühlschrank ruhen lassen.

Den Wok und dann das Öl darin stark erhitzen. Zucker unter Rühren bräunen. Die Ente darin in 8 Minuten rundum anbraten, zuletzt mit der Brust nach unten.

Die Brühe, Soja- und Austernsauce angießen, langsam zum Kochen bringen, die Hitze reduzieren und zugedeckt bei schwacher Hitze 1 Stunde schmoren lassen.

Die Eier in 10 Minuten hart kochen, abschrecken, pellen und in die Schmorflüssigkeit legen. Die Ente umdrehen und noch 45 Minuten bis 1 Stunde zugedeckt schmoren. Ab und zu mit dem Sud beschöpfen.

Die Ente aus dem Sud heben, in 12 Stücke teilen und anrichten. Die Eier in Scheiben schneiden und dazulegen. Sauce entfetten, durch ein Sieb gießen, extra reichen.

Poularde in Kokosmilch

Gut vorzubereiten

Für 4 Personen
1 Poularde (etwa 1,5 kg)
4 Schalotten
3 Knoblauchzehen
5 Cashewkerne
4 EL Öl
2 TL gemahlener Koriander
1 TL Cayennepfeffer
1/2 TL Kurkuma (Gelbwurz)
Salz · schwarzer Pfeffer
2 Zwiebeln
1/2 unbehandelte Zitrone
1/2 l Kokosmilch
250 ml Geflügelfond
1 Zimtstange (etwa 5 cm)
2 Messlöffel pflanzliches Bindemittel (etwa 2 g)

Pro Portion: 800 kcal
Zubereitungszeit: 2 1/2 Stunden

Poularde in 8 Stücke zerlegen, waschen und trocknen. Schalotten und Knoblauch schälen, grob zerteilen, mit Cashewkernen und 2 EL Öl im Mixer pürieren. Mit Koriander, Cayenne, Kurkuma, Salz und Pfeffer würzen. Hühnerteile damit einreiben, zugedeckt 1 Stunde kühl stellen.

Zwiebeln schälen und in feine Ringe schneiden. Von der Zitrone 3 Schalenstreifen abschneiden, Zitrone auspressen. Den Wok und dann das restliche Öl erhitzen. Zwiebeln unter Rühren in 7 Minuten braun braten, herausnehmen.

Die Hähnchenteile im Wok rundum anbräunen. Dann Kokosmilch und Fond angießen. Zitronenschale und Zimt dazugeben. Aufkochen und zugedeckt bei mittlerer Hitze 30 Minuten schmoren, dann offen 15 Minuten bei starker Hitze einkochen lassen.

Geflügelteile herausnehmen. Sauce entfetten, durch ein Sieb gießen und binden. Mit Salz, Pfeffer und 1 EL Zitronensaft abschmecken. Geflügel in der Sauce servieren, mit den Zwiebeln garnieren.

Zur Poularde in Kokosmilch passen Langkornreis und ein frischer Salat.

Scharfe Entenbrust mit Spinat

Braucht etwas Zeit

Für 4 Personen
1 großes Entenbrustfilet mit Haut (etwa 400 g)
4 EL Sojasauce
1 EL Honig
schwarzer Pfeffer
1 rote Paprikaschote
3 Frühlingszwiebeln
300 g frischer Blattspinat
150 g gestiftelte Bambussprossen (aus dem Glas)
2 rote Chilischoten
2 Knoblauchzehen
1 EL Öl
1 TL gemahlener Koriander
Salz
2 EL fein geschnittener Schnittlauch

Pro Portion: 460 kcal
Zubereitungszeit: 1 1/2 Stunden

Die Entenbrust auf der Hautseite rautenförmig einschneiden. 3 EL Sojasauce mit Honig und Pfeffer verrühren. Die Entenbrust darin wenden und 1 Stunde im Kühlschrank marinieren.

Inzwischen die Paprikaschote waschen, vierteln, putzen und in feine Streifen schneiden. Frühlingszwiebeln waschen und putzen, dann schräg in feine Scheiben teilen. Den Spinat waschen und verlesen, die Stiele entfernen. Die Bambussprossen abtropfen lassen. Die Chilischoten putzen, längs aufschneiden und entkernen. Schoten waschen und in schmale Streifen schneiden. Knoblauchzehen schälen und zerdrücken.

Den Wok und dann das Öl darin stark erhitzen. Die Entenbrust abtropfen lassen, mit Küchenpapier trocknen und in dem heißen Öl bei mittlerer Hitze von jeder Seite 5 Minuten anbraten. Dann herausheben und in Alufolie wickeln.

Das Bratfett bis auf 2 EL abgießen. Darin Chilischoten, Knoblauch, Frühlingszwiebeln, Paprika und Bambussprossen unter Rühren 1 Minute anbraten. Den Spinat dazugeben und unter ständigem Wenden in 1 Minute zusammenfallen lassen. Mit der verbliebenen Marinade, Sojasauce, Koriander und Salz würzen.

Die Entenbrust schräg in dünne Scheiben schneiden und mit dem Gemüse anrichten. Mit dem Fleischsaft begießen und das Ganze zugedeckt noch 2–3 Minuten ziehen lassen. Den Schnittlauch darüber streuen und das Gericht mit gekochtem Reis servieren.

Würzige Entenstücke mit Brokkoli

Raffiniert

Für 6 Personen
1 küchenfertige Ente (etwa 2 kg)
30 g Lauch
20 g frische Ingwerwurzel
750 g Brokkoli
4 EL Pflanzenöl
100 g süße Bohnenpaste
2 EL Reiswein
Salz · Pfeffer
etwa 1 1/2 l Hühnerbrühe

Pro Portion: 540 kcal
Zubereitungszeit: 1 1/4 Stunden

Die Ente waschen und trockentupfen. Dann mit einem Küchenbeil oder schwerem Messer in etwa 4 cm große Stücke hacken. Den Lauch waschen und in grobe Scheiben schneiden. Den Ingwer schälen und in Stücke schneiden. Den Brokkoli waschen und die Röschen abtrennen. Die Stiele schälen und in kleine Stücke schneiden. Den Brokkoli in kochendem Wasser 1–2 Minuten überbrühen. Dann kalt abschrecken und gut abtropfen lassen.

Scharfe Entenbrust mit Spinat – eine nicht alltägliche Kombination

Entenbrust mit Honigsauce

Gelingt leicht

Für 4 Personen
4 Entenbrustfilets (etwa 600 g)
3 EL flüssiger Honig
2 EL Tomatenketchup
1 TL Worcestersauce
2 EL dunkle Sojasauce
3 EL Sake (Reiswein) oder trockener Sherry (Fino)
100 g Kokosfett
125 ml milde Hühnerbrühe
1 TL Speisestärke · Salz

Pro Portion: 530 kcal
Marinierzeit: 6 Stunden
Zubereitungszeit: 25 Minuten

Die Entenbrustfilets abspülen, trocknen und in mundgerechte Würfel schneiden.

Für die Marinade den Honig in 3 EL heißem Wasser auflösen, mit Tomatenketchup, Worcestersauce, Sojasauce und Reiswein oder Sherry verrühren.

Die Entenbrustwürfel in die Marinade geben und mit Folie bedeckt 4–6 Stunden im Kühlschrank ziehen lassen.

Den Wok und dann darin das Kokosfett erhitzen. Die Fleischwürfel gut abtropfen lassen und mit Küchenpapier abtupfen. Portionsweise im heißen Fett rundherum braun braten, dabei immer wieder mit zwei Stäbchen voneinander lösen. Fertige Portionen auf dem Rost abtropfen lassen, in eine Schüssel füllen.

Das Fett aus dem Wok abgießen. Den Bratensatz mit der Hühnerbrühe ablöschen und aufkochen. Die Marinade einrühren. Die Speisestärke mit etwas Wasser glatt rühren und die Sauce damit binden. Eventuell mit Salz nachwürzen. Das Fleisch darin erhitzen, mit gekochtem Reis servieren.

Entenbrust mit Möhren und Mandeln

Gut vorzubereiten

Für 4 Personen
4 Entenbrustfilets (etwa 600 g)
schwarzer Pfeffer
1 TL geschroteter Koriander
Salz
600 g Möhren
Kokosfett zum Braten
75 g geschälte Mandeln
2 EL Butter
125 ml Hühnerbrühe
1 TL flüssiger Honig

Pro Portion: 650 kcal
Marinierzeit: 2 Stunden
Zubereitungszeit: 25 Minuten

Die Entenbrustfilets auf der Hautseite einritzen. Mit reichlich Pfeffer, dem Koriander und nur die Oberseite mit etwas Salz einreiben. Dann das Fleisch in Alufolie wickeln und etwa 2 Stunden im Kühlschrank marinieren.

Die Möhren schälen oder schaben und in etwa 5 cm lange, streichholzgroße Stifte schneiden.

Etwas Kokosfett im Wok erhitzen und die Entenbrustfilets darin von jeder Seite etwa 5 Minuten anbraten. Dann warm stellen.

Das Kokosfett aus dem Wok abgießen. Die Mandeln im Wok unter Rühren kurz anrösten, die Butter dazufügen. Die Möhren dazugeben und etwa 2 Minuten andünsten, die Hühnerbrühe aufgießen und den Honig unterrühren. Bei starker Hitze etwa 5 Minuten garen, salzen. Die Entenbrust in Scheiben schneiden und auf den Möhren anrichten.

Zur Entenbrust mit Honigsauce passt sehr gut sauer eingelegtes Gemüse (fertig aus dem Asienladen).

Gebratene Ente mit Ananas

Für Gäste

Für 4 Personen
10 getrocknete Morcheln
2 große Entenbrüste
(etwa 500 g) · Salz
3 EL Reiswein oder Sherry
3 Scheiben frische Ananas
1 Zwiebel
3 cm frische Ingwerwurzel
2 EL Pflanzenöl
einige Tropfen Würz-Sesamöl
2 EL helle Sojasauce
1 TL Zucker
2 TL Speisestärke
1 TL Schnittlauchröllchen
weißer Pfeffer

Pro Portion: 641 kcal
Zubereitungszeit: 40 Minuten

Die Morcheln im heißen Wasser 20 Minuten einweichen.

Etwa 3 cm hoch Wasser in den Wok füllen, den Dämpfeinsatz in den Wok stellen.

Die Entenbrüste mit Salz einreiben, in eine flache Schüssel geben und auf den Dämpfeinsatz im Wok stellen. 2 EL Reiswein oder Sherry ins Wasser geben. Die Entenbrüste zugedeckt bei starker Hitze 15 Minuten dämpfen.

Die Ananasscheiben schälen, vom Strunk befreien und in kleine Stücke schneiden.

Zwiebel und Ingwer schälen, die Zwiebel in Scheiben und den Ingwer in dünne Streifen schneiden.

Die Morcheln gründlich waschen, von den holzigen Stielen befreien und in kleine Stücke schneiden.

Die Entenbrüste aus dem Wok nehmen und das Wasser weggießen. Entenfleisch von den Knochen lösen und in mundgerechte Stücke schneiden. Den Wok und dann das Pflanzenöl mit dem Sesamöl darin erhitzen. Zwiebel und Ingwerstreifen im Öl glasig anbraten. Das Entenfleisch hineingeben und unter Rühren mit Sojasauce, Zucker und Salz würzen. Die Ananasstücke und die Morcheln hinzufügen und alles 2 Minuten aufkochen lassen. Noch einmal mit Salz abschmecken. Die Speisestärke mit etwas Wasser anrühren, in den Wok gießen und die Sauce damit binden. Ein Schuss Reiswein oder Sherry rundet den Geschmack noch ab.

Das Ganze auf eine vorgewärmte Platte geben und mit Schnittlauch und Pfeffer bestreuen. Heiß servieren. Dazu passt gekochter Reis und gemischter Salat.

Ente in süßsaurer Sauce

Raffiniert

Für 4 Personen
4 Entenbrustfilets (etwa 1 kg)
Salz · weißer Pfeffer
4 EL Reiswein
2 Zwiebeln
2 Knoblauchzehen
4 Stangen Staudensellerie
4 frische Ananasscheiben
300 g frische Lychees
2 EL Tomatenketchup
4 EL Reisessig
2 TL Zucker
5 TL Speisestärke
2 EL Öl
4 EL helle Sojasauce
Chilisauce oder Tabasco

Pro Portion: 750 kcal
Zubereitungszeit: 1 Stunde

Das Fleisch enthäuten, mit Küchenpapier trocknen und mundgerecht würfeln. Mit Salz und Pfeffer einreiben, mit Reiswein beträufeln und etwa 10 Minuten ziehen lassen.

Zwiebeln und den Knoblauch schälen und hacken. Sellerie waschen und klein würfeln. Ananas schälen und würfeln. Lychees schälen und entsteinen. Ketchup mit Essig, 100 ml Wasser, Zucker und der Speisestärke verrühren.

Den Wok und das Öl darin stark erhitzen, nach und nach

das Entenfleisch unter Rühren scharf anbraten. Die Sojasauce darüber träufeln. Fertig angebratenes Fleisch herausnehmen.

Zwiebeln, Knoblauch und den Sellerie im Wok etwa 2 Minuten pfannenrühren. Die Marinade in den Wok rühren und einmal aufkochen.

Ananaswürfel, Lychees und das Entenfleisch dazugeben, nur noch ganz kurz erhitzen. Mit Chilisauce oder Tabasco abschmecken. Dazu gekochten Duftreis servieren.

Entenfilet in Orangensauce

Etwas teurer

Für 4 Personen
600 g Entenbrustfilets
Samen von 6 Kardamomkapseln
1 EL Speisestärke
Saft von 1 großen Orange
1 EL Reiswein oder trockener Sherry
1 EL Sojasauce
1 TL brauner Zucker
1 TL Fünf-Gewürze-Pulver
2 EL Öl
schwarzer Pfeffer
Orangenfilets zum Garnieren

Pro Portion: 397 kcal
Zubereitungszeit: 30 Minuten

Die Entenbrustfilets mit Küchenpapier trocknen und in dünne Streifen schneiden. Die Kardamomsamen im Mörser fein zerstoßen.

Für die Sauce die Speisestärke mit etwa 4 EL kaltem Wasser in einer Schüssel glatt anrühren. Den Orangensaft, Reiswein oder Sherry, die Sojasauce, Zucker und das Fünf-Gewürze-Pulver unterrühren. Beiseite stellen.

Den Wok und dann das Öl darin auf mittlerer Stufe erhitzen. Die Fleischstreifen und die Kardamomsamen im Öl bei starker Hitze 3–4 Minuten unter Rühren braten, bis das Fleisch rundherum leicht gebräunt ist.

Die Sauce nochmals umrühren, in den Wok gießen und unter ständigem Rühren aufkochen. Etwa 2 Minuten weiterkochen, bis das Fleisch gar ist. Die Sauce mit Pfeffer nochmals abschmecken und mit Orangenfilets garnieren. Die Ente in Orangensauce sofort auf duftendem asiatischem Reis servieren.

Ente mit Pflaumen

Gelingt leicht

Für 4 Personen
600 g Entenbrustfilets
250 g Pflaumen
2 EL Öl
fein abgeriebene Schale und Saft von 1 großen unbehandelten Orange
2 EL roter Portwein
2 EL Rotweinessig
2 TL brauner Zucker
1/4 TL gemahlener Zimt
Salz · Pfeffer

Pro Portion: 429 kcal
Zubereitungszeit: 35 Minuten

Entenbrustfilets in schmale Streifen schneiden. Pflaumen waschen, entsteinen und in Streifen schneiden. Den Wok und dann das Öl darin erhitzen. Das Fleisch bei starker Hitze 3–4 Minuten rundum anbraten. Fleisch und Bratsaft auf einen Teller geben, beiseite stellen.

Den Wok wieder erhitzen. Pflaumen, Orangenschale und -saft, Portwein, Essig, Zucker und Zimt dazugeben. Mit Salz und Pfeffer würzen. Pflaumen 5 Minuten kochen. Fleisch und Bratsaft dazugeben, bei starker Hitze 1–2 Minuten rühren, bis alle Zutaten gut gemischt und sehr heiß sind. Abschmecken und sofort servieren.

Geschmorte Ente mit acht Kostbarkeiten

Gut vorzubereiten

Für 4 Personen
6 getrocknete chinesische Morcheln
6 getrocknete Tongkupilze
50 g getrocknete Lilienknopsen (Goldene Nadeln)
1 Ente (etwa 1,5 kg)
Salz
1 daumengroßes Stück Ingwer
abgeriebene Schale von 1 unbehandelten Orange
1/4 TL Fünf-Gewürze-Pulver
1/4 TL Pfeffer
1 EL Hoisinsauce
1 EL Sojasauce
50 g Lotussamen (aus der Dose)
50 g Cashewkerne, ungesalzen
100 g tiefgefrorene Erbsen
2 EL Pflanzenöl
5 getrocknete chinesische Datteln
5 getrocknete Pflaumen
1 TL Speisestärke
1 TL Reiswein

Pro Portion: 1150 kcal
Zubereitungszeit: 2 Stunden

Die Morcheln, die Tongkupilze und die Lilienknospen waschen und getrennt in warmem Wasser einweichen.

Die Ente säubern, kurz waschen und trockentupfen. Längs halbieren, den Hals, die Flügel und die Keulen abschneiden, den Rumpf zerteilen. Alles in einen Topf geben und knapp mit Wasser bedecken. Salzen, aufkochen, etwa 20 Minuten köcheln lassen. Die Ententeile anschließend herausheben und abtrocknen.

Den Ingwer schälen und fein hacken. Mit der Orangenschale, dem Fünf-Gewürze-Pulver, 1/4 TL Salz, dem Pfeffer, der Hoisinsauce und 1 TL Sojasauce verrühren, die Ententeile damit gut einreiben. Etwa 10 Minuten ziehen lassen.

Die Lotussamen abtropfen lassen, mit den Cashewkernen mischen. Die Erbsen mit heißem Wasser übergießen, abtropfen lassen, dazugeben.

Die Morcheln gründlich waschen, von holzigen Stellen befreien und entstielen. Die Tongkupilze entstielen, die Hüte ausdrücken, das Einweichwasser beiseite stellen. Die Pilze klein schneiden.

Die Lilienknospen entstielen, quer halbieren, aus jeder Nadel einen Knoten machen.

Mit einem Messer möglichst viel Marinade von den Ententeilen abschaben und beiseite stellen. Den Wok und dann das Öl darin erhitzen, die Ententeile auf beiden Seiten im Öl goldgelb braten. Pilze, Lilienknospen und die Erbsenmischung dazugeben, 2 Minuten garen. Das Einweichwasser der Tongkupilze und die abgeschabte Marinade einrühren. Den Wok zudecken, alles bei milder Hitze etwa 15 Minuten schmoren lassen.

Die Ententeile wenden. Die Datteln und die Pflaumen entsteinen, halbieren und in den Wok geben. Zugedeckt noch etwa 15 Minuten schmoren, bis das Fleisch zart wird. Vom Herd nehmen.

Die Ententeile in mundgerechte Stücke schneiden. Auf einer Platte mit den übrigen Zutaten aus dem Wok anrichten.

Den Wok wieder erhitzen. Die Brühe der Ententeile durch ein Sieb gießen, 200 ml davon in den Wok gießen. Die restliche Sojasauce unterrühren. Die Speisestärke mit etwas Wasser glatt verrühren, die Sauce damit binden. Mit Reiswein, Salz und Pfeffer abschmecken. Über die Ententeile träufeln und sofort mit Reis servieren.

Die geschmorte Ente steht beim chinesischen Festessen im Mittelpunkt. Sie können sie auch mit weniger Köstlichkeiten zubereiten, wenn Sie nicht alle bekommen.

Fleisch

Die Chinesen mögen am liebsten Schweinefleisch aus dem Wok, dieses aber am liebsten fett und würzig.

Sonst schätzt man auch Lamm und Rind, das nach dem Marinieren schön zart und schnell gar ist.

Überraschend, wie Asiaten es fertig bringen, mit wenig Fleisch ein sättigendes Gericht zu zaubern. Das ist ganz im Sinne moderner Ernährungsregeln.

In Ländern, in denen Kühe als Zugtiere dienen oder in denen sie gar heilig sind, steht selbstverständlich Rindfleisch kaum auf dem Speiseplan. Viel häufiger wird – vor allem in China – Schweinefleisch oder Lammfleisch gegessen.

Lammfleisch

Die meisten Indonesier sind Moslems. Schweinefleisch, dessen Verzehr der Koran verbietet, fehlt deshalb auf ihren Speisenkarten. Die nordindische Mogulenküche bevorzugt Lammfleisch, ebenso wie die nordchinesischen Provinzen und Peking. Besonders für die chinesischen Moslems ist das Lamm oder das Schaf wichtigster Fleischlieferant.

Allerdings gibt es in der chinesischen Küche nicht so viele unterschiedliche Rezepte wie in Indien, wo Lammfleisch in Jogurt mariniert, mit Gewürzen und Nüssen, mit Zwiebeln oder Spinat in sahnigen Saucen geschmort wird. Oder nach dem Anbraten in einer scharfsauren Vindaloo-Sauce gegart wird wie in Westindien (siehe Rezept Seite 230). Beim Einkauf sollten Sie bei Lamm möglichst frisches, nicht tiefgefrorenes Fleisch aus der Keule oder von der Schulter zum Schmoren bevorzugen. Lammlende, der ausgelöste Rücken (manchmal fälschlich als »Filet« bezeichnet) eignet sich bestens zum schnellen Pfannenrühren im Wok.

Schweinefleisch

Ein Schwein lässt sich in der kleinsten Hütte halten und es ist mit einer Vielfalt an Futter großzuziehen. So ist es nicht verwunderlich, dass besonders in China, wo Weideland meist rar ist, am liebsten und am häufigsten Schweinefleisch gegessen wird. Aber nicht so mageres wie bei uns, sondern fettes Fleisch, möglichst noch mit Schwarte. Solches wird gern lange in einer würzigen Brühe im Wok geschmort, bis das Ganze geleeartig weich ist und eine dicke Sauce entstanden ist, die wunderbar zu Reis passt.

Auch Haxen, Schweinebauch und Spareribs sind höchst begehrte Delikatessen, die allerdings alle eine längere Garzeit benötigen, bis sie weich und mürbe sind.

Aber auch das schnelle Pfannenrühren im Wok ist bestens für die Zubereitung von zartem Schweinefleisch geeignet. Dabei wird es in schmale Streifen, in Würfel oder in hauchdünne Scheibchen geschnitten, am Stück gegart oder mit dem Küchenbeil zu feinem Hackfleisch verarbeitet, aus dem zum Beispiel kleine Klößchen geformt werden. Doch mit der den Asiaten eigenen Vorliebe fürs Mischen und Kombinieren wird das ziemlich neutrale Schweinefleisch mit den unterschiedlichsten Gemüsesorten, mit Pilzen, Nüssen oder fruchtigem Obst gegart,

Für feine Scheiben wird das Fleisch quer zur Faser möglichst dünn aufgeschnitten.

Für Geschnetzeltes das Fleisch in dickere Streifen, diese in Scheiben schneiden.

sogar die Kombination mit Meeresfrüchten wird geschätzt. Auf diese Weise genügen recht kleine Fleischmengen, um ein leckeres, sättigendes Gericht herzustellen, bei dem jeder trotzdem das Gefühl hat, »ein ordentliches Stück Fleisch« zu seiner Reisportion zu haben.

Rindfleisch

Kühe brauchen Weideland und sind nicht so genügsam wie Schweine, deshalb wird in China weniger Rindfleisch gegessen. Das bedeutet aber nicht, dass es keine guten Rindfleischrezepte gäbe, denn die chinesischen Moslems und auch die Bewohner der Provinz Sichuan, wo schon immer mehr Kühe gehalten wurden, liefern genügend interessante Rezepte wie auch die thailändische Küche, wo das Fleisch gern in würziger Currysauce geschmort wird, sowie Indien, wo eine ganze Reihe von Gewürzen und oft auch Jogurt dem Fleisch einen eigenen Geschmack verleihen.

Rindfleisch wird oft ähnlich wie Schweinefleisch zubereitet, aber beim Schneiden und Garen gibt es wesentliche Unterschiede. Rindfleisch wird zum schnellen Garen im Wok nie in Würfel geschnitten, sondern stets in hauchdünne Scheibchen oder in Streifen, die manchmal so dünn wie Streichhölzer sind. Die Garzeiten müssen entweder sehr kurz sein, das heißt, 2 bis 3 Minuten Pfannenrühren bei sehr starker Hitze genügen, sonst wird das Fleisch hart und zäh. Oder es muss sehr viel länger als Schweinefleisch schmoren, je nach Fleischqualität 2 Stunden und mehr im zugedeckten Wok bei schwacher Hitze.

Da Rindfleisch einen sehr ausgeprägten Geschmack hat, wird es meistens mit kräftig schmeckenden Gemüsesorten kombiniert. Vor allem Zwiebeln oder Lauchzwiebeln und Möhren, Knoblauch und Ingwer, Brokkoli, grüne Bohnen, Zuckerschoten und aromatische Pilze sind beliebte Zutaten. Somit ergibt sich von selbst eine andere Harmonie der Rindfleischgerichte, die sich dann bei einem Menü mit mehreren Fleischgerichten gut mit Schweinefleisch und Geflügel vertragen.

Wird das Fleisch mit Speisestärke vermischt, bildet es rasch eine knusprige Kruste.

Marinieren

Vor allem in China wird das klein geschnittene Fleisch vor dem Braten im Wok mit Speisestärke eingerieben. So bildet sich im heißen Öl beim Pfannenrühren rasch eine feste Kruste, die verhindert, dass Fleischsaft austritt – wodurch das Fleisch hart und zäh werden würde. Besonders gut ist dafür Reismehl (aus dem Bioladen oder Reformhaus) geeignet. Manchmal wird auch eine Prise Backpulver unter die Stärke gemischt, was die Fleischfasern weicher macht. Auch das Marinieren mit Sojasauce, geriebener Ingwerwurzel und zerdrücktem Knoblauch, Reiswein und fein gehackter Frühlingszwiebel macht das Fleisch zart und würzig. In Indien gibt man gerne noch gemahlene Gewürze und Limetten- oder Zitronensaft oder Jogurt dazu. Besonders raffiniert: auf philippinische Art mit Rum oder Brandy, Gewürzen und zerstoßenen scharfen Chilischoten über Nacht im Kühlschrank ziehen lassen.

Schweinefleisch süßsauer

Für Gäste

Für 4 Personen
2 Tomaten
1 EL Tamarindenmark
600 g Schweinefleisch (Ober- oder Unterschale)
1 Zwiebel
2 Knoblauchzehen
1 daumengroßes Stück Ingwer
1 kleine Stange Lauch
1/4 TL Krabbenpaste (Terasi)
3 EL Öl
1/2 TL Sambal oelek
2 EL Sojasauce
1 EL Palmzucker

Pro Portion: 500 kcal
Zubereitungszeit: 30 Minuten

Stielansätze der Tomaten entfernen. Die Tomaten kurz überbrühen, häuten, quer halbieren und entkernen. Das Fruchtfleisch würfeln. Das Tamarindenmark in 150 ml warmem Wasser gut durchkneten. Die Masse durch ein Sieb drücken, den Saft auffangen. Den Rest wegwerfen.

Das Fleisch in kleine Stücke schneiden. Zwiebel schälen, halbieren und in dünne Scheiben schneiden. Knoblauch schälen und zerdrücken. Den Ingwer schälen und fein raspeln. Den Lauch waschen und in Ringe schneiden. Die Krabbenpaste zerdrücken.

Den Wok und dann das Öl darin erhitzen. Das Fleisch mit Zwiebel, Knoblauch und Ingwer bei starker Hitze etwa 3 Minuten braten. Die Hitze reduzieren. Tamarindensaft, Sambal oelek, Sojasauce und den Palmzucker dazugeben. Alles noch 10–15 Minuten bei schwacher Hitze köcheln lassen. Mit Reis servieren.

Schweinefleisch in Sojasauce

Gelingt leicht

Für 4 Personen
600 g Schweinefleisch (Ober- oder Unterschale)
3 Knoblauchzehen
1 daumengroßes Stück Ingwer
3 1/2 EL Sojasauce
1/2 TL Sambal oelek
1 Bund Frühlingszwiebeln
1 rote Paprikaschote
3 EL Öl
5 EL süße Sojasauce (Kecap manis)
2 TL Palmzucker
1 EL Kokosraspeln

Pro Portion: 530 kcal
Marinierzeit: 1 Stunde
Zubereitungszeit: 20 Minuten

Das Schweinefleisch mit Küchenpapier trockentupfen und erst in Scheibchen, dann in dünne, etwa 4 cm lange Streifen schneiden.

Den Knoblauch schälen und zerdrücken. Den Ingwer schälen und fein raspeln.

Fleisch, Knoblauch und Ingwer in eine Schüssel geben und mit der Sojasauce und Sambal oelek vermengen. Das Fleisch zugedeckt mindestens 1 Stunde marinieren.

Frühlingszwiebeln waschen und putzen. Den grünen Teil in etwa 4 cm lange Stücke, den weißen Teil in dünne Ringe schneiden. Die Paprikaschote waschen, vierteln und von den Kernen und den weißen Trennhäuten befreien. Die Schotenviertel quer in dünne Streifen schneiden.

Den Wok und dann das Öl darin erhitzen. Das Fleisch mit Marinade, Frühlingszwiebeln und der Paprika hineingeben. Alles unter Rühren bei starker Hitze etwa 5 Minuten braten. Die Hitze reduzieren. Die süße Sojasauce, den Palmzucker und 100 ml Wasser dazugeben, alles noch etwa 10 Minuten bei schwacher Hitze köcheln lassen, bis die Sauce eingedickt ist. Mit den Kokosraspeln bestreut servieren.

Schweinefleisch süßsauer – einfach ein Klassiker

Schweinefilets mit Orangen

Schnell

Für 4 Personen
200 g kleine Schalotten
600 g Schweinefilets
40 g Butterschmalz
1 EL Mehl
125 ml trockener Weißwein
125 ml frisch gepresster Orangensaft · Salz
2 Orangen
4 cl Orangenlikör (nach Belieben)
100 g Crème fraîche
2 TL rosa Pfefferkörner

Pro Portion: 570 kcal
Zubereitungszeit: 30 Minuten

Die Schalotten schälen. Das Schweinefleisch von Häuten und Sehnen befreien. Den Wok und dann das Butterschmalz darin erhitzen, die Schalotten rundherum bräunen. Inzwischen das Fleisch schräg zur Faser in dünne Scheiben schneiden. Mit dem Mehl bestäuben.

Die Schalotten auf den Abtropfrost legen. Das Fleisch im Bratfett portionsweise anbraten. Fertige Portionen auf den Rost legen. Fleisch und Schalotten wieder vermischen, mit Wein und Orangensaft ablöschen, salzen und im geschlossenen Wok etwa 5 Minuten schmoren.

Inzwischen die Orangen schälen und die Fruchtstücke aus den Trennhäuten lösen. Unter das Fleisch mischen und kurz erwärmen. Das Gericht mit Orangenlikör nach Belieben und Crème fraîche verfeinern. Mit Salz abschmecken und die Pfefferkörner unterrühren.

Schweinebauch mit Paprika

Preiswert

Für 4 Personen
2 cm frische Ingwerwurzel
1 Knoblauchzehe
600 g gut durchwachsener Schweinebauch
4 EL Sojasauce
500 g vorwiegend fest kochende kleine Kartoffeln
2 rote Paprikaschoten
4 Frühlingszwiebeln
2 EL Schweineschmalz
125 ml Hühnerbrühe
3 EL trockener Sherry (Fino)
1 TL Zucker · Salz

Pro Portion: 810 kcal
Zubereitungszeit: 1 1/4 Stunden

Den Ingwer schälen und in 4 Scheiben schneiden. Die Knoblauchzehe mit den Ingwerscheiben in den Wok geben. Den Dämpfeinsatz einsetzen und knapp 3 cm hoch kochend heißes Wasser in den Wok einfüllen.

Das Fleisch auf den Rost legen, mit 2 EL Sojasauce übergießen, im geschlossenen Wok etwa 30 Minuten dämpfen. Dann etwa 20 Minuten abkühlen lassen. Das Wasser abgießen.

Die Kartoffeln waschen, schälen und längs vierteln. Die Paprikaschoten putzen, in etwa 2 cm große Würfel schneiden. Die Frühlingszwiebeln in etwa 2 cm lange Stücke schneiden.

Den Schweinebauch in etwa 3 cm große Würfel schneiden. Das Schmalz im Wok erhitzen und das Fleisch darin unter häufigem Wenden etwa 5 Minuten braten, bis es leicht gebräunt ist. Dann auf den Abtropfrost legen.

Das Gemüse in den Wok geben und ebenfalls etwa 5 Minuten braten, dabei immer wieder wenden. Die Hühnerbrühe, den Sherry, die restliche Sojasauce und den Zucker dazufügen und das Fleisch hineingeben und alles noch etwa 15 Minuten schmoren.

Im Bild vorne: Schweinebauch mit Paprika.
Im Bild hinten: Schweinefilets mit Orangen.

Chinesische Koteletts

Gelingt leicht

Für 4 Personen
4 Schweinekoteletts
2 EL Speisestärke
Öl zum Frittieren
1/2 Tasse Hoisinsauce
1 EL Sesamsamen
Für die Marinade:
4 EL Sojasauce
2 TL Würz-Sesamöl
1 EL brauner Zucker
1 EL Ingwerpulver
1/2 TL Salz · 1 Prise Pfeffer

Pro Portion: 450 kcal
Marinierzeit: 30 Minuten
Zubereitungszeit: 35 Minuten

Die Koteletts auf beiden Seiten diagonal einkerben. Alle Zutaten für die Marinade mischen und die Koteletts 30 Minuten hineinlegen, dabei ab und zu wenden.

Koteletts abtropfen lassen, rundum mit der Speisestärke einreiben. Öl im Wok erhitzen und die Koteletts 5–7 Minuten goldbraun frittieren.

Restliche Marinade mit der Hoisinsauce mischen und erhitzen. Das Fleisch in mundgerechte Stücke schneiden und zur ursprünglichen Form zusammenlegen. Mit der heißen Sauce übergießen und mit Sesamsamen bestreuen.

Spareribs asiatische Art

Preiswert

Für 4 Personen
1 kg Spareribs (Schälrippen) vom dünnen Ende
1 EL getrocknetes Suppengrün
100 g Speisestärke
250 ml Erdnuss- oder Sojaöl
2 EL Tomatensaft
2 EL Tomatenketchup
2 EL flüssiger Honig
2 EL Reis- oder Apfelessig
3 EL Sojasauce

Pro Portion: 1150 kcal
Zubereitungszeit: 35 Minuten

Etwa 1 l Wasser zum Kochen bringen. Die Spareribs mit Küchenpapier abreiben, in die einzelnen Teile zerschneiden. Mit dem Suppengrün in den Wok geben und soviel kochendes Wasser angießen, dass die Rippchen eben bedeckt sind. Etwa 10 Minuten offen kochen lassen.

Die Rippchen aus dem Sud heben, abtropfen lassen und gründlich trockentupfen. In der Speisestärke wenden und diese gut andrücken.

Den Wok trocknen, dann das Öl darin erhitzen und die Rippchen darin unter Wenden 5–6 Minuten frittieren, bis sie schön knusprig sind. Mit einem Schaumlöffel herausheben, abtropfen lassen und zum Entfetten auf eine dicke Lage Küchenpapier legen.

Das Öl bis auf einen kleinen Rest abgießen. Alle übrigen Zutaten in den Wok geben, unter Rühren etwa 3 Minuten kochen lassen. Die Rippchen in den Wok geben und etwa 10 Minuten schmoren, bis sie weich sind. Rippchen dabei wenden, damit sie ganz von der Sauce überzogen werden.

Geschmorte Spareribs mit Möhren

Braucht etwas Zeit

Für 4 Personen
1,2 kg Spareribs (Schweinerippen; vom Metzger in fingerlange Stücke hacken lassen)
2 Knoblauchzehen
1 haselnussgroßes Stück frischer Ingwer
1 TL Salz · schwarzer Pfeffer
400 g Möhren
200 ml milde Fleischbrühe
5 EL Sojasauce
2 EL trockener Sherry
1/2 TL Fünf-Gewürze-Pulver
4 EL Öl · 1 EL Honig
1 TL Speisestärke

Pro Portion: 550 kcal
Zubereitungszeit: 1 1/4 Stunden

Die Spareribs abspülen und mit Küchenpapier trocknen. Knoblauch schälen und klein würfeln. Ingwer schälen und fein reiben. Den Knoblauch mit Ingwer, Salz und Pfeffer vermischen und die Rippchen damit einreiben.

Die Möhren schälen und in kräftige, Pommes-frites-ähnliche Stäbchen schneiden. Die Brühe, Sojasauce, Sherry und das Fünf-Gewürze-Pulver gründlich verquirlen.

Den Wok und dann das Öl darin stark erhitzen. Die Rippchen portionsweise im Öl 5–6 Minuten unter Rühren braten, bis sie braun sind. Die Stücke herausnehmen. Nun die Möhren in das verbliebene heiße Öl geben und 3–4 Minuten pfannenrühren.

Spareribs zurück in den Wok geben, Würzsauce darüber gießen. Zum Kochen bringen und zugedeckt bei schwacher Hitze 30–35 Minuten schmoren lassen, bis das Fleisch weich und die Schmorflüssigkeit reduziert ist.

Die Spareribs herausnehmen und warm stellen. Den Honig mit etwas Schmorsud und der Stärke verquirlen. In die Sauce rühren. Aufkochen und 2 Minuten köcheln lassen, bis die Sauce gebunden ist. Mit gekochtem Reis servieren.

Schweinerippen mit Fünf-Gewürze-Pulver

Preiswert

Für 4 Personen
2 kg fleischige Schweinerippen (Schälrippchen, Spareribs)
1 Zwiebel
2 Knoblauchzehen
2 TL Fünf-Gewürze-Pulver
2 EL helle chinesische Sojasauce
1 EL Fischsauce
1/2 TL Sambal oelek
2 TL Zucker
Salz · schwarzer Pfeffer
5 EL Pflanzenöl

Pro Portion: 1000 kcal
Zubereitungszeit: 30 Minuten

Die Schweinerippchen vom Metzger zweimal quer durchhacken und dann in 3 Streifen schneiden lassen: die Rippen zu Hause in kleine einzelne Stücke zerteilen.

Zwiebel und Knoblauch schälen und ganz klein hacken. Das Fünf-Gewürze-Pulver, Sojasauce, die Fischsauce, Sambal oelek, Zucker, Salz, Pfeffer und 2 EL Öl mit der Hälfte der gehackten Zwiebel und des Knoblauchs zu einer Marinade vermischen. Rippen damit einreiben und 10 Minuten ziehen lassen.

Den Wok erhitzen. Das restliche Öl darin heiß werden lassen. Die restliche Zwiebel und den restlichen Knoblauch im Öl glasig braten. Die Rippen dazugeben und rundum goldgelb braten.

Die noch verbliebene Marinade dazufügen und alles bei mittlerer Hitze 5 Minuten zugedeckt schmoren lassen. Mit 1 Tasse Wasser ablöschen und alles weitere 5 Minuten zugedeckt schmoren lassen, bis die Sauce eingedickt ist. Noch einmal abschmecken und heiß servieren.

Tipps!

Die Schweinerippen schmecken noch würziger, wenn Sie sie über Nacht im Kühlschrank in der Marinade liegen lassen. Sie können auch süße Sojasauce statt der hellen nehmen, dann entsprechend weniger Zucker dazugeben. Eine frische Note bekommt das Gericht, wenn Sie ganz fein gehacktes Zitronengras (nur die unteren hellen Abschnitte) zu der Marinade geben.

Chop Suey

Schnell

Für 4 Personen
400 g Schweinenacken
schwarzer Pfeffer
400 g Bohnensprossen
200 g Bambussprossen (aus der Dose)
1 gelbe Paprikaschote
3 Stangen Staudensellerie
1 kleine Zwiebel
4 EL Sojasauce
2 EL Sake (Reiswein)
1 EL Reis- oder Obstessig
1 TL Zucker
1/2 TL Speisestärke
2 EL Öl
1 TL Würz-Sesamöl · Salz
Koriandergrün oder glatte Petersilie zum Garnieren

Pro Portion: 340 kcal
Zubereitungszeit: 25 Minuten

Das Fleisch in dünne Scheiben schneiden und mit Pfeffer einreiben. Bohnensprossen abspülen und abtropfen lassen. Die Bambussprossen abtropfen lassen und in 1 cm breite Streifen schneiden.

Paprikaschote und Staudensellerie waschen. Die Paprika vierteln, putzen und in feine Streifen schneiden. Sellerie putzen und in Scheibchen schneiden. Die Zwiebel schälen und fein hacken. Die Sojasauce mit Sake, Essig, Zucker und Stärke verquirlen.

Den Wok und dann darin Öl und Sesamöl sehr heiß werden lassen. Das Fleisch im Öl 2 Minuten pfannenrühren, bis es braun ist, dann herausnehmen. Paprika, Sellerie und Zwiebel ins restliche Öl geben und unter Rühren 2 Minuten braten. Bohnen- und Bambussprossen dazugeben, noch 1 Minute pfannenrühren.

Die Würzsauce einrühren, aufkochen und 2 Minuten ziehen lassen, bis die Sauce andickt. Das Fleisch dazugeben und kurz erhitzen. Mit Salz und Pfeffer abschmecken. Koriander- oder Petersilienblätter aufstreuen und servieren.

Schweinefleisch mit Ananas

Gelingt leicht

Für 4 Personen
400 g Schweinefleisch aus der Nuss oder Oberschale
4 Zitronenblätter
1 Dose Ananasstücke (580 g)
1 Dose Kokosmilch (400 ml)
3 EL rote Currypaste (Gäng Ped Däng)
2 EL Palmzucker oder brauner Zucker
3 EL Fischsauce
3 EL Zitronensaft

Pro Portion: 330 kcal
Zubereitungszeit: 30 Minuten

Das Schweinefleisch quer zur Faser in Streifen schneiden. Die Zitronenblätter waschen, trocknen und vierteln. Die Ananasstücke abtropfen lassen, vom Saft etwa 125 ml auffangen.

Von dem dicken Teil der Kokosmilch 5 EL abnehmen und im Wok aufkochen. 1 Minute kochen lassen, dann die rote Currypaste einrühren und nochmals etwa 1 Minute bei schwacher Hitze leicht kochen lassen.

Die Schweinefleischstreifen hinzufügen, weitere 2 Minuten kochen lassen. Die Ananasstücke, Palm- oder braunen Zucker, die Fischsauce, die Zitronenblätter, Zitronensaft und den Rest der Kokosmilch dazugeben. Den Ananassaft angießen und das Gericht etwa 5 Minuten bei schwacher Hitze köcheln lassen. Das Schweinefleisch abschmecken und eventuell mit Zucker oder Zitronensaft nachwürzen. Mit Reis servieren.

Chop Suey gehört zu den beliebtesten asiatischen Gerichten, ist schnell im Wok gebraten und erfreut auch liebe Gäste.

Schweinefleisch mit Orange

Für Gäste

Für 4 Personen
dünn abgeschälte Schale von 1 großen unbehandelten Orange
500 g Schweinefilets
3 EL Öl
1 Zwiebel
2 1/2 cm frische Ingwerwurzel
4 EL Orangensaft
4 EL flüssiger Honig
2 EL stückige Erdnusscreme
2 EL Sojasauce
1/2 TL Chilipulver
Minzezweige zum Garnieren

Pro Portion: 307 kcal
Zubereitungszeit: 25 Minuten

Orangenschale in dünne Streifen schneiden, in kochendem Wasser etwa 1 Minute blanchieren, unter kaltem Wasser abspülen und abtropfen lassen. Beiseite stellen.

Das Schweinefleisch in dünne Scheiben schneiden. Den Wok und dann darin 2 EL Öl erhitzen. Das Fleisch bei starker Hitze 3–4 Minuten unter Rühren braten, bis es leicht gebräunt ist. Fleisch und Bratsaft in eine Schüssel geben. Beiseite stellen.

Zwiebel und Ingwer schälen und fein hacken. Restliches Öl im Wok erhitzen. Zwiebel und Ingwer darin 2–3 Minuten braten. Orangensaft, Honig, Erdnusscreme, Sojasauce und Chilipulver untermischen. Aufkochen und unter ständigem Rühren etwa 1 Minute kochen.

Fleisch und Bratsaft zurück in den Wok geben. Die Hälfte der Orangenschale dazufügen und gut mischen. Unter ständigem Rühren erhitzen. Mit der restlichen Orangenschale und den Minzezweigen garnieren und sofort servieren.

Schweinefleisch mit Gemüse

Schnell

Für 4 Personen
250 g Schweinefilets
2 EL Sojasauce
1 EL trockener Sherry
2 TL Speisestärke
5 EL Öl
2 Lauchzwiebeln
1 cm frische Ingwerwurzel
150 g frische Sojasprossen
1 kleine grüne Paprikaschote
3 Tomaten
2 Möhren
100 g grüne Bohnen
200 g Blumenkohl- oder Brokkoliröschen
1 EL Zucker · Salz
3 EL Brühe oder Wasser

Pro Portion: 240 kcal
Zubereitungszeit: 30 Minuten

Die Schweinefilets in dünne Scheiben schneiden. Sojasauce, Sherry und Speisestärke in einer Schüssel mischen, Fleisch dazugeben und gründlich darin wenden.

Den Wok und dann darin die Hälfte des Öls erhitzen. Die Schweinefilets darin etwa 1 Minute anbraten. Mit dem Schaumlöffel herausnehmen und beiseite stellen.

Zwiebeln und Ingwer schälen, Zwiebeln in 2 1/2 cm große Stücke schneiden, Ingwer fein hacken. Sojasprossen waschen, abtropfen lassen. Die Paprikaschote waschen, putzen und grob würfeln. Tomaten waschen, ohne den Stielansatz würfeln. Die Möhren schälen und in dünne Streifen schneiden. Die grünen Bohnen putzen.

Das restliche Öl in den Wok geben und erhitzen. Lauchzwiebeln, Ingwer, Sojabohnensprossen, grüne Paprika, Blumenkohl oder Brokkoli, Tomaten, Möhren, grüne Bohnen, Zucker und etwas Salz dazugeben. Alles etwa 2 Minuten unter Rühren braten, dann das Fleisch wieder in den Wok zum Gemüse geben.

Etwas Brühe dazugießen und alles so lange garen, bis das Gemüse bissfest ist. Sofort mit Reis servieren.

Schweinefleisch mit Knoblauch

Braucht etwas Zeit

Für 4 Personen
1 kg Schweinefleisch aus der Nuss oder Oberschale
10 Knoblauchzehen
1 TL schwarzer Pfeffer
2 EL Fischsauce
1 EL dunkle Sojasauce
1 Salatgurke
5 EL Öl

Pro Portion: 360 kcal
Marinierzeit: 1 Stunde
Zubereitungszeit: 30 Minuten

Das Schweinefleisch mit Küchenpapier trocknen, quer zu den Fasern in dickere, etwa 4 cm lange und 2 cm breite Streifen schneiden.

Den Knoblauch schälen und im Mörser mit dem Pfeffer stampfen, in einer Schüssel mit der Fisch- und der Sojasauce mischen. Das Fleisch unterrühren und zugedeckt etwa 1 Stunde marinieren.

Die Salatgurke schälen und in dünne Scheiben schneiden.

Den Wok und dann das Öl darin sehr stark erhitzen. Das Fleisch vorsichtig hinzugeben und unter ständigem Rühren scharf anbraten, bis es rundum gebräunt ist.

Den Rand einer großen Platte mit Gurkenscheiben auslegen, das Schweinefleisch in der Mitte anrichten. Mit gekochtem Reis und einer fertigen Chilisauce servieren.

Dongpo-Fleisch

Raffiniert

Für 6 Personen
1 EL Zucker
750 g nicht zu fetter Schweinebauch mit Schwarte ohne Knochen
100 ml Pflanzenöl
300 g Hühnerflügel oder Hühnerklein
30 g Lauch
20 g Ingwerwurzel
1/2 l Hühnerbrühe
30 g Sternanis und Zimtstange zusammen
50 ml Reiswein

Pro Portion: 610 kcal
Zubereitungszeit: 1 1/4 Stunden

Einen Wok trocken erhitzen. Den Zucker einstreuen. 2 EL Wasser dazugeben und die Zuckermasse unter Rühren köcheln, bis sie sirupartig wird. Die Zuckerlösung in eine Schüssel umfüllen.

Das Schweinefleisch in etwa 3 cm große Stücke schneiden. Die Schwarte mit der Zuckerlösung einstreichen.

Den Wok säubern und wieder erhitzen. 2 EL Öl hineingeben. Die Fleischstücke mit der Schwarte nach unten ins Öl legen und braten, bis die Schwarte schön gebräunt ist. Dann herausnehmen.

Die Hühnerflügel waschen oder das Hühnerklein putzen, in den Wok legen und das Schweinefleisch darauf verteilen. Lauch putzen und waschen, den Ingwer schälen. Beides in dünne Scheiben schneiden.

So viel Hühnerbrühe in den Wok gießen, dass die Schweinefleischstücke davon bedeckt sind. Die Brühe zum Kochen bringen und abschäumen. Sternanis, Zimtstange, Lauch, Ingwer, Reiswein und die restliche Zuckerlösung dazugeben.

Das Fleisch zugedeckt bei schwacher Hitze etwa 50 Minuten köcheln lassen, bis es ganz weich ist. Dann herausnehmen und auf einer Platte anrichten. Die Sauce durch ein Sieb gießen, bei starker Hitze etwas einkochen lassen, bis sie leicht gebunden ist. Über das Fleisch gießen und servieren.

Schweinefleisch mit Chilisauce

Scharf

Für 4 Personen
250 g mitteldicke chinesische Eiernudeln · Salz
1 EL Sesamöl
2 EL Tomatenketchup
2 TL scharfe Chilisauce
1/2 Bund Lauchzwiebeln
2 Knoblauchzehen
2 EL Öl
400 g Schweinefilets

Pro Portion: 398 kcal
Zubereitungszeit: 20 Minuten

Nudeln nach Packungsanweisung in reichlich Salzwasser bissfest kochen. Gut abtropfen lassen, in einer Schüssel mit Sesamöl vermischen, zugedeckt beiseite stellen.

Ketchup, Chilisauce, 150 ml heißes Wasser gut verrühren. Beiseite stellen.

Zwiebeln und Knoblauch schälen, Zwiebeln in schräge Stücke schneiden. Knoblauch durch die Presse drücken. Den Wok und dann das Öl darin auf mittlerer Stufe erhitzen. Lauchzwiebeln und Knoblauch 1–2 Minuten darin anbraten, aber nicht bräunen.

Die Schweinefilets in dünne Streifen schneiden, in den Wok geben und 3–4 Minuten bei starker Hitze braten. Die Sauce gründlich unterrühren. Nudeln dazugeben und kurz erhitzen. Mit Salz abschmecken. Sofort servieren.

Schweinefilets mit Paprika

Schnell

Für 4 Personen
500 g Schweinefilets
1 Eiweiß · 4 EL Sojasauce
2 TL Speisestärke
2 große grüne Paprikaschoten
1 große rote Paprikaschote
4 Zwiebeln
1 große rote Chilischote
4 EL Erdnussöl
1 große Knoblauchzehe
100 ml Fleischbrühe (Instant)
4 EL Reiswein (Sake)
Salz · Zucker

Pro Portion: 290 kcal
Zubereitungszeit: 30 Minuten

Die Schweinfilets trockentupfen, längs halbieren und schräg zur Faser in dünne Scheiben schneiden. Eiweiß mit 2 EL Sojasauce und der Speisestärke verquirlen. Die Fleischstreifen darin etwa 15 Minuten marinieren. Dabei hin und wieder wenden.

Die Paprikaschoten halbieren und putzen. Die Schotenhälften abspülen, trockentupfen und in etwa 2 cm große Rauten schneiden.

Die Zwiebeln schälen, längs halbieren und in sehr dünne Schnitze teilen. Die Chilischote längs aufschlitzen und die Samen herauskratzen. Die Schotenhälften abspülen, trockentupfen und in feine Streifen schneiden.

Den Wok und dann darin 2 EL Erdnussöl erhitzen. Das Fleisch im Öl bei starker Hitze portionsweise unter Rühren anbräunen. Herausnehmen und in eine Schüssel geben.

Das restliche Öl in den Wok geben. Mit den Zwiebeln beginnend das Gemüse darin unter kräftigem Pfannenrühren etwa 3 Minuten garen. Die Knoblauchzehe schälen, durch die Presse zum Gemüse geben und kurz mitbraten.

Die Fleischbrühe, den Reiswein und nach Geschmack noch 1–2 EL Sojasauce sowie das Fleisch mit seinem Saft hinzufügen und alles einmal kurz aufkochen lassen. Das Gericht mit Salz und etwas Zucker abschmecken.

Schweinefilet mit Paprika ist schnell im Wok zubereitet und schmeckt auch Gästen einfach lecker.

Hackfleisch mit Erdnüssen

Preiswert

Für 4 Personen
500 g Möhren
3 EL Öl
500 g gemischtes Hackfleisch
2 Knoblauchzehen
125 ml Fleischbrühe
Salz · schwarzer Pfeffer
1 TL gemahlener Kreuzkümmel
75–100 g geröstete, gesalzene Erdnüsse

Pro Portion: 550 kcal
Zubereitungszeit: 30 Minuten

Die Möhren putzen und waschen. In dünne, schräge Scheiben schneiden.

Den Wok und dann das Öl darin erhitzen. Die Möhren hineingeben und unter Rühren etwa 2 Minuten braten, dann an den Rand schieben.

Nach und nach das Hackfleisch in der Mitte des Woks unter Rühren krümelig braten.

Ist alles Hackfleisch angebraten, die Möhrenscheiben dazugeben und untermischen. Den Knoblauch schälen und dazupressen. Mit der Brühe ablöschen, mit Salz, Pfeffer und dem Kreuzkümmel würzen. Unter Rühren bei mittlerer Hitze noch etwa 10 Minuten garen.

Das Hackfleisch abschmecken und eventuell nochmal nachwürzen. Die Erdnüsse etwas kleiner hacken und unter das Hackfleisch mischen beziehungsweise obenauf streuen. Mit gekochtem Reis servieren.

Löwenköpfe

Raffiniert

Für 4 Personen
250 g gehacktes Schweinefleisch
2 EL Sojasauce
2 EL Reiswein
1 EL Speisestärke
Salz · Pfeffer
1 Prise Zucker
1 Stück frische Ingwerwurzel
1 Frühlingszwiebel
250 g Chinakohl (ersatzweise Weißkohl)
2 EL Öl
1 Ei
2 EL Speisestärke
Für die Sauce:
1 EL Speisestärke
3 EL Sojasauce
3 EL Reiswein
1 Tasse Hühnerbrühe
je 1/2 TL Salz und Pfeffer

Pro Portion: 286 kcal
Zubereitungszeit: 1 Stunde

Das gehackte Schweinefleisch mit der Sojasauce, Reiswein, der Speisestärke, Salz, Pfeffer und dem Zucker mischen. Die Ingwerwurzel schälen und reiben. Die Zwiebel schälen und fein hacken. Ingwer und Zwiebel mit dem Fleischteig vermengen. Daraus 4 flache Klöße von etwa 10 cm Durchmesser formen.

Den Chinakohl in einzelne Blätter zerlegen, waschen und quer in etwa 8 cm breite Stücke schneiden.

Den Wok und dann darin 1 EL Öl erhitzen, die Kohlblätter mit etwas Salz bestreuen und etwa 1 Minute im Öl braten. Die Hälfte der Blätter am Boden des Woks lassen, die andere Hälfte beiseite stellen.

Die Hackfleischklöße erst in dem verquirlten Ei, dann in der Speisestärke wenden und auf beiden Seiten in einem zweiten Wok oder in einer Pfanne mit dem restlichen Öl braun braten. Herausnehmen, auf den Kohl im Wok legen und mit den anderen Kohlblättern zudecken.

Für die Sauce die Stärke mit wenig kaltem Wasser anrühren. Mit den anderen Saucenzutaten mischen, über das Gericht gießen und bei schwacher Hitze zugedeckt etwa 30 Minuten garen. Bei Bedarf noch etwas Hühnerbrühe dazugeben. Kohl auf einer Platte mit den »Löwenköpfen« und Sauce anrichten.

Rindfleisch-Bällchen

Gut vorzubereiten

Für 4 Personen
Für die Bällchen:
1 Knoblauchzehe
1 haselnussgroßes Stück frischer Ingwer
1 Frühlingszwiebel
250 g Rinderhackfleisch
1 EL Sojasauce
1 TL abgeriebene unbehandelte Zitronenschale
Salz · schwarzer Pfeffer
1 EL Öl
Für die Sauce:
100 g feine Erdnusscreme
1 TL Sambal oelek
2 EL Sojasauce
1 EL Zitronensaft
150 g Schmand (ersatzweise Crème fraîche)
1 kleine Knoblauchzehe
2 EL gehackte Petersilie
Für den Salat:
10 Blätter Bataviasalat
75 g Bohnensprossen
150 g Salatgurke
1 Möhre
150 g Rettich
1/2 Bund glatte Petersilie
Außerdem:
Öl zum Frittieren

Pro Portion: 500 kcal
Zubereitungszeit: 1 Stunde

Für die Bällchen die Knoblauchzehe und den Ingwer schälen, die Frühlingszwiebel waschen und putzen. Knoblauch, Ingwer und Frühlingszwiebel in winzig kleine Würfel schneiden.

Das Hackfleisch mit Ingwer, Knoblauch und Frühlingszwiebel in eine Schüssel geben und gut mischen. Die Sojasauce, die Zitronenschale, Salz und Pfeffer hinzufügen und die Mischung mit den Händen gründlich durchkneten. Zuletzt das Öl einarbeiten. Den Teig zugedeckt 30 Minuten ruhen lassen.

Inzwischen für die Sauce die Erdnusscreme mit Sambal oelek, Sojasauce, Zitronensaft und Schmand glatt rühren. Knoblauchzehe schälen und dazupressen. Mit der Petersilie gut untermischen. Die Sauce bis zum Servieren kalt stellen.

Den Salat und die Sprossen waschen und abtropfen lassen. Salatblätter halbieren. Gurke, Möhre und Rettich schälen und in streichholzdünne Stäbchen schneiden. Die Petersilie waschen und die Blättchen abzupfen. Alles dekorativ auf einer großen Platte anrichten.

Mit nassen Händen aus dem Fleischteig 20 etwa walnussgroße Bällchen formen. Die Bällchen auf einen leicht geölten Teller legen.

Im Wok 375 ml Wasser aufkochen lassen. Den Teller auf einem Dämpfeinsatz hineinstellen. Den Deckel auflegen und das Wasser aufkochen lassen. Dann die Fleischkugeln bei mittlerer Hitze 10–12 Minuten dämpfen.

Die Fleischbällchen auf der Gemüseplatte anrichten. Die Erdnusssauce in einem Schälchen dazustellen. Zum Essen die Hackfleischkugeln mit Beilagen in die Salatblätter wickeln und in die Erdnusssauce dippen.

Tipp!

Die Fleischbällchen schmecken auch kalt – und eignen sich zum Beispiel als Finger-Food auf dem Party-Buffet oder als witzige Überraschung bei einem Picknick.

Lammhackfleisch mit Aprikosen

Braucht etwas Zeit

Für 6 Personen
400 g mageres Lammhack
1 TL gemahlener Kreuzkümmel
1/2 TL Cayennepfeffer
Zimt · schwarzer Pfeffer · Salz
1 EL Zitronensaft
400 g Staudensellerie
4 Tomaten (etwa 400 g)
1 große Zwiebel
1 Knoblauchzehe
1 Stück frischer Ingwer
6 getrocknete Aprikosen
150 ml Geflügelfond (Glas)
1/2 TL Speisestärke · 4 EL Öl

Pro Portion: 340 kcal
Zubereitungszeit: 50 Minuten

Hackfleisch mit Kreuzkümmel, Cayenne, Prise Zimt, Pfeffer, Salz und Zitronensaft verkneten. 30 Minuten kalt stellen.

Sellerie waschen, putzen und in feine Scheiben schneiden. Tomaten waschen, halbieren, entkernen und ohne Stielansätze klein würfeln. Zwiebel, Knoblauch und Ingwer schälen, fein hacken. Aprikosen klein würfeln. Fond mit Stärke in einem Topf verrühren. Die Aprikosen darin 5 Minuten leise kochen lassen.

Das Öl im Wok stark erhitzen, Sellerie darin 3 Minuten unter Rühren braten. Zwiebel untermischen und 2 Minuten mitbraten. Herausheben und warm stellen.

Im verbliebenen Öl das Hackfleisch unter Rühren in 7 Minuten braun braten, Knoblauch und Ingwer hinzufügen und 1 Minute mitrösten.

Aprikosensauce angießen und aufkochen lassen. Sellerie-Zwiebel-Mischung und Tomaten hinzufügen und alles bei starker Hitze noch 1 Minute durchrühren. Mit Salz, Pfeffer und Cayennepfeffer kräftig abschmecken und servieren.

Schweinecurry mit Mango

Gelingt leicht

Für 4 Personen
500 g Schweinefilets
1 Limette · 3 EL Sojasauce
1 EL brauner Zucker
2 Knoblauchzehen
2 Stangen Lauch (etwa 400 g)
1 große, nicht ganz reife Mango (etwa 400 g)
6 EL Öl
1 EL scharfes Currypulver
1 EL gemahlener Koriander
125 ml Fleischbrühe
Salz · schwarzer Pfeffer

Pro Portion: 450 kcal
Marinierzeit: 1 Stunde
Zubereitungszeit: 35 Minuten

Filets in dünne Streifen schneiden. Limette heiß waschen, trocknen. Schale fein abreiben, Saft auspressen. Beides mit Sojasauce und Zucker verrühren. Knoblauchzehen schälen und dazupressen. Fleisch darin wenden, zugedeckt 1 Stunde marinieren.

Lauch putzen, waschen und schräg in 1/2 cm dicke Scheiben schneiden. Mango schälen, das Fruchtfleisch vom Stein schneiden, würfeln.

Das Fleisch gut abtropfen lassen, Marinade auffangen. Im Wok 4 EL Öl stark erhitzen. Fleisch darin portionsweise in 1–2 Minuten braun anbraten. Herausnehmen.

Das übrige Öl im Wok erhitzen, Curry und Koriander unter Rühren 1 Minute dünsten. Lauch dazufügen und 3 Minuten pfannenrühren.

Marinade und Brühe angießen, aufkochen und den Lauch 2 Minuten garen. Fleisch und Mango untermengen. Alles bei mittlerer Hitze noch 1 Minute ziehen lassen, salzen und pfeffern.

Im Bild vorne: Lammhackfleisch mit Aprikosen.
Im Bild hinten: Schweinecurry mit Aprikosen.

Scharfsaures Lammfleisch

Braucht etwas Zeit

Für 6 Personen
Für die Vindaloo-Paste:
1/2 TL Kardamomsamen (aus etwa 1/2 EL Kapseln)
2 getrocknete Chilischoten
2 TL Kreuzkümmelsamen (Cumin)
1 TL schwarze Pfefferkörner
1 TL schwarze Senfkörner
2 Zimtrinden (je 5–6 cm groß)
1 TL Bockshornkleesamen
4 EL Weißweinessig
2 TL brauner Zucker · Salz
Für das Fleisch:
1 kg Lammkeule ohne Knochen
4 Zwiebeln
6 Knoblauchzehen
etwa 4 cm frische Ingwerwurzel
6 EL Ghee (geklärte Butter) oder Butterschmalz
1 TL Koriander, gemahlen
2 TL Kurkumapulver
2 TL Paprikapulver, edelsüß
2 EL Tomatenmark · Salz

Pro Portion: 650 kcal
Zubereitungszeit: 2 Stunden

Für die Vindaloo-Paste die Kardamomsamen aus den Kapseln lösen. Mit den Chilischoten, dem Kreuzkümmel, den Pfefferkörnern, den Senfkörnern, dem Zimt und den Bockshornkleesamen im Mörser oder in einer elektrischen Kaffeemühle fein zermahlen. Herausnehmen und in eine Schüssel geben. Den Weißweinessig, den braunen Zucker, 2 EL Wasser und 1 TL Salz dazugeben, gut vermischen und beiseite stellen.

Das Lammfleisch kalt abspülen, trockentupfen und in etwa 2 cm große Würfel schneiden. Die Zwiebeln schälen, grob zerkleinern und im Mixer pürieren. Den Knoblauch und den Ingwer schälen, grob zerkleinern und mit 4 EL Wasser im Mixer pürieren.

5 EL Ghee oder Butterschmalz in einem Topf erhitzen. Die Zwiebeln darin bei mittlerer Hitze unter Rühren dunkelbraun anbraten. Die Vindaloo-Paste dazugeben, kurz untermischen. Den Topf von der Herdplatte nehmen.

Den Wok und dann das übrige Ghee oder Butterschmalz darin erhitzen. Die Fleischstücke nach und nach im Fett kräftig anbraten, jeweils mit einem Schaumlöffel herausheben und auf einem Teller beiseite stellen.

Die Ingwer-Knoblauch-Paste hinzufügen und bei mittlerer Hitze etwa 1 Minute anbraten. Den Koriander, den Kurkuma, das Paprikapulver und das Tomatenmark hinzufügen und ebenfalls etwa 1 Minute mitbraten. Dabei ständig rühren. Das Fleisch und die Vindaloo-Paste unterrühren. 300 ml Wasser dazugießen und zum Kochen bringen. Das Fleisch zugedeckt bei schwacher Hitze etwa 45 Minuten garen, bis es weich ist. Zwischendurch umrühren, damit das Fleisch nicht anbrennt. Mit Salz abschmecken und mit Basmatireis servieren.

Lammfleischklößchen

Raffiniert

Für 2 Personen
200 g Lammkeule ohne Knochen
1 EL Reiswein
1 TL Maisstärke (Speisestärke), in 1 EL Wasser angerührt
Salz · 20 g Lauch
20 g Ingwerwurzel
250 g Wachskürbis (geschält und entkernt gewogen)
750 ml Hühnerbrühe
etwas Koriander oder Petersilie zum Garnieren

Pro Portion: 300 kcal
Zubereitungszeit: 40 Minuten

Das Lammfleisch würfeln und durch den Fleischwolf drehen oder mit einem Küchenbeil sehr fein hacken. Das Fleisch mit 1 EL Reiswein, 1 EL kaltem

Wasser, der angerührten Maisstärke und Salz in einer Schüssel vermischen. Den Lauch waschen und putzen, den Ingwer schälen, beides fein hacken und unter die Fleischmasse mischen.

Den Wachskürbis in 5 cm lange, 2 cm breite und dünne Scheiben schneiden.

Die Hühnerbrühe im Wok zum Kochen bringen. Wachskürbisscheiben hineingeben. Die Brühe abschäumen.

Aus der Lammfleischmasse Klößchen von etwa 1 1/2 cm Größe formen und in die Brühe gleiten lassen. Die Klößchen 2–3 Minuten bei schwacher Hitze garen.

Die Lammklößchen und die Kürbisstreifen aus der Brühe nehmen, in eine Schüssel geben und mit dem Koriander oder der Petersilie bestreuen. Einen Teil der Brühe dazugeben und die Klößchen mit gekochtem Reis servieren.

Tipp!

Wachskürbis, auch Wintermelone genannt, finden Sie manchmal im Asienladen. Als Ersatz können Sie Squash-Kürbis (Patisson) verwenden.

Geschmortes Lamm mit Zimt

Für Gäste

Für 4 Personen
700 g Lammkeule ohne Knochen
2 EL Anisschnaps (Ouzo) nach Belieben
Salz · schwarzer Pfeffer
4 EL Olivenöl
8 kleine Zwiebeln
4 Möhren
500 g fest kochende Kartoffeln
100 ml trockener Rotwein (ersatzweise Tomatensaft)
1/2 l Fleischbrühe
2 Lorbeerblätter
2 Stangen Zimt
4 Gewürznelken
600 g kleine Tomaten
2 EL frisch gehackter Dill

Pro Portion: 670 kcal
Marinierzeit: 1 Stunde
Zubereitungszeit: 1 1/4 Stunden

Das Lammfleisch in etwa 3 cm große Würfel schneiden. In einer Schüssel mit dem Anisschnaps, Salz, Pfeffer und 2 EL Öl vermischen. Abdecken und etwa 1 Stunde kühl gestellt marinieren.

Die Zwiebeln schälen und vierteln. Die Möhren schälen, in etwa 3 cm lange Stücke schneiden. Die Kartoffeln waschen, schälen und der Länge nach vierteln.

Den Wok und dann darin das restliche Öl auf mittlerer Stufe erhitzen. Das Fleisch im Öl unter Rühren langsam anbräunen. Erst die Zwiebeln, dann die Möhren und zuletzt die Kartoffeln dazugeben und etwas mitbraten.

Den Rotwein und die Brühe angießen, die Gewürze dazugeben. Alles zugedeckt bei schwacher Hitze etwa 15 Minuten schmoren lassen.

Die Tomaten mit kochendem Wasser überbrühen, häuten und vierteln. Zum Fleisch geben und unterrühren. Noch etwa 45 Minuten schmoren lassen, bis alles gar ist. Mit Salz und Pfeffer abschmecken und mit Dill bestreuen, im Wok servieren.

Roter Lammfleischtopf

Braucht etwas Zeit

Für 6 Personen
1 kg Lammschulter ohne Knochen
etwa 4 cm Ingwerwurzel
4 Knoblauchzehen · 6 Zwiebeln
10 EL Ghee (geklärte Butter)
8 grüne Kardamomkapseln
6 Gewürznelken
3 Lorbeerblätter
8 schwarze Pfefferkörner
2 Zimtrinden (je etwa 5 cm)
4 TL Paprikapulver, edelsüß
1/2 TL Chilipulver
2 TL Koriander, gemahlen
2 TL Kreuzkümmel (Cumin), gemahlen · Salz
6 EL Vollmilchjogurt
1/2 TL Garam Masala

Pro Portion: 720 kcal
Zubereitungszeit: 1 3/4 Stunden

Fleisch in etwa 2 cm große Würfel schneiden. Ingwer und Knoblauch schälen, mit 4 EL Wasser pürieren. Zwiebeln schälen und fein hacken.

Das Ghee im Wok erhitzen. Das Fleisch portionsweise kräftig anbraten, beiseite stellen. Kardamom, Nelken, die Lorbeerblätter, Pfeffer und Zimt in das Ghee geben und kurz anbraten. Die Zwiebeln dazugeben und gut braun braten. Die Ingwerpaste hinzufügen und etwa 1 Minute anbraten. Gemahlene Gewürze und Salz dazugeben, 1 weitere Minute braten.

Das Fleisch wieder in den Wok geben. Jogurt unterrühren und etwa 5 Minuten erwärmen. 300 ml Wasser dazugießen und zum Kochen bringen. Das Fleisch zugedeckt bei schwacher Hitze in etwa 50 Minuten weich garen. Zwischendurch umrühren. Garam Masala darüber streuen und servieren.

Lamm mit Spinat

Gelingt leicht

Für 4 Personen
600 g Lammschulter ohne Knochen
600 g Blattspinat
6 Zwiebeln
etwa 3 cm Ingwerwurzel
4 Knoblauchzehen · 8 EL Öl
1/4 TL schwarze Pfefferkörner
5 Gewürznelken
2 Lorbeerblätter
5 grüne Kardamomkapseln
2 TL Kreuzkümmel (Cumin), gemahlen
1/4 TL Chilipulver
1 1/2 TL Kurkumapulver
2 TL Paprikapulver, edelsüß
1 1/2 EL Bockshornkleepulver
Salz · 1 TL Garam Masala
100 ml Sahne

Pro Portion: 537 kcal
Zubereitungszeit: 1 1/2 Stunden

Das Fleisch in etwa 2 cm große Würfel schneiden. Den Spinat waschen, putzen und klein hacken. Die Zwiebeln schälen und fein hacken. Den Ingwer und den Knoblauch schälen und fein reiben.

Den Wok und dann das Öl darin auf mittlerer Stufe erhitzen. Die ganzen Gewürze etwa 1 Minute anbraten. Die Zwiebeln dazugeben und dunkelbraun braten. Knoblauch und Ingwer hinzufügen und alles weitere 2 Minuten unter ständigem Rühren braten.

Das Fleisch hinzufügen und etwa 3 Minuten mitbraten. Die gemahlenen Gewürze dazugeben und alles noch etwa 2 Minuten verrühren. Den Spinat und Salz so lange unterrühren, bis der Spinat zusammenfällt.

Das Fleisch bei schwacher Hitze zugedeckt in etwa 50 Minuten weich schmoren. Dann Garam Masala und die Sahne hinzufügen und weitere 5 Minuten offen köcheln lassen, bis eine dicke hellgrüne Sauce entstanden ist.

Im Bild vorne: Roter Lammfleischtopf. Im Bild hinten: Lamm mit Spinat.

Roastbeef sauerscharf

Etwas teurer

Für 4 Personen
600 g Roastbeef
1 Eiweiß
2 EL Speisestärke
2 EL Sesamöl
schwarzer Pfeffer
etwa 4 cm frische Ingwerwurzel
3 Knoblauchzehen
2 mittelgroße Möhren
250 g Bambussprossen (aus der Dose)
2 dünne Stangen Lauch
1 rote oder grüne Pfefferschote (Chilischote)
200 ml Pflanzenöl zum Braten
4 EL Sojasauce
4 EL Hühnerbrühe
2 EL Sake (Reiswein) oder trockener Sherry (Fino)
2 EL Reis- oder Apfelessig

Pro Portion: 740 kcal
Zubereitungszeit: 45 Minuten

Das Fleisch mit Küchenpapier abreiben. Die Fettschicht an einer Seite leicht anheben, die Sehnen in kleinen Schnitten einritzen und die Fettschicht auf diese Weise vollständig abheben.

Das Fleisch in einen Gefrierbeutel geben und für etwa 30 Minuten ins Gefrierfach legen, bis es leicht angefroren ist. Dann lässt es sich besser schneiden. Das Fleisch auf der Aufschnittmaschine oder mit einem Elektromesser in ganz hauchdünne Scheiben schneiden.

Das Eiweiß halbsteif schlagen, mit 1/2 EL Speisestärke und einigen Tropfen Sesamöl verrühren. Das Fleisch mit Pfeffer übermahlen und mit der Eiweißmischung vermengen. Zugedeckt etwa 15 Minuten durchziehen lassen.

In der Zwischenzeit den Ingwer und die Knoblauchzehen schälen und sehr fein würfeln.

Die Möhren schaben, mit einem Buntmesser längs einritzen und in dünne Scheiben schneiden. Die Bambussprossen in einem Sieb abtropfen lassen und in dünne Scheiben, dann in etwa 1 cm breite und 3 cm lange Streifen schneiden. Den Lauch putzen, längs aufschneiden, gründlich ausspülen und schräg in dünne Ringe schneiden. Nur die hellen Teile verwenden.

Die Pfefferschote längs aufschlitzen, Samenstränge und Kerne sorgfältig entfernen. Die Schotenhälften waschen und gründlich trockentupfen, dann quer in ganz feine Streifchen schneiden.

Vom Pflanzenöl 3 EL abnehmen. Den Rest im Wok rauchheiß werden lassen und das Fleisch darin unter Rühren rundherum Farbe nehmen lassen. Die Fleischscheiben auf den Abtropfrost legen.

Das Bratfett abgießen und den Wok mit Küchenpapier ausreiben. Das restliche Pflanzenöl im Wok erhitzen. Den Ingwer, den Knoblauch, die Möhren und die Bambussprossen darin unter Rühren etwa 1 Minute anbraten. Die Pfefferschote, die Sojasauce und die Hühnerbrühe hinzufügen und alles noch einige Sekunden verrühren.

Die restliche Speisestärke mit dem Reiswein glatt rühren. Das Fleisch und den Lauch in den Wok geben und alles noch etwa 15 Sekunden garen. Dann mit der Speisestärke binden und mit dem Essig abschmecken. Mit dem restlichen Sesamöl beträufelt servieren. Dazu passt am besten gekochter Reis.

Hauchdünn geschnittenes Roastbeef und frisches Gemüse ergeben ein köstliches Gericht, das anspruchsvolle Gäste begeistert.

Rindfleisch mit Brokkoli in Austernsauce

Gelingt leicht

Für 4 Personen
500 g Rinderfilet
1 Zwiebel
1 Knoblauchzehe
1 daumengroßes Stück Ingwer
3 EL Austernsauce
1 EL helle Sojasauce
Salz · Pfeffer
3 TL Speisestärke
1 TL Würz-Sesamöl
500 g Brokkoli
3 EL neutrales Pflanzenöl

Pro Portion: 260 kcal
Zubereitungszeit: 45 Minuten

Das Rindfleisch mit Küchenpapier trocknen und in 1 mm dünne Scheiben, diese in etwa 2 x 3 cm große Stücke schneiden.

Die Zwiebel, den Knoblauch und den Ingwer schälen und fein hacken, jeweils die Hälfte davon mit der Hälfte der Austern- und der Sojasauce, Salz, Pfeffer, 1 TL Speisestärke und dem Sesamöl verrühren. Das Fleisch in dieser Marinade wenden und etwa 20 Minuten ziehen lassen.

Den Brokkoli waschen, putzen und in kleine Röschen zerteilen. Die Stiele schälen und in dünne Scheiben oder feine Stifte schneiden. In 150 ml kochendem Salzwasser 3 Minuten überbrühen, gut abtropfen lassen, dabei den Sud auffangen und mit der restlichen Austern- und Sojasauce verrühren.

Den Wok und dann das Pflanzenöl darin erhitzen. Den Rest der Zwiebel-Mischung im Öl glasig werden lassen. Das Fleisch dazugeben und bei starker Hitze unter ständigem Rühren und Wenden 2 Minuten anbraten. Herausnehmen.

Den Brokkoli bei mittlerer Hitze im Wok in der Fleischsauce kurz braten. Die restliche Speisestärke mit dem Brokkolisud verrühren, in den Wok gießen. Kurz aufkochen, bis die Sauce gebunden ist. Das Fleisch wieder untermischen und mit den übrigen Zutaten abschmecken, sofort heiß servieren.

Tipp!

Die Austernsauce gibt es in Asienläden und gut sortierten Asienabteilungen. Grundlage ist ein Extrakt aus Austern mit pikanten Gewürzen, sie schmeckt aber weniger nach Fisch als der Name vermuten lässt.

Gebratenes Rindfleisch mit grünen Bohnen

Schnell

Für 4 Personen
400 g Rindfleisch zum Braten (Schlegel oder Oberschale)
1 Zwiebel
1 Knoblauchzehe
2 EL helle chinesische Sojasauce
1 EL Fischsauce
Salz
1 Prise Zucker
schwarzer Pfeffer
500 g grüne Bohnen
4 Tomaten
50 g kandierte oder geröstete Erdnüsse
3 EL Pflanzenöl
1 TL frisch gehacktes Koriandergrün oder Petersilie

Pro Portion: 346 kcal
Zubereitungszeit: 30 Minuten

Das Rindfleisch in dünne Scheiben schneiden. Die Zwiebel und den Knoblauch schälen und klein hacken.

Für das Fleisch eine Marinade bereiten: dafür die Hälfte der gehackten Zwiebel und des Knoblauchs mit der Sojasauce, der Fischsauce, etwas Salz, einer Prise Zucker und dem Pfeffer mischen. Das Fleisch darin umwenden und etwas ziehen lassen.

Die Bohnen waschen, die Spitzen abschneiden und eventuell die Fäden abziehen. Die Bohnen längs halbieren, quer in Stücke schneiden und in kochendem Wasser 1/2 Minute überbrühen, dann in ein Sieb gießen, kalt überbrausen und abtropfen lassen. Die Tomaten waschen, vom grünen Stielansatz befreien, entkernen und in dünne Scheiben schneiden. Die Erdnüsse im Mörser klein stampfen.

Den Wok erhitzen. Das Öl darin heiß werden lassen. Die restliche Zwiebel und den restlichen Knoblauch im Öl glasig braten. Das Rindfleisch hineingeben, 1 Minute bei starker Hitze pfannenrühren, dann herausheben und in eine Schüssel geben.

Die Bohnen und die Tomaten in den Wok geben und bei starker Hitze 5 Minuten unter Rühren braten. Die Erdnüsse zugeben und dann das Fleisch wieder untermischen. Mit Salz abschmecken und erhitzen.

Das Ganze aus dem Wok nehmen und mit Koriandergrün oder Petersilie und Pfeffer bestreuen. Heiß servieren. Dazu passt gekochter Reis, Sojasauce oder Fischsauce und eine scharfe Chilisauce.

Gebratenes Rindfleisch mit drei Sorten Pilzen

Etwas teurer

Für 4 Personen
10 getrocknete Tongkupilze (Shiitake-Pilze)
20 getrocknete chinesische Morcheln (Mu-Err)
10 Strohpilze (aus der Dose)
500 g Rindfleisch (Lende oder Schlegel)
1 Zwiebel
1 Frühlingszwiebel
1 EL Fischsauce
1 EL Austernsauce
1 TL Zucker
Salz · schwarzer Pfeffer
3 EL Pflanzenöl
1/2 TL Sesamöl
5 EL Fleischbrühe
1 EL frisch gehacktes Koriandergrün oder Petersilie

Pro Portion: 409 kcal
Zubereitungszeit: 30 Minuten

Die Tongkupilze und die Morcheln in heißem Wasser 15 Minuten einweichen. Strohpilze abtropfen lassen. Das Rindfleisch in 2 x 3 cm große und 2 mm dicke Scheibchen schneiden. Die Zwiebel schälen, halbieren und in dickere Halbringe schneiden, 2 der Zwiebelhalbringe klein hacken. Das grüne Lauch der Frühlingszwiebel waschen und in feine Ringe schneiden.

Für das Fleisch aus der gehackten Zwiebel, 1/2 EL Fischsauce, 1/2 EL Austernsauce, 1/2 TL Zucker, Salz und Pfeffer eine Marinade rühren. Das Fleisch darin wenden und 15 Minuten ziehen lassen.

Die Tongkupilze waschen und entstielen. Morcheln gründlich waschen, von holzigen Stielen befreien und abtropfen lassen; dann halbieren oder vierteln. Die Strohpilze halbieren.

Den Wok erhitzen. Das Pflanzenöl und Sesamöl darin heiß werden lassen. Die Zwiebelringe im Öl kurz anbraten. Das Fleisch dazugeben und bei starker Hitze 2 Minuten unter Rühren anbraten. Das Fleisch aus dem Wok nehmen und in einer Schüssel warm stellen. Die Pilze in den Wok geben und bei mittlerer Hitze in der Fleischsauce anbraten. Mit dem Rest der Gewürze und der Saucen abschmecken und die Brühe dazugießen. Das Ganze bei starker Hitze aufkochen lassen. Das Fleisch und das Frühlingszwiebelgrün dazugeben und vermischen.

Das Gericht auf einen vorgewärmten Teller geben, mit Pfeffer bestreuen und mit dem Koriandergrün oder der Petersilie verzieren. Dazu passt Reis und eine Chilisauce, Fischsauce oder Sojasauce.

Geschmorte Gurke mit Rindfleisch

Gelingt leicht

Für 4 Personen
1 große Salatgurke (500 g)
Salz
400 g Rindfleisch (Hüfte)
1 Knoblauchzehe
1 rote oder grüne Chilischote
4 Frühlingszwiebeln
3 EL Erdnussöl
4 EL süße Sojasauce
2 EL Hühnerbrühe
1 TL Würz-Sesamöl

Pro Portion: 290 kcal
Zubereitungszeit: 30 Minuten

Gurke schälen, längs vierteln und entkernen. Gurke würfeln, mit 1 TL Salz vermischen. 10 Minuten ruhen lassen.

Das Fleisch in ganz feine Streifen schneiden. Gurkenwürfel abbrausen und abtropfen lassen. Die Knoblauchzehe schälen und fein hacken. Chilischote putzen, entkernen, waschen und in feine Streifen schneiden. Frühlingszwiebeln waschen und putzen. 1 Zwiebel in hauchdünne Ringe schneiden und beiseite stellen. Die übrigen Frühlingszwiebeln in knapp 2 cm dicke Ringe schneiden.

Den Wok und darin 2 EL Öl erhitzen. Die Fleischstreifen im Öl unter ständigem Rühren rundherum anbräunen. Herausnehmen, mit Sojasauce mischen und beiseite stellen.

Das restliche Erdnussöl im Wok erhitzen, dicke Frühlingszwiebelringe und die Chilischote kurz pfannenrühren. Die Gurkenwürfel dazugeben und etwa 3 Minuten unter Rühren glasig braten.

Das Fleisch mit Bratsaft und die Hühnerbrühe in den Wok geben. Alles unter Rühren etwa 1 Minute schmoren. Mit etwas Salz und Sesamöl würzen. Mit den feinen Zwiebelringen bestreut servieren.

Rindfleisch mit Sojasprossen

Schnell

Für 4 Personen
500 g Rinderfilet
300 g Sojasprossen (frisch oder aus der Dose)
Salz
2 EL Öl
1 Stück frische Ingwerwurzel
Für die Marinade:
1 Stück Lauch
1 Knoblauchzehe
1 EL Speisestärke
2 EL Sojasauce
2 EL Reiswein oder Sherry
2 TL Zucker

Pro Portion: 350 kcal
Zubereitungszeit: 25 Minuten

Das Rinderfilet in etwa 2 cm große Scheibchen schneiden. Für die Marinade den Lauch waschen und in feine Streifen schneiden. Knoblauch schälen und fein hacken. Die mit wenig kaltem Wasser angerührte Stärke mit Lauch, dem Knoblauch und allen übrigen Zutaten für die Marinade vermischen, über das Fleisch gießen und 10 Minuten beiseite stellen.

Sojasprossen waschen, die oben schwimmenden grünen Hülsen entfernen, abtropfen lassen und salzen. Den Wok und darin 1 EL Öl erhitzen und die Keimlinge darin 2 Minuten pfannenrühren. In einer Schüssel warm halten.

Den Ingwer schälen und in Scheibchen schneiden. Das restliche Öl im Wok erhitzen, die Ingwerscheibchen ganz kurz darin braten und wieder herausnehmen. Dann das Rindfleisch 2 Minuten pfannenrühren. Das Fleisch mit den Sojasprossen vermischen und servieren.

Geschmorte Gurke mit Rindfleisch ist ein schönes, leichtes Sommergericht, das auch noch schnell geht.

Koriander-Roastbeef in Tomatensauce

Gut vorzubereiten

Für 4 Personen
600 g Roastbeef
1 Zwiebel
3 Knoblauchzehen
2 EL Sojasauce
2 EL Zitronensaft
2 TL gemahlener Koriander
1 TL schwarzer Pfeffer
1 TL Salz
2 TL brauner Zucker
500 g Tomaten · 3 EL Öl
1 EL Tomatenmark
3 Frühlingszwiebeln

Pro Portion: 480 kcal
Marinierzeit: 12 Stunden
Zubereitungszeit: 45 Minuten

Das Fleisch quer zur Faser in dünne Scheiben schneiden. Zwiebel und Knoblauch schälen und würfeln. Sojasauce, Zitronensaft, Koriander, Pfeffer, Salz und Zucker dazufügen. Alles mit dem Pürierstab fein zerkleinern, über das Fleisch gießen. Zugedeckt im Kühlschrank 3–4 Stunden, besser über Nacht, marinieren.

Dann die Tomaten vom Stielansatz befreien, überbrühen, häuten, vierteln und entkernen. Das Fruchtfleisch hacken. Das Fleisch abtropfen lassen, die Marinade auffangen.

Den Wok und dann das Öl darin stark erhitzen. Das Fleisch portionsweise im Öl auf beiden Seiten in 2–3 Minuten braun braten. Dann alles Fleisch in den Wok geben, die übrige Marinade, Tomaten und Tomatenmark einrühren und aufkochen lassen. Das Fleisch zugedeckt bei schwacher Hitze 20 Minuten schmoren lassen.

Frühlingszwiebeln waschen, putzen und schräg in feine Ringe schneiden. Das Fleisch aus dem Wok heben und auf einer vorgewärmten Platte anrichten. Die Sauce darüber gießen, mit Frühlingszwiebeln bestreuen und servieren.

Gebratenes Rinderfilet

Schnell

Für 4 Personen
500 g Rinderfilet
75 g Stangensellerie
30 g Ingwerwurzel
2 EL Pflanzenöl · Salz
1 EL Reiswein
1/2 EL scharfe Bohnenpaste
1 Prise Zucker
1 TL Essig
2 EL Sesamöl
gemahlener Sichuan-Pfeffer

Pro Portion: 230 kcal
Zubereitungszeit: 20 Minuten

Das Rindfleisch quer zur Faser in dünne Scheiben, dann in etwa 5 cm lange, feine Streifen schneiden. Sellerie putzen, waschen und in etwa 3 cm lange Stücke schneiden. Sind die Stücke zu dick, noch ein- oder zweimal längs durchschneiden. Den Ingwer schälen und in ganz feine Streifen schneiden.

Den Wok erhitzen. Das Öl hineingeben und heiß werden lassen. Rindfleisch dazugeben und unter Rühren bei starker Hitze braten, bis es nicht mehr zusammenklebt. Salz, 1 EL Reiswein und den Ingwer dazugeben und unter Rühren noch etwa 2 Minuten braten, bis die meiste Flüssigkeit verdampft ist.

Die Bohnenpaste dazugeben und alles noch 1 Minute unter Rühren braten. Sellerie und eine Prise Zucker untermischen und 1/2 Minute braten.

Das Rindfleisch auf eine Platte geben, mit Essig und Sesamöl beträufeln und mit Sichuan-Pfeffer bestreuen.

Koriander-Roastbeef in Tomatensauce wird durch das Marinieren wunderbar zart und würzig.

Paprika-Zitronen-Fleisch

Raffiniert

Für 4 Personen
5 Stängel Zitronengras
4 Knoblauchzehen
150 g Schalotten
500 g Rinderfilet
2 große rote Paprikaschoten
2 EL Öl
5 EL Fischsauce
1 TL Kurkuma
1 TL Zucker · Pfeffer

Pro Portion: 230 kcal
Einweichzeit: 5 Stunden
Zubereitungszeit: 30 Minuten

Zitronengras waschen, nur die dicken Endstücke in feine Scheiben schneiden und 4–5 Stunden in lauwarmem Wasser einweichen.

Knoblauch und die Schalotten schälen und fein würfeln. Das Zitronengras abseihen und dazugeben.

Das Rinderfilet fein schnetzeln und mit der Knoblauch-Zwiebel-Mischung vermengen. Die Paprikaschoten halbieren, putzen, waschen und in feine Streifen schneiden.

Den Wok und dann das Öl darin erhitzen. Die Paprikastreifen unter Rühren etwa 2 Minuten anbraten, dann an den Rand schieben.

Nach und nach das Fleisch in die Mitte des Woks geben und unter Rühren scharf anbraten. Fischsauce, Kurkuma, Zucker und Pfeffer unterrühren, nur noch etwa 2 Minuten garen. Dazu Reis servieren.

Rindfleisch mit Zitronengras

Exotisch

Für 4 Personen
250 g Reisnudeln
500 g Rindfleisch (Lende)
2 Stängel Zitronengras
2 Knoblauchzehen
2 EL Fischsauce
1/2 TL Shrimpspaste
1 TL Zucker · Salz · Pfeffer
1 Zwiebel
50 g geröstete Erdnüsse
Für die Beilage:
8 Salatblätter · 1 Möhre
1 kleine Salatgurke
50 g Sojabohnensprossen
2 EL frisch gehackte Minze
1 TL frisch gehacktes Koriandergrün oder Petersilie
Für die Sauce:
3 TL Zucker · 2 TL Obstessig
1 TL Zitronensaft
3 TL Fischsauce
1 Chilischote oder
1 TL Sambal oelek
1 Knoblauchzehe
3 EL Pflanzenöl
5 Tropfen Sesamöl

Pro Portion: 656 kcal
Zubereitungszeit: 50 Minuten

Die Reisnudeln 20 Minuten in kaltem Wasser einweichen.

Das Rindfleisch in 2 x 3 cm große und 1 mm dicke Scheibchen schneiden. Das Zitronengras waschen, mit einem Hammer zerquetschen, in sehr dünne Scheibchen schneiden und klein hacken. Die Knoblauchzehen schälen und fein hacken. Beides mit der Fischsauce, der Shrimpspaste, dem Zucker, Salz und Pfeffer zu einer Marinade verrühren und das geschnetzelte Rindfleisch darin 20 Minuten ziehen lassen.

Die Zwiebel schälen, halbieren und in Halbringe schneiden. Die Erdnüsse in einem Mixer zerkleinern oder im Mörser fein zerstampfen und in eine Schale füllen.

Für die Reisnudeln Salzwasser in einem großen Topf zum Kochen bringen.

Währenddessen die Beilage und die Sauce vorbereiten: Die Salatblätter waschen und abtropfen lassen. Die Möhre waschen, schälen und in dünne Scheiben schneiden. Die Gurke waschen, schälen und in sehr feine nudeldünne Streifen schneiden. Die Sojabohnensprossen waschen und die grünen, oben schwimmenden Hülsen entfernen. Die Sprossen abtropfen lassen. Das Ganze auf einen großen Salatteller legen, dass die Farben zur Wirkung kommen: grün (Salat), orange (Möhre), weiß (Sojabohnensprossen und Gurke), tiefgrün (Kräuter).

Für die Sauce den Zucker in dem Essig und dem Zitronensaft auflösen. Die Fischsauce und 9 TL Wasser dazugeben. Die Chilischote waschen und entkernen. Den Knoblauch schälen, klein hacken und zusammen mit der Chilischote (oder dem Sambal oelek) im Mörser zerstampfen. Die scharfe Paste in die Sauce geben und alles gut verrühren. Die Sauce in ein Schälchen füllen.

Die Reisnudeln in das kochende Wasser rühren und 5 Minuten kochen. In ein Sieb geben, mit kaltem Wasser überbrausen und abtropfen lassen. Die Nudeln in eine Schüssel geben und warm stellen.

Den Wok erhitzen. Das Pflanzenöl und das Sesamöl darin heiß werden lassen. Die Zwiebel im Wok glasig braten. Das Fleisch hineingeben und bei starker Hitze unter ständigem Rühren 3 Minuten anbraten. Mit 4 EL Wasser ablöschen und nochmals abschmecken. Das Ganze herausnehmen und auf einen vorgewärmten Teller legen. Einen Teil der bereit gestellten Erdnüsse und Pfeffer über das Fleisch geben und mit dem restlichen Koriandergrün oder der restlichen Petersilie verzieren.

Pro Portion in eine Reisschale in die Mitte Nudeln geben, mit buntem Salat umkränzen, das Fleisch obenauf legen und darüber die restlichen Erdnüsse und die Kräuter streuen. Die Fischsauce darüber gießen. Das Ganze beim Essen vermischen.

Rindfleisch mit Kokosraspeln

Für Gäste

Für 4 Personen
1 daumendickes Stück getrocknete Tamarinde
500 g Rindfleisch (Lende oder Filet)
3 Knoblauchzehen
1 Zwiebel
1 EL Korianderpulver
1 TL frisch gehacktes Basilikum
1 EL brauner Zucker
2 EL Pflanzenöl
Salz · Pfeffer
200 g frische Kokosnussraspel (oder 150 g getrocknete)
2 Lorbeerblätter (möglichst indonesische)

Pro Portion: 520 kcal
Zubereitungszeit: 40 Minuten

Die getrocknete Tamarinde mit 3 TL heißem Wasser einweichen, kneten und durch ein Sieb streichen.

Das Rindfleisch in dünne Scheiben schneiden. Knoblauch schälen und zerdrücken. Die Zwiebel schälen und klein hacken. Das Tamarindenmus, Korianderpulver, Basilikum und den braunen Zucker zu einer Gewürzpaste verkneten. Mit dem Knoblauch und der Zwiebel vermischen.

Den Wok heiß werden lassen und das Öl darin erhitzen. Die Gewürzpaste 5 Minuten darin braten. Die Fleischscheiben zufügen und bei starker Hitze 3 Minuten pfannenrühren. Mit Salz und Pfeffer abschmecken. Das Fleisch vom Herd nehmen und warm stellen.

Den Wok mit Küchenpapier gut säubern und erneut erhitzen. Die Kokosnussraspel zusammen mit den Lorbeerblättern in den trockenen Wok geben und bei schwacher Hitze rösten. Vorsicht! Sie brennen schnell an, daher ununterbrochen rühren, bis sie hellbraun geworden sind.

Das Fleisch wieder zugeben und 2 Minuten in den Kokosraspeln wälzen. Die Lorbeerblätter entfernen und das Gericht sofort servieren. Dazu Basmati-Reis servieren.

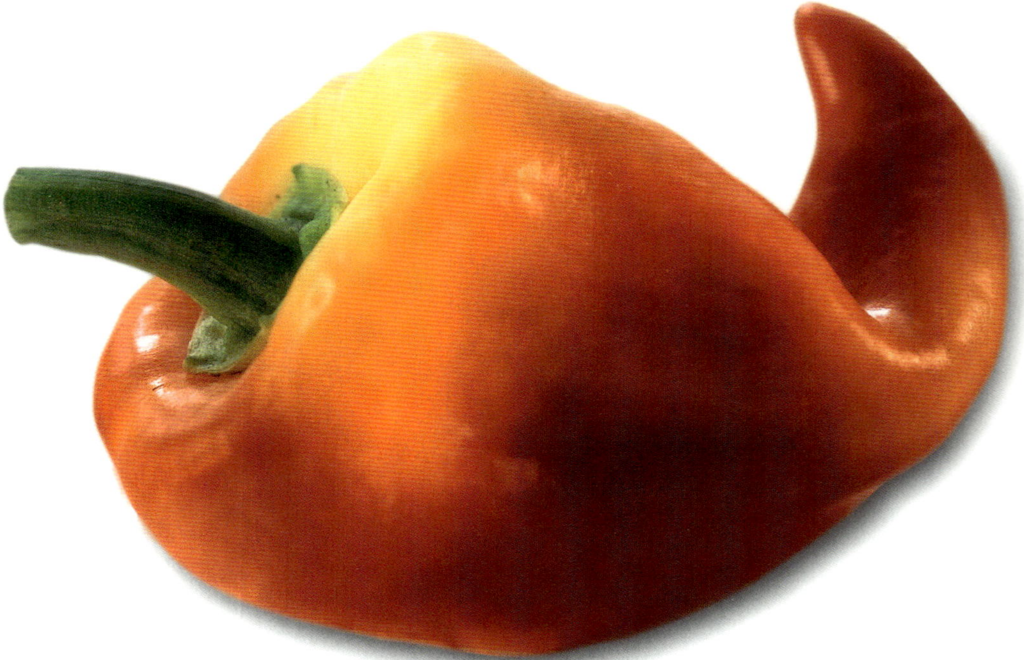

Vegetarisch

- Die fleischlose Küche ist in Asien weit verbreitet, in China, Japan und in Indien findet man die originellsten Rezepte.

- Knackfrisches Gemüse, im Wok pfannengerührt und mit raffinierten Saucen gewürzt, ergibt ein schnelles und gesundes Essen.

- Wertvolles Eiweiß liefert die Sojabohne, aus der ein vielseitig zu verwendendes Produkt, der Tofu, gewonnen wird.

Dass es in Asien so viele Gerichte mit Gemüse gibt, liegt natürlich auch daran, dass ein Stück Fleisch oder ein Fisch teurer als frisches Gemüse vom Markt ist. Doch streng vegetarisch sind viele davon nicht, ein bisschen Fleisch, ein wenig Schinken oder wenigstens etwas Hühnerbrühe oder Fischsauce sollen oft dem Gemüsegericht einen kräftigeren Geschmack verleihen. Eine alte chinesische Geschichte berichtet, beim Wettbewerb der Meisterköche um das beste vegetarische Rezept habe einer der Mitstreiter vorher ein Tuch mit konzentrierter Hühnerbrühe getränkt und trocknen lassen. Ganz »zufällig« fiel ihm beim Kochen das Tuch in den Wok – worauf sein Rezept wegen seines außerordentlichen Wohlgeschmacks als das beste prämiert wurde.

Aber es gibt auch in China echte vegetarische Rezepte. Meist sind es religiöse Regeln, die den Genuss von Fleisch und Fisch verbieten. Viele Rezepte sind aus der Tradition buddhistischer Mönche entstanden, in deren Klöstern die fleischlose Küche entwickelt und verfeinert wurde. Deren Köche verstanden es, nicht nur durch geschickte Kombination von verschiedenen Gemüsesorten und Zutaten die unterschiedlichsten Aromen und Strukturen zu zaubern, sondern auch aus einem Produkt der Sojabohne, dem Tofu, Fleisch, Geflügel und Fisch nachzuformen. Mit solchen naturgetreuen Imitaten wurden vor allem die Festtafeln geschmückt.

Sojabohnen

Vor über 3000 Jahren wurde bereits im Norden Chinas eine Pflanze kultiviert, deren dunkle Samen eine Energiequelle besonderer Art darstellen. Durch ihren hohen Eiweißgehalt sind Sojabohnen ein wichtiges Grundnahrungsmittel, früher vor allem für die vegetarische Ernährung der Taoisten, für die die gesundheitlichen Aspekte des Essens von besonder Bedeutung waren und die vor allem die Sojasprossen als Heilmittel verwendeten.

Sojabohnen sind kleine, ovale Hülsenfrüchte, deren Farbskala von Schwarz über Rot und Grün zu Gelb reicht und die zu den unterschiedlichsten Produkten verarbeitet werden. Man kann ohne Übertreibung sagen, ohne die Sojabohnen gäbe es keine asiatische Küche wie wir sie kennen. Ob Sojasauce oder Tamari, Shoyu, Tofu, Miso, Tempeh – alles wird aus den unscheinbaren Bohnen erzeugt. Außerdem werden in Asien auch die frischen Bohnen wie die getrockneten Kerne als Hülsenfrüchte gegessen. Und natürlich auch

Außer dem weißen Natur-Tofu findet man in Naturkostläden und Reformhäusern auch geräucherten Tofu mit brauner Rinde, Räuchertofu mit Pilzen oder Algen und Gemüsetofu.

die Sojasprossen (die aber meist aus den ähnlich aussehenden Mungobohnen gekeimt werden).

Tofu oder was?

Der Sojabohnenquark ist ursprünglich eine Erfindung der Chinesen und wird von ihnen »Dau fu« genannt. Aber bei uns hat sich die japanische Bezeichnung »Tofu« eingebürgert. Mittlerweile hat er in viele vegetarische Küchen Einzug gehalten, weil er ein preiswerter, gesunder und auch noch cholesterinfreier Eiweißlieferant ist.

Bei der Herstellung werden Sojabohnen eingeweicht und gekocht, das Bohneneiweiß durch Gerinnungsmittel wie bei der Käseherstellung ausgefällt und die quarkähnliche Masse in mit Tüchern ausgekleideten Formen gepresst – wobei das typische Muster der Tofuoberfläche entsteht. Dabei fließt Sojamolke oder Sojamilch ab, die wiederum Verwendung findet. Je nach Pressdruck und -zeit gibt es eine weiche oder eine feste Masse. Weicher Tofu kann wie unser Quark verwendet werden, da er neutral schmeckt, ist er auch für süße Gerichte geeignet. Festerer Tofu wird in Asien auf vielfältigste Art »veredelt« – mit Gewürzen, Pilzen oder Algen versetzt, mit Gemüse gemischt, pikant geräuchert, zu Blättern oder Nudeln oder sogar zu vegetarischen Garnelen oder Würsten geformt.

Bei uns ist die Auswahl an Tofuprodukten kleiner und die nachfolgenden Rezepte beschränken sich auf die Sorten, die Sie bei uns in Naturkostläden und Reformhäusern erhalten. Allerdings ist Natur-Tofu recht feucht, sodass er vor dem Braten im Wok gut mit Küchenpapier getrocknet werden muss, sonst spritzt das Fett. Besser lässt sich Tofu braten, wenn Sie ihn vorher pressen: Die Tofustücke in 2–3 cm dicke Scheiben schneiden, auf ein Tuch legen und mit einem zweiten Tuch bedecken. Darauf ein Küchenbrett legen und beschweren (zum Beispiel mit Konservendosen oder einem Topf mit Wasser). Einige Stunden, am besten sogar über Nacht, die Molke auspressen. Dann lässt er sich bestens braten.

Eine der interessantesten, vielfältigsten und abwechslungsreichsten vegetarischen Küchen hat sich in Indien entwickelt. Da Hindus an die Wiedergeburt glauben, könnte natürlich in jedem Körper eines Tieres eine menschliche Seele stecken. Die Vorliebe für fleischloses Essen hat aber auch damit zu tun, dass Fleisch und Geflügel für viele Inder gar nicht erschwinglich sind. Und im heißen Südindien wären früher ohne Kühlschrank Fisch und Fleisch schnell verdorben.

Indische Dals

Eine Portion Hülsenfrüchte wird in Indien täglich zum Hauptgericht gegessen, da es hochwertiges pflanzliches Eiweiß, Eisen und Vitamine der B-Gruppe enthält. Für Abwechslung ist gesorgt, denn in Indien kennt man eine Vielzahl von Erbsen-, Linsen- und Bohnensorten. Geschälte und oft auch halbierte Hülsenfrüchte werden »Dal« genannt und sind in allen Asienläden erhältlich. »Dal« heißt auch das Gericht, das daraus zubereitet wird.

Am bekanntesten sind die geschälten roten Linsen, Masur Dal genannt, die es bei uns schon in Supermärkten gibt. Sie sind müssen nicht eingeweicht werden und sind in wenigen Minuten weich. Mung Dal sind geschälte und halbierte Mungobohnen, die eingeweicht werden müssen und nach gut 45 Minuten Kochzeit gar sind. Ebenso zubereitet wird Chana Dal, geschälte und halbierte kleine Kichererbsen.

Kartoffel-Wirsing-Curry

Gelingt leicht

Für 4 Personen
500 g fest kochende Kartoffeln
1 kleiner junger Wirsing (etwa 500 g)
2 Zwiebeln
3 Tomaten
etwa 2 cm frischer Ingwer
2 TL Kurkumapulver
1 TL gemahlener Kreuzkümmel
1 TL gemahlener Koriander
1/2 TL Zimtpulver
1/2 TL Senfpulver
1/4 TL Cayennepfeffer · Salz
4 EL neutrales Öl
5 EL Vollmilch-Jogurt
250 ml Gemüsebrühe

Pro Portion: 260 kcal
Zubereitungszeit: 45 Minuten

Kartoffeln waschen, schälen und in 2 cm große Würfel schneiden. Wirsing putzen, waschen und vierteln. Die Viertel vom Strunk befreien und in feine Streifen schneiden. Zwiebeln schälen, halbieren und in Ringe schneiden.

Tomaten kurz überbrühen, häuten und vierteln, Stielansätze entfernen. Ingwer schälen und fein hacken. Gewürze mit etwas Salz mischen.

Den Wok erhitzen. Öl darin heiß werden lassen. Kartoffeln, Zwiebeln und Wirsing im Öl bei starker Hitze unter Rühren 5 Minuten braten. Dann die Gewürzmischung mit dem Ingwer dazugeben und weitere 2 Minuten braten, bis es würzig duftet.

Tomaten mit Jogurt und Gemüsebrühe dazugeben, nachwürzen, dann zugedeckt bei mittlerer Hitze 12–15 Minuten garen, bis Kartoffeln und Wirsing weich sind. Zu diesem Curry schmeckt Reis oder indisches Fladenbrot.

Linsen-Curry

Scharf

Für 4 Personen
250 g rote Linsen (Masur Dal)
Salz · schwarzer Pfeffer
1 Bund Frühlingszwiebeln
3 Knoblauchzehen
4 rote Chilischoten
2 rote Paprikaschoten
2 EL Butterschmalz
1 1/2 EL Currypulver

Pro Portion: 290 kcal
Zubereitungszeit: 40 Minuten

Die Linsen gründlich verlesen (oft sind Steine dazwischen) und waschen. In gut 1/2 l kaltem Wasser unter Rühren aufkochen, salzen, pfeffern und zugedeckt in knapp 10 Minuten bissfest kochen.

Inzwischen Frühlingszwiebeln putzen, waschen und in etwa 1/2 cm dicke Ringe schneiden. Den Knoblauch schälen und fein hacken. Die Chilischoten putzen, aufschlitzen und die Kerne auswaschen, die Schoten in hauchdünne Ringe schneiden.

Die Paprikaschoten halbieren, die Trennhäute, die Stängelansätze und die Kerne entfernen. Die Schotenhälften waschen und in feine Streifen schneiden.

Den Wok und dann das Butterschmalz darin erhitzen. Die Frühlingszwiebeln, den Knoblauch, die Chiliringe und die Paprikastreifen dazugeben und unter Rühren etwa 2 Minuten braten.

Das Currypulver darüber streuen und unter Rühren kurz anschwitzen, dann die gekochten Linsen mit Flüssigkeit dazugeben. Alles kurz verrühren und erhitzen, mit Salz und Pfeffer abschmecken und heiß servieren.

Das Kartoffel-Wirsing-Curry schmeckt mit seinen vielen Gewürze sehr aromatisch.

Kartoffelpflänzchen

Gut vorzubereiten

Für 4 Personen
Für die Pflänzchen:
750 g mehlig kochende Kartoffeln
1 unbehandelte Zitrone
1 Bund Petersilie
2 Knoblauchzehen
1 Bund Frühlingszwiebeln
1 EL Sonnenblumenkerne
Salz · schwarzer Pfeffer
75 g Dinkelmehl (Type 1050)
1 Ei
Für den Salat:
1 Salatgurke
1 rote Chilischote
1 Knoblauchzehe
1 rote Zwiebel
5 EL heller Reisessig (ersatzweise milder Weißwein- oder Apfelessig)
3 EL Zucker · Salz

Pro Portion: 320 kcal
Zubereitungszeit: 1 Stunde

Für die Pflänzchen die Kartoffeln waschen, schälen und in etwa 2 cm große Würfel schneiden. In einen Dämpfeinsatz geben. Im Wok 125 ml Wasser zum Kochen bringen. Den Dämpfeinsatz darüber stellen und die Kartoffeln zugedeckt in 15–20 Minuten weich garen.

Inzwischen für die Füllung die Zitrone heiß abwaschen und abtrocknen. Die Schale hauchdünn abschneiden und sehr fein hacken. Die Petersilie waschen, die Blättchen abzupfen und ebenfalls fein hacken. Den Knoblauch schälen und durch die Presse drücken. Frühlingszwiebeln waschen, putzen und mit dem helleren Grün ebenfalls sehr fein zerkleinern. Sonnenblumenkerne grob hacken. Alle diese Zutaten für die Füllung mischen und mit Salz und Pfeffer würzen.

Kartoffeln etwas ausdämpfen lassen. Mit dem Kartoffelstampfer sehr fein zerdrücken und auskühlen lassen.

Für den Salat die Gurke schälen und längs halbieren. Die Kerne mit einem Teelöffel herauskratzen, die Gurke in feine Scheiben schneiden. Chilischote waschen, Stielansatz abschneiden und die Schote mit oder ohne Kerne (mit: schärfer) in feine Ringe teilen. Knoblauchzehe und die rote Zwiebel schälen und hacken.

Essig mit 5 EL Wasser, Zucker und Salz erwärmen, bis der Zucker sich aufgelöst hat. Mit Gurkenscheiben, Chiliringen, Knoblauch und Zwiebel vermischen, eventuell noch mit Salz abschmecken.

Die Kartoffeln mit Mehl, Ei und 1 kräftigen Prise Salz gründlich mischen. Den Kartoffelteig in 16 Stücke teilen und zu flachen Pflänzchen formen. Die Hälfte der Pflänzchen mit der Zitronen-Kräuter-Füllung belegen, dabei rundherum einen Rand frei lassen. Die andere Hälfte der Pflänzchen darüber legen und die Ränder gut zusammendrücken.

Die Pflänzchen nebeneinander in den Dämpfeinsatz legen. Das Wasser im Wok auffüllen und wieder zum Kochen bringen. Den Dämpfeinsatz in den Wok stellen und die Pflänzchen zugedeckt bei starker Hitze etwa 10 Minuten dämpfen.

Die gedämpften Kartoffelpflänzchen auf vorgewärmte Teller verteilen und mit dem Gurkensalat servieren.

Mal nicht gebraten, sondern gedämpft werden diese raffinierten Kartoffelpflänzchen mit Zitronen-Kräuter-Füllung.

Spinatnocken mit Schalotten-Chutney

Braucht etwas Zeit

Für 4 Personen
500 g mehlig kochende Kartoffeln · Salz
400 g kräftiger Blattspinat
1 Knoblauchzehe
4 EL Öl
5 Eier
2 TL Thymian
100 g Greyerzer (oder Emmentaler), frisch gerieben
3 EL Semmelbrösel
schwarzer Pfeffer
400 g Schalotten
100 ml kräftiger Rotwein (ersatzweise Gemüsebrühe)
100 ml Gemüsebrühe
3 TL Johannisbeergelee
1 Msp. Backpulver
400 g Butterschmalz zum Ausbacken

Pro Portion: 830 kcal
Zubereitungszeit: 1 Stunde

Die Kartoffeln mit Schale in wenig Salzwasser gar kochen. Inzwischen reichlich Salzwasser zum Kochen bringen. Den Spinat putzen und gründlich waschen. Im Salzwasser etwa 1 Minute blanchieren. Dann eiskalt abschrecken, abtropfen lassen, gut ausdrücken und grob hacken. Den Knoblauch schälen und ganz fein hacken.

Den Wok und dann darin 2 EL Öl erhitzen. Den Knoblauch im Öl glasig braten, den Spinat dazugeben und bei mittlerer Hitze unter Rühren 3–4 Minuten dünsten, herausnehmen.

Die Kartoffeln abgießen, pellen und noch heiß durch die Kartoffelpresse in eine Schüssel drücken. Die Eier trennen, Eigelbe dazugeben. Mit Spinat, Thymian, Käse und Semmelbröseln vermengen. Die Masse mit Salz und Pfeffer kräftig würzen.

Die Schalotten schälen und längs in Spalten schneiden. Den Wok säubern und dann darin die restlichen 2 EL Öl erhitzen, die Schalotten im Fett bei mittlerer Hitze glasig braten. Wein und Brühe aufgießen, die Schalotten zugedeckt in etwa 5 Minuten weich dünsten. Gelee unterrühren und das Chutney mit Salz und Pfeffer würzen. Umfüllen und warm halten. Den Wok säubern.

Eiweiße mit Backpulver steif schlagen, unter den Spinatteig heben. Das Butterschmalz portionsweise im Wok erhitzen. Mit zwei Esslöffeln vom Teig Nocken abstechen, im heißen Schmalz rundherum in etwa 5 Minuten goldgelb ausbacken. Auf Küchenpapier abtropfen lassen und mit dem Schalotten-Chutney servieren.

Geschmorte Schwarzwurzeln mit Tongkupilzen

Aus Japan

Für 4 Personen
5 mittelgroße getrocknete Tongkupilze (Shiitake)
300 g Möhren
600 g Schwarzwurzeln
2 etwa daumengroße Stücke frischer Ingwer
4 EL neutrales Öl
4 EL Mirin (süßer Reiswein)
2 EL Zucker
3 EL japanische Sojasauce
schwarzer Pfeffer

Pro Portion: 140 kcal
Zubereitungszeit: 45 Minuten

Die Tongkupilze in eine Schüssel geben, mit warmem Wasser bedecken und etwa 20 Minuten einweichen.

Inzwischen die Möhren putzen, schälen und in etwa 5 cm lange dünne Stifte schneiden. Die Schwarzwurzeln mit einer Bürste unter fließendem Wasser säubern, schälen und in gleich große Stifte wie die Möhren schneiden. Den Ingwer gründlich waschen und mit der Schale auf einer feinen Reibe reiben. Die Pilze in ein Sieb schütten und ausdrücken. Die Stiele entfernen, die Hüte in schmale Streifen schneiden.

Den Wok und dann das Öl darin erhitzen. Die Möhren, die Schwarzwurzeln und die Tongkupilze hineingeben. Den Ingwer ausdrücken. Ingwersaft, Mirin, Zucker, Sojasauce und Pfeffer einrühren. Alles bei schwacher Hitze und lose aufgelegtem Deckel etwa 20 Minuten schmoren lassen.

Gebratene Artischocken

Raffiniert

Für 4 Personen
500 g fest kochende Kartoffeln
Salz
1 Tomate
7 kleine Artischocken (Carciofini)
4 EL Olivenöl
1 EL Zitronensaft
schwarzer Pfeffer
1 EL Schnittlauchröllchen

Pro Portion: 220 kcal
Kühlzeit: 12 Stunden
Zubereitungszeit: 35 Minuten

Bereits am Vortag die Kartoffeln mit Schale in wenig Salzwasser gar kochen. Abgießen und abkühlen lassen.

Zur Zubereitung die Kartoffeln pellen und würfeln. Die Tomate überbrühen, häuten und ohne Stielansatz und Kerne würfeln.

Von den Artischocken die äußeren, harten Blätter entfernen und die Stiele herausbrechen. Artischocken waschen und längs in sehr dünne Scheiben schneiden.

Zuerst den Wok und dann darin 3 EL Öl erhitzen. Die Artischocken im heißen Fett unter ständigem Rühren von beiden Seiten goldbraun braten. Mit Zitronensaft, Salz und Pfeffer würzen, herausheben und warm stellen.

Restliches Öl im Wok heiß werden lassen. Die Kartoffelwürfel unter Wenden darin knusprig braten, salzen und pfeffern. Artischockenscheiben dazugeben und kurz miterhitzen. Das Ganze mit Schnittlauch und Tomatenwürfeln bestreuen und servieren.

Tipp!

Die kleinen, zarten Artischockenknospen (Carciofini oder Cimaroli) finden Sie vor allem im Frühjahr aus Süditalien auf den Gemüsemärkten.

Geschmorte Maiskölbchen mit Pilzen

Gelingt leicht

Für 4 Personen
10 getrocknete Tongkupilze (Shiitake)
20 frische junge (sehr kleine) Maiskölbchen · Salz
1 kleine Dose Waldpilze (250 g)
200 g Bambussprossen in Scheiben (aus der Dose)
3 EL neutrales Pflanzenöl
2 EL helle Sojasauce · Zucker

Pro Portion: 220 kcal
Zubereitungszeit: 30 Minuten

Die Tongkupilze waschen und etwa 10 Minuten in 2 Tassen heißem Wasser einweichen. Maiskolben putzen, waschen, in wenig Salzwasser etwa 5 Minuten kochen. Tongkupilze entstielen, über dem Einweichwasser ausdrücken, Einweichwasser beiseite stellen. Die Waldpilze abtropfen lassen, halbieren. Die Bambussprossen abtropfen lassen.

Den Wok und dann das Öl darin erhitzen, die Pilze im Öl etwa 5 Minuten anbraten. Alle übrigen Zutaten untermischen, Pilzwasser und das Wasser der Maiskolben angießen, bei schwacher Hitze 15–20 Minuten kochen lassen. Zu Reis servieren.

Okrapfanne mit Basmatireis

Exotisch

Für 2 Personen
200 g Möhren
200 g Okraschoten
1/2 rote Paprikaschote
1 etwa walnussgroßes Stück frischer Ingwer
Salz
100 g Basmatireis
5 schwarze Pfefferkörner
1/4 TL Bockshornkleesamen
2 EL Ghee (geklärte Butter); ersatzweise Butterschmalz
1/4 l Gemüsebrühe
1 kleine Zimtstange
1/2 Bund Oregano

Pro Portion: 426 kcal
Zubereitungszeit: 45 Minuten

Die Möhren waschen, putzen und schälen, schräg in Stücke schneiden. Die Okraschoten unter fließendem Wasser waschen, dabei den flaumigen Belag der Schoten abreiben. Schoten putzen und quer halbieren. Die Paprikaschote waschen, putzen und in Rauten schneiden. Den Ingwer schälen und auf einer Gemüsereibe fein reiben.

In einem Topf 175 ml Wasser mit Salz zum Kochen bringen. Den Reis waschen und im Wasser zugedeckt in etwa 15 Minuten garen.

Inzwischen die Pfefferkörner und den Bockshornkleesamen in einem Mörser zerstoßen.

Einen Wok und dann darin das Ghee erhitzen. Die zerstoßenen Gewürze bei mittlerer Hitze im Fett kurz anbraten. Den geriebenen Ingwer dazugeben und kurz mitbraten. Das Gemüse hineingeben, unter Rühren etwas andünsten, dann die Brühe aufgießen. Die Zimtstange dazugeben und alles etwa 10 Minuten zugedeckt garen. Den Oregano waschen, trocknen und die Blättchen abzupfen. Unter das gare Gemüse mischen und servieren.

Bohnen-Kokos-Curry

Braucht etwas Zeit

Für 2 Personen
125 g Kokosflocken
200 g Möhren
200 g feine grüne Bohnen
1 EL Ghee (geklärte Butter)
1 TL Garam Masala
Salz · schwarzer Pfeffer

Pro Portion: 497 kcal
Zubereitungszeit: 45 Minuten

Kokosflocken in eine Schüssel geben und mit 600 ml heißem Wasser übergießen, etwa 15 Minuten quellen lassen.

Das Gemüse putzen und waschen. Die Möhren schälen und in feine Scheiben hobeln, die Bohnen eventuell entfädeln und halbieren.

Einen Wok und dann das Ghee darin erhitzen. Garam Masala darin kurz anbraten. Das Gemüse dazugeben und andünsten. Die Kokosflocken über dem Wok in ein Sieb gießen, die Flocken kräftig mit der Hand ausdrücken. Mit Salz und Pfeffer würzen.

Das Curry zugedeckt im Kokoswasser bei schwacher Hitze etwa 20 Minuten garen. Abschmecken und mit gekochtem Reis servieren.

Im Bild: Bohnen-Kokos-Curry.

Ausgebackenes Gemüse

Preiswert

Für 4 Personen
250 g Kichererbsenmehl
1/2 l Erdnussöl
Salz · Cayennepfeffer
1,2 kg gemischtes Gemüse (fest kochende Kartoffeln, Brokkoli, Kürbis, Möhren und Blumenkohl)
1/2 Bund Koriandergrün
1 Bund Basilikum
1 frische grüne Chilischote
etwa 1 cm frischer Ingwer
300 g stichfester Jogurt
1 TL gemahlener Koriander

Pro Portion: 450 kcal
Zubereitungszeit: 50 Minuten

Für den Teig Kichererbsenmehl in einer Schüssel mit 1 TL Erdnussöl, Salz und einer Prise Cayennepfeffer mischen. 300 ml lauwarmes Wasser langsam unterrühren. Teig 15 Minuten quellen lassen.

Das Gemüse putzen und waschen. Kartoffeln in etwa 1/2 cm dicke Scheiben schneiden, restliches Gemüse in kleine Röschen teilen beziehungsweise würfeln.

Für die Sauce Kräuter waschen und Blättchen abzupfen. Chilischote waschen, putzen und entkernen, Schote grob zerkleinern. Ingwer schälen und würfeln. Koriander, Basilikum, Chiliwürfel und Ingwer mit Jogurt im Mixer fein pürieren. Mit Salz und gemahlenem Koriander würzen.

Restliches Öl im Wok erhitzen. Gemüse portionsweise durch den Teig ziehen, kurz abtropfen lassen und im heißen Fett 4–5 Minuten frittieren, bis es schön gebräunt ist. Auf Küchenpapier entfetten und mit der Sauce servieren.

Gemüsebällchen mit Ingwersauce

Für Gäste

Für 4 Personen
Für die Sauce:
3–4 cm frischer Ingwer
100 g Rettich · 2 EL Sojasauce
2 EL Reisessig
125 ml Gemüsebrühe
einige Tropfen Chiliöl · Salz
Für die Bällchen:
1 rote Zwiebel
1 kleiner Zucchino
1/2 rote Paprikaschote
1 große gekochte Kartoffel (etwa 200 g)
100 g Erbsen (frisch oder tiefgekühlt und aufgetaut)
1 kleines Ei · 1 EL Speisestärke
Salz · schwarzer Pfeffer
1/2 l Öl zum Frittieren

Pro Portion: 200 kcal
Zubereitungszeit: 50 Minuten

Für die Sauce den Ingwer schälen und fein reiben. Rettich schälen und fein hacken. Beides mit Sojasauce, Reisessig und Gemüsebrühe verrühren und mit Chiliöl und Salz pikant abschmecken.

Für die Bällchen Zwiebel, Zucchino, Paprika und Möhre waschen oder schälen, putzen und in grobe Stücke schneiden. Alles im Mixer fein zerkleinern. Kartoffel schälen und fein zerdrücken. Zerkleinertes Gemüse mit Erbsen, Ei und Speisestärke mischen und mit Salz und Pfeffer würzen.

Aus der Gemüsemasse kleine Bällchen formen. Das Öl im Wok erhitzen, bis an einem Holzstäbchen, das man hineintaucht, viele Bläschen aufsteigen.

Gemüsebällchen mit einem Schaumlöffel ins heiße Öl geben und 4–5 Minuten frittieren, bis sie schön gebräunt sind. Die Bällchen abtropfen und auf Küchenpapier abfetten lassen. Mit der Sauce und gekochtem Reis servieren.

Im Bild vorne: Ausgebackenes Gemüse.
Im Bild hinten: Gemüsebällchen mit Ingwersauce.

Blumenkohl im Teigmantel

Braucht etwas Zeit

Für 4 Personen
Für den Teig:
100 g Mehl
100 g Buchweizenmehl (Reformhaus)
1 Msp. Backpulver
1 TL Salz
2 TL Currypulver
1 TL Kurkumapulver
1 walnussgroßes Stück frischer Ingwer
300 ml kohlensäurehaltiges Mineralwasser
Für den Dip:
250 g Vollmilch-Jogurt
150 g Crème fraîche
Saft von 1/2 Zitrone
Salz · schwarzer Peffer
2 Frühlingszwiebeln
2 EL Schnittlauchröllchen
Außerdem:
750 g Blumenkohl
Salz
1/2 l Öl zum Frittieren

Pro Portion: 530 kcal
Quellzeit: 30 Minuten
Zubereitungszeit: 1 Stunde

Für den Teig das Mehl mit dem Buchweizenmehl, Backpulver, Salz, Curry- und Kurkumapulver in einer Schüssel mischen. Den Ingwer schälen, fein reiben und zusammen mit dem Mineralwasser zu der Mehlmischung geben. Alles zu einem glatten Teig verrühren. Den Teig zugedeckt 30 Minuten ruhen lassen.

Inzwischen für den Dip Jogurt und Crème fraîche cremig rühren. Mit Zitronensaft, Salz und Pfeffer abschmecken. Die Frühlingszwiebeln waschen, putzen, längs halbieren und quer in feine Streifen schneiden. Mit den Schnittlauchröllchen unter die Jogurt-Sahne mischen. Beiseite stellen.

Den Blumenkohl waschen, putzen und in mundgerechte Röschen teilen. In kochendem Salzwasser 1 Minute blanchieren, eiskalt abschrecken und gut abtropfen lassen.

In einem Wok das Öl erhitzen (180° oder bis an einem Holzstäbchen, das man hineintaucht, viele Bläschen aufsteigen). Die Blumenkohlröschen portionsweise in den Teig tauchen. In das heiße Öl gleiten lassen und in 5 Minuten goldbraun und knusprig ausbacken. Mit einer Schaumkelle aus dem Fett heben. Auf dem Abtropfrost oder auf Küchenpapier kurz abtropfen lassen, sofort servieren. Den Jogurt-Dip dazu reichen.

Blumenkohl mit Chilischoten

Aus Indonesien

Für 5 Personen
4 Knoblauchzehen
2 etwa daumengroße Stücke frischer Ingwer
2 rote Chillies
5 Schalotten
3 Frühlingszwiebeln
1 Blumenkohl (etwa 1 kg)
Salz
5 EL neutrales Öl
3 EL helle Sojasauce
1 EL Zucker

Pro Portion: 160 kcal
Zubereitungszeit: 30 Minuten

Knoblauch und Ingwer schälen und fein hacken. Die Chillies waschen, putzen und in feine Stifte schneiden. Die Schalotten schälen und fein hacken. Die Frühlingszwiebeln putzen, waschen und in etwa 4 cm lange Stücke schneiden.

Den Blumenkohl putzen, waschen und in mundgerechte Röschen zerteilen. In kochendem Salzwasser etwa 5 Minuten garen. In ein Sieb schütten und abtropfen lassen.

Den Wok und dann das Öl darin erhitzen. Knoblauch, Ingwer, Chillies und Schalotten im Öl bei starker Hitze unter ständigem Wenden etwa 2 Minuten braten. Den

Blumenkohl, Sojasauce, etwas Salz, Zucker und etwa 1/8 l Wasser hinzufügen. Alles bei mittlerer Hitze zugedeckt etwa 10 Minuten dünsten.

Spinatrollen

Preiswert

Für 4 Personen
20 große Spinatblätter
Salz · 1 Frühlingszwiebel
2 Knoblauchzehen
1 daumengroßes Stück Ingwer
250 g Tofu
1 Ei
3 EL helle Sojasauce
1 EL Reiswein
2 EL Speisestärke
Pfeffer · Zucker
250 ml Gemüsebrühe
etwas Sesamöl

Pro Portion: 120 kcal
Zubereitungszeit: 45 Minuten

Spinatblätter waschen. Gut 1 Minute in kochendem Salzwasser blanchieren, gründlich abtropfen lassen.

Die Frühlingszwiebel putzen, waschen und klein würfeln, Knoblauchzehen und den Ingwer schälen und fein hacken, den Tofu klein würfeln. Alles mit dem Ei, Sojasauce, Reiswein, 1 EL Speisestärke, Salz, Pfeffer und einer Prise Zucker gründlich vermischen. Spinatblätter ausbreiten, je 1 EL Füllung darauf geben und zur Wurst formen. Die Blätter aufrollen, quer halbieren.

Die Rollen mit den Schnittflächen nach unten in einen Wok setzen. Die Hälfte der Brühe angießen, etwa 5 Minuten bei mittlerer Hitze zugedeckt dünsten. Restliche Speisestärke mit der übrigen Brühe verrühren, in den Wok gießen, noch 2–3 Minuten kochen lassen. Heiß servieren.

Hefeküchlein mit Chinakohlgemüse

Braucht etwas Zeit

Für 4 Personen
Für den Teig:
50 g Butter
10 g Hefe (1/4 Würfel) · Zucker
200 ml lauwarme Milch
100 g Buchweizenmehl
100 g Weizenmehl · Salz
2 Eiweiße
Für das Gemüse:
1 kleiner Chinakohl
1 Zwiebel · 1 Knoblauchzehe
1 kleine rote Chilischote
2 EL Öl · 50 ml Gemüsebrühe
2 EL Sahne · Salz · Pfeffer
200 g Butterschmalz
zum Braten

Pro Portion: 690 kcal
Zubereitungszeit: 30 Minuten
Ruhezeit: 1 1/4 Stunden

Für den Teig die Butter zerlassen. Die zerkrümelte Hefe mit einer guten Prise Zucker in der Milch auflösen. Dann mit beiden Mehlsorten, 3/4 TL Salz und der etwas abgekühlten Butter zu einem glatten Teig verrühren. Zugedeckt bei Zimmertemperatur in etwa 1 Stunde zum doppelten Volumen aufgehen lassen.

Den Teig nochmals glatt rühren. Eiweiße zu steifem Schnee schlagen, unterziehen. Weitere 30 Minuten gehen lassen.

Inzwischen für das Gemüse den Chinakohl putzen und in breite Streifen schneiden. Zwiebel und Knoblauch schälen, Chilischote putzen und alles fein hacken.

Zuerst den Wok und dann darin das Öl erhitzen. Zwiebel, Knoblauch und Chilischote kurz anbraten, den Chinakohl unter Rühren nur ganz kurz mitdünsten. Brühe und Sahne angießen, aufkochen lassen und abschmecken. Den Kohl herausnehmen und warm stellen. Der Wok säubern.

Das Schmalz im Wok erhitzen. Vom Teig mit zwei Esslöffeln Portionen abnehmen und im Fett bei mittlerer Hitze rundherum in 2–3 Minuten goldbraun backen. Auf Küchenpapier abtropfen lassen. Mit Chinakohlgemüse servieren.

Süßsaure Gemüsepfannkuchen

Braucht etwas Zeit

Für 4 Personen
Für die Pfannkuchen:
4 kleine Eier
250 g Mehl
Salz
350 ml Milch
100–150 ml Mineralwasser
2 EL Öl
50 g Sesamsamen
Für das Gemüse:
400 g Kohlrabi
1 Bund Frühlingszwiebeln
1 rote Paprikaschote
150 g frische Bohnensprossen
10 Maiskölbchen (aus dem Glas)
1 Knoblauchzehe
etwa 3 cm frischer Ingwer
2 EL Öl
4 EL helle Sojasauce
5 EL Weißweinessig
1 gehäufter EL Zucker
125 ml Gemüsebrühe
Salz · Pfeffer

Pro Portion: 570 kcal
Zubereitungszeit: 50 Minuten

Für die Pfannkuchen Eier, Mehl, 1/2 TL Salz und Milch miteinander glatt rühren. So viel Mineralwasser hinzufügen, dass ein dünner Teig entsteht. Den Teig zugedeckt bei Zimmertemperatur etwa 30 Minuten quellen lassen.

Inzwischen das Gemüse waschen und putzen. Kohlrabi in Stifte, Frühlingszwiebeln in Stücke und Paprika in Streifen schneiden. Bohnensprossen waschen, Maiskölbchen abtropfen lassen. Knoblauch und Ingwer schälen, beides fein hacken.

Zuerst den Wok und dann 2 EL Öl darin erhitzen. Knoblauch und Ingwer im Öl anbraten. Gemüse darin unter ständigem Rühren 4 Minuten braten. Sojasauce, Essig, Zucker und Gemüsebrühe dazugeben, kurz einköcheln lassen und mit Salz und Pfeffer abschmecken. Gemüse aus dem Wok nehmen und zugedeckt warm stellen. Den Wok säubern und trocknen.

Für die Pfannkuchen das Öl im Wok erhitzen. Nacheinander darin bei mittlerer Hitze aus jeweils 1 kleinen Kelle Teig 8 goldgelbe Pfannkuchen backen, dabei den Teig vor dem Wenden mit etwas Sesam bestreuen. Gebackene Pfannkuchen warm stellen. Zum Schluss das Gemüse auf den Pfannkuchen verteilen, umklappen und mit übrigem Sesam bestreut servieren.

Knuspriger Tofu

Aus Japan

Für 4 Personen
400 g fester Tofu · Salz
4 Knoblauchzehen
1 EL Sesamöl
3 EL Zucker
2 EL Sake (Reiswein)
8 EL helle Sojasauce
2 EL Schnittlauchröllchen
1/2 l neutrales Öl
Mehl zum Wenden

Pro Portion: 210 kcal
Zubereitungszeit: 30 Minuten

Den Tofu in 7 cm lange, 4 cm breite und 1 cm dicke Streifen schneiden, salzen. Für die Sauce Knoblauch schälen und klein hacken. Sesamöl mit Zucker, Sake und Sojasauce verrühren, bis sich der Zucker aufgelöst hat. Knoblauch und Schnittlauchröllchen hinzufügen.

Das Öl im Wok erhitzen. Die Tofustreifen trocknen, rundum in Mehl wenden und in das sehr heiße Öl geben. Die Streifen in etwa 3 Minuten goldbraun frittieren. Mit dem Schaumlöffel aus dem Öl heben und auf Küchenpapier entfetten. Den Tofu mit der Sauce servieren.

Süßsaure Gemüsepfannkuchen mit Paprika, Maiskölbchen und Sprossen.

Tofucurry mit Pfannkuchen

Gelingt leicht

Für 4 Personen
Für die Pfannkuchen:
1 Bund Frühlingszwiebeln
250 g Mehl
1/2 TL Salz
2 EL Öl zum Braten
Für das Tofucurry:
500 g Tofu
2 Stangen Lauch
200 g Kirschtomaten
1 Zwiebel
3 Knoblauchzehen
1 Stück frischer Ingwer
1 TL Fenchelsamen
1 TL Kurkumapulver
1/2 TL gemahlener Kardamom
1/2 TL gemahlener Koriander
1/2 TL Senfpulver
1/2 TL Cayennepfeffer
1/2 TL gemahlener Zimt
1 Bund Petersilie
2 EL neutrales Öl
200 ml Gemüsebrühe · Salz

Pro Portion: 480 kcal
Zubereitungszeit: 1 1/4 Stunden

Für die Pfannnkuchen die Frühlingszwiebeln putzen, gründlich waschen und mit dem zarten Grün fein hacken. Das Mehl mit Frühlingszwiebeln, Salz und 125 ml lauwarmem Wasser vermischen und zu einem geschmeidigen Teig verkneten. Teig zugedeckt bei Zimmertemperatur etwa 30 Minuten ruhen lassen.

Inzwischen den Tofu abtropfen lassen und in kleine Würfel schneiden. Lauch putzen, waschen und der Länge nach halbieren. Dann in feine Streifen schneiden. Tomaten waschen und je nach Größe halbieren oder vierteln. Zwiebel, Knoblauch und Ingwer schälen und fein hacken. Alle Gewürze in einem Schälchen mischen.

Die Petersilie waschen, die Blättchen fein hacken und zugedeckt beiseite stellen.

Den Teig noch einmal durchkneten, dann in kleine Stücke schneiden und zu runden Fladen von etwa 10 cm Durchmesser ausrollen.

Den Wok auf mittlere Hitze erwärmen und mit Öl auspinseln. Pfannkuchen an den Wänden auslegen und pro Seite 1–2 Minuten braten. Dann im Backofen bei 50° warm halten.

Für das Tofucurry das restliche Öl im Wok erhitzen. Zwiebel, Knoblauch, Lauch und Ingwer darin unter Rühren 2 Minuten braten. Die Gewürze dazugeben und kurz anrösten.

Tofu mit Tomaten und Gemüsebrühe untermischen und alles 2–3 Minuten köcheln lassen. Mit Salz abschmecken, mit der Petersilie bestreuen und mit den Pfannkuchen servieren.

Eiercurry mit Kartoffeln

Preiswert

Für 4 Personen
4 hart gekochte Eier
1 1/2 TL Kurkumapulver
200 ml Öl
250 g fest kochende Kartoffeln
4 Zwiebeln
2 Knoblauchzehen
4 cm frischer Ingwer
4 EL Ghee (geklärte Butter)
3 grüne Kardamomkapseln
3 Gewürznelken
3 Zimtrinden (je etwa 5 cm)
2 Lorbeerblätter
1/2 TL Chilipulver · Salz
1 TL Garam Masala

Pro Portion: 500 kcal
Zubereitungszeit: 1 Stunde

Die Eier schälen, mehrmals einritzen und mit 1/4 TL Kurkuma bestreuen. Im Wok in der Hälfte des Öls kurz anbraten, herausnehmen.

Die Kartoffeln waschen, schälen, in etwa 3 cm große Stücke schneiden und ebenfalls mit 1/4 TL Kurkuma vermischen. Im Wok in 2 EL Öl anbraten, herausnehmen.

Zwiebeln und Knoblauch schälen, fein schneiden. Ingwer schälen und fein reiben. Den Wok und dann das Ghee darin erhitzen. Zwiebeln, Kardamom, Gewürznelken,

Zimt und die Lorbeerblätter darin bei mittlerer Hitze etwa 5 Minuten anbraten. Den übrigen Kurkuma, Chilipulver und den Ingwer hineingeben und weitere 5 Minuten braten.

Die Kartoffeln, Eier, Salz und 1/4 l Wasser hinzufügen und zugedeckt bei mittlerer Hitze etwa 20 Minuten köcheln lassen, bis die Kartoffeln weich sind. Die Eier nach Wunsch quer halbieren.

Garam Masala und den Knoblauch mit dem übrigen Öl in einem Pfännchen anbraten und zu dem Curry geben.

Gemüsespieße im Sesamteig

Preiswert

Für 4 Personen
2 EL Butter · 125 g Mehl
2 Eigelbe
1/2 TL Korianderkörner
2 EL Sesamsamen
Sojasauce
300 g Brokkoli
200 g Zucchini
2 Möhren
8 Champignons
2 Eiweiße · Pfeffer
300–400 g ungehärtetes Kokosfett zum Ausbacken

Pro Portion: 850 kcal
Zubereitungszeit: 40 Minuten

Für den Teig die Butter zerlassen. Das Mehl mit der Milch, der Butter, den Eigelben und 100 ml Wasser glatt rühren. Die Korianderkörner im Mörser zerstoßen und mit den Sesamsamen unter den Teig rühren, mit Sojasauce würzen.

Das Gemüses waschen und putzen. Brokkoli in kleine Röschen, Zucchini und Möhren in Scheiben schneiden. Die Pilze mit Küchenpapier trocken säubern, die Stielenden abschneiden. Große Pilze halbieren. Das Gemüse bunt gemischt auf nicht zu lange Holzspieße stecken. Rundherum pfeffern.

Die Eiweiße zu steifem Schnee schlagen und unter den Teig heben. Zuerst den Wok, dann das Fett darin erhitzen, bis an einem Holzstäbchen, das man hineintaucht, kleine Bläschen aufsteigen. Die Gemüsespieße in den Backteig tauchen und portionsweise im Wok in etwa 6 Minuten rundherum goldbraun ausbacken. Auf Küchenpapier abtropfen lassen und heiß servieren.

Bambussprossen mit Eiern

Schnell

Für 4 Personen
1 Dose Bambussprossen (540 g)
3 Frühlingszwiebeln
3 Knoblauchzehen · 3 EL Öl
je 2 EL Fisch- und Austernsauce
1 EL Zucker · 2 Eier

Pro Portion: 180 kcal
Zubereitungszeit: 20 Minuten

Bambussprossen abspülen und in feine Stifte schneiden. Frühlingszwiebeln putzen, längs halbieren, waschen und in etwa 3 cm lange Stücke schneiden. Den Knoblauch schälen und fein hacken.

Den Wok und dann das Öl darin erhitzen. Den Knoblauch goldgelb braten. Die Bambusstifte, Frühlingszwiebeln, die Fisch- und die Austernsauce sowie den Zucker dazugeben und bei mittlerer Hitze etwa 3 Minuten braten.

Das Gemüse im Wok zur Seite schieben, die Eier in die Mitte hineinschlagen und verrühren, bis sie stocken.

Die Eier rasch mit dem Gemüse im Wok vermengen und eventuell noch mit etwas Fisch- oder Austernsauce abschmecken. Gleich heiß mit Reis servieren.

Rührei mit Pilzen

Geht schnell

Für 4 Personen
6 getrocknete Pilze (z.B. Tongku-Pilze oder Steinpilze)
1 frische rote Chilischote
1 walnussgroßes Stück frischer Ingwer
1 Frühlingszwiebel
1 Bund Schnittlauch
4 Eier
1 EL Sojasauce
1 TL Würz-Sesamöl
2 EL Öl

Pro Portion: 160 kcal
Zubereitungszeit: 20 Minuten

Getrocknete Pilze in einer Schüssel in heißem Wasser ca. 10 Minuten quellen lassen.

Inzwischen die Chilischote waschen, entkernen und klein würfeln. Ingwer schälen und fein würfeln. Frühlingszwiebel waschen, putzen, längs halbieren und in feine Streifen schneiden. Den Schnittlauch waschen und in Röllchen schneiden.

Pilze abtropfen lassen und klein würfeln. Eier verquirlen, die Sojasauce und Sesamöl untermischen.

Den Wok erhitzen, 2 EL Öl hineingeben und heiß werden lassen. Pilze, Chillie, Ingwer und Frühlingszwiebel unter die Eier mischen. Masse in den Wok geben und so lange garen, bis sie zu stocken beginnt. Die gestockte Masse jeweils an den Rand schieben. Das Rührei mit Schnittlauch bestreut servieren.

Eierstückchen mit Gemüse

Gelingt leicht

Für 4 Personen
200 g Brokkoliröschen
150 g Austernpilze
1 rote Paprikaschote
2 Tomaten
100 g Chinakohl
2 Bund Schnittlauch
125 ml Gemüsebrühe
1 TL Speisestärke
2 EL Sojasauce
1 TL Zucker
1 TL Sambal oelek
4 Eier · Salz
5 EL Öl

Pro Portion: 500 kcal
Zubereitungszeit: 35 Minuten

Die Brokkoliröschen waschen und je nach Größe halbieren oder vierteln. Austernpilze mit Küchenpapier abreiben, von den harten Stielen befreien und in feine Streifen schneiden. Die Paprikaschote waschen, halbieren, putzen und ebenfalls in schmale Streifen teilen.

Die Stielansätze der Tomaten entfernen. Tomaten kurz überbrühen, häuten und klein würfeln. Chinakohl waschen und in Streifen schneiden. Schnittlauch waschen und in 2 cm lange Stücke schneiden.

Für die Sauce Gemüsebrühe mit Speisestärke, Sojasauce, dem Zucker und dem Sambal oelek verrühren.

Die Eier mit etwas Salz verquirlen. Den Wok erhitzen. 2 EL Öl darin heiß werden lassen. Die Eiermasse hineingeben, durch Schwenken verteilen und stocken lassen. Dann mit einem Holzspatel in Stücke teilen und noch kurz braten. Herausnehmen.

Restliches Öl im Wok erhitzen. Zuerst den Brokkoli 3 Minuten braten. Dann Austernpilze, Paprika und Chinakohl hineingeben und bei starker Hitze unter Rühren 3 Minuten braten. Dann die Würzsauce und die Tomaten untermischen und alles noch 1 Minute garen.

Die Eier untermischen und wieder heiß werden lassen, alles mit Salz abschmecken, mit dem Schnittlauch bestreuen und servieren.

Eierstückchen mit Gemüse sind ein schönes, leichtes Sommergericht.

Frittierte Sojasprossen

Preiswert

Für 4 Personen
125 g Mehl · 3 kleine Eier
Salz · weißer Pfeffer
1/4 TL Chilipulver oder Cayenne
200 g Quark
125 ml Buttermilch
1 EL Zitronensaft
1/4 TL Zucker
2 Bund Schnittlauch
1 Bund Radieschen
250 g frische Sojasprossen
3 cm frischer Ingwer
5 EL Sojasauce
125 ml Sherry
1 TL Sambal oelek
750 ml Öl zum Frittieren

Pro Portion: 380 kcal
Zubereitungszeit: 45 Minuten

Für den Teig Mehl mit 125 ml kaltem Wasser verquirlen und 15 Minuten quellen lassen. Dann Eier, etwas Salz, Pfeffer und Chilipulver untermischen.

Quark mit Buttermilch, Zitronensaft, Zucker, Salz und Pfeffer verrühren. Schnittlauch und Radieschen waschen, Schnittlauch in Röllchen, Radieschen in feine Würfel schneiden. Beides unter den Quark mischen.

Ofen auf 150° vorheizen. Sojasprossen waschen, abtropfen lassen. Ingwer schälen und fein reiben. Die Sojasauce mit Sherry, Sambal oelek und Ingwer verrühren. Sojasprossen etwa 5 Minuten darin marinieren, abtropfen lassen.

Zum Frittieren das Öl im Wok erhitzen. Eine Handvoll Sprossen durch den Ausbackteig ziehen und mit 2 Gabeln jeweils kleine Portionen davon in das heiße Öl geben. In 1–2 Minuten rundherum knusprig frittieren, herausheben und auf Küchenpapier entfetten. Nacheinander alle Sprossen frittieren, fertige im Ofen warm halten. Mit der Schnittlauchsauce servieren.

Gemüse-Couscous

Gelingt leicht

Für 4 Personen
1/2 l kräftige Gemüsebrühe
300 g Couscous
(Weizengrieß; Reformhaus)
300 g Möhren
300 g Austernpilze
1 Bund Frühlingszwiebeln
3 Stangen Staudensellerie
1 Zwiebel · 2 Knoblauchzehen
2 Bund glatte Petersilie
4 EL Öl · 50 g Pinienkerne
Salz · schwarzer Pfeffer
1 TL Paprika, rosenscharf
3 EL Zitronensaft · 30 g Butter

Pro Portion: 740 kcal
Zubereitungszeit: 40 Minuten

Die Brühe erhitzen. Den Couscous damit übergießen, gut durchrühren und zugedeckt 20 Minuten quellen lassen.

Die Möhren schälen, schräg in dünne Scheiben schneiden. Die Pilze putzen, abreiben und grob zerteilen. Frühlingszwiebeln und Sellerie waschen und putzen, beide Gemüse längs halbieren und schräg in 3 cm breite Abschnitte teilen. Zwiebel und Knoblauchzehen schälen, klein würfeln. Petersilie waschen, die Blättchen fein hacken. Den Couscous offen ausdampfen lassen.

Den Wok und dann das Öl darin stark erhitzen, Pinienkerne im Öl unter Rühren in 1 Minute goldbraun anrösten, herausnehmen. Im verbliebenen Öl Zwiebel, Knoblauch, Möhren und Sellerie 3 Minuten pfannenrühren. Dann Frühlingszwiebeln und Pilze dazugeben und weitere 2 Minuten unter Rühren braten.

Couscous in den Wok geben und bei starker Hitze 5 Minuten anrösten, dabei ständig wenden. Mit Salz, Pfeffer, Paprika und Zitronensaft würzen. Die Petersilie bis auf 2 EL und die Butter in Flöckchen untermischen. Den Couscous zugedeckt 2–3 Minuten ziehen lassen. Pinienkerne und übrige Petersilie vor dem Servieren aufstreuen.

Gemüse mit mariniertem Tofu

Schnell

Für 4 Personen
500 g fester Tofu
3 EL Sojasauce
1 EL Weißweinessig
1 TL Zucker
2 EL Sesamöl
750 g Möhren
3 Zucchini
3 Frühlingszwiebeln
1 frische rote Chilischote
2 Zweige Petersilie oder
1 Bund Schnittlauch
2 EL Öl
100 ml Gemüsebrühe
Salz · Pfeffer

Pro Portion: 260 kcal
Zubereitungszeit: 25 Minuten

Tofu abspülen, mit Küchenpapier trocknen und in etwa 2 cm dicke Scheiben schneiden. Sojasauce mit Essig, Zucker und 1 EL Sesamöl mischen. Die Tofuscheiben damit übergießen und etwa 10 Minuten marinieren.

Möhren schälen und schräg in ca. 1/2 cm dicke Scheiben schneiden. Zucchini waschen und in dünne Scheiben schneiden. Frühlingszwiebeln putzen, waschen und schräg in etwa 1 cm dicke Ringe schneiden. Die Chilischote waschen, entkernen und in Streifen schneiden. Petersilie oder Schnittlauch waschen, mit Küchenpapier trocknen und klein schneiden.

Den Wok erhitzen, das Öl mit dem übrigen EL Sesamöl hineingeben. Die Tofuscheiben mit Küchenpapier trockentupfen. Im Öl von beiden Seiten goldbraun braten, herausheben und warm stellen.

Das vorbereitete Gemüse im Wok unter Rühren etwa 2 Minuten anbraten. Die Marinade durch ein Sieb gießen und mit der Brühe dazugeben. Das Gemüse etwa 6 Minuten leise köcheln lassen. Salzen, pfeffern und über dem Tofu verteilen. Mit den gehackten Kräutern bestreut servieren.

Tofu-Panang

Aus Thailand

Für 4–5 Personen
400 g fester Tofu
200 g Champignons
5 Zitronenblätter
1 rote Chilischote
400 ml Kokosmilch
10 EL neutrales Öl
2 EL Panang-Currypaste
(siehe Seite 199)
4 EL helle Sojasauce
2 EL Palmzucker · Salz

Pro Portion: 290 kcal
Zubereitungszeit: 20 Minuten

Den Tofu unter fließendem kaltem Wasser abspülen, abtropfen lassen, in etwa 4 cm lange, 2 cm breite und 1/2 cm dicke Stücke schneiden. Mit Küchenpapier gut trocknen.

Die Champignons putzen, mit Küchenpapier säubern und halbieren. Die Zitronenblätter waschen, trockenschütteln und ohne die harte Mittelader haarfein zerschneiden. Die Chilischote waschen, entstielen und nach Belieben entkernen, die Schote in feine Stifte schneiden. Vom dicken Teil der Kokosmilch 3 EL abnehmen und beiseite stellen.

Den Wok und dann das Öl darin stark erhitzen. Den Tofu darin goldbraun braten, anschließend aus dem Wok nehmen. Die Currypaste in die Pfanne geben und etwa 1 Minute anbraten. Die restliche Kokosmilch angießen.

Sojasauce, Palmzucker, Salz und Zitronenblätter hinzufügen und unter ständigem Rühren etwa 2 Minuten köcheln lassen. Tofu, Pilze und Chilistifte dazugeben und noch etwa 1 Minute mitkochen lassen. Mit Sojasauce und Zucker abschmecken, mit der restlichen dicken Kokosmilch garnieren und zu gekochtem Reis servieren.

Tofu mit Sesamspinat

Gut vorzubereiten

Für 4 Personen
400 g Tofu
4 EL Sesamsamen
1/2 unbehandelte Zitrone
1 Bund Petersilie
2 Knoblauchzehen
1 EL Sesamöl
Salz · Cayennepfeffer
500 g Spinat
1 Bund Frühlingszwiebeln
5 EL neutrales Öl · Pfeffer
10 Kirschtomaten

Pro Portion: 270 kcal
Zubereitungszeit: 40 Minuten

Den Tofu abtropfen lassen und der Länge nach in 1/2 cm dicke Scheiben schneiden.

2 EL Sesam im Mörser zerstoßen. Zitrone waschen, Schale abreiben. Petersilie waschen, Blättchen sehr fein hacken. Knoblauch schälen und durchpressen. Zitronenschale mit Petersilie, Knoblauch, Sesamöl und Sesam mischen und mit Salz und Cayenne pikant würzen. Auf die Tofuscheiben streichen, aufrollen und mit Zahnstochern feststecken.

Spinat putzen, gründlich waschen und gut abtropfen lassen. Frühlingszwiebeln waschen, samt zartem Grün in feine Ringe schneiden.

Den Wok und dann das Öl darin erhitzen. Tofuröllchen im Öl bei mittlerer Hitze in 3–4 Minuten rundum braun braten, dann warm halten.

Zwiebeln mit übrigem Sesamsamen im verbliebenen Öl bei starker Hitze 1 Minute braten. Den Spinat dazugeben und in 1–2 Minuten zusammenfallen lassen. Salzen und pfeffern.

Die Tofuröllchen auf den Spinat geben und zugedeckt in 1 Minute heiß werden lassen. Mit den Kirschtomaten garniert servieren.

Tofu mit Pilzen und Lauch

Gelingt leicht

Für 4 Personen
500 g Tofu
3 cm frischer Ingwer
2 Knoblauchzehen
1 Stück unbehandelte Zitronenschale
2 Stangen Lauch
250 g braune Champignons
250 ml Gemüsebrühe
1 gehäufter TL Speisestärke
2 EL Sojasauce
5 EL neutrales Öl · Salz
Cayennepfeffer · 1 EL Sesamöl
Petersilie zum Garnieren

Pro Portion: 300 kcal
Zubereitungszeit: 30 Minuten

Tofu abtropfen lassen und in etwa 1 cm große Stücke schneiden. Ingwer und Knoblauch schälen und ganz fein hacken. Mit den Tofuwürfeln mischen. Zitronenschale in feine Streifen schneiden.

Lauch waschen, putzen und mit dem helleren Grün in feine Ringe schneiden. Pilze mit Küchenpapier sauber abreiben, von den Stielenden befreien und in feine Scheiben schneiden. Gemüsebrühe mit Speisestärke und der Sojasauce gut verrühren.

Den Wok erhitzen, das Öl darin heiß werden lassen. Die Tofuwürfel darin in 3–4 Minuten rundum braun braten. Tofu herausnehmen oder auf das Gitter des Woks legen.

Pilze und Lauch im Wok 2 Minuten pfannenrühren. Brühe kurz aufrühren und angießen, Tofu untermischen und alles 2 Minuten köcheln lassen. Mit Salz und Cayenne würzen.

Tofu mit Sesamöl beträufeln, mit Zitronenschale und Petersilie garniert servieren.

Im Bild vorne:
Tofu mit Pilzen und Lauch.
Im Bild hinten:
Tofu mit Sesamspinat.

Pikanter Tofu

Schnell

Für 5 Personen
500 g Tofu
30 g scharfe Bohnenpaste
10 g fermentierte schwarze Bohnen (Asienladen)
20 g Ingwerwurzel
10 g Knoblauch
25 g Frühlingszwiebelgrün
1/2 TL Salz
3 EL Pflanzenöl
1 EL Reiswein · 1 TL Sojasauce
1 TL Maisstärke (Speisestärke), in 1 TL Wasser angerührt
1 Prise gemahlener Sichuan-Pfeffer

Pro Portion: 170 kcal
Zubereitungszeit: 30 Minuten

Den Tofu in Würfel von etwa 1 1/2 cm Größe schneiden. Bohnenpaste in eine Schüssel geben. Die schwarzen Bohnen fein hacken und dazugeben. Ingwer und Knoblauch schälen und fein hacken. Das Frühlingszwiebelgrün waschen, in 1/2 cm lange Stücke teilen.

1/2 l Wasser im Wok zum Kochen bringen. Tofuwürfel und das Salz dazugeben. Den Tofu sofort wieder herausnehmen. Er soll nur heiß werden.

Wasser aus dem Wok gießen. Den Wok trocknen und erhitzen, das Öl darin heiß werden lassen. Bohnenpaste, schwarze Bohnen, Ingwer und den Knoblauch in den Wok geben und unter Rühren 1/2 Minute braten. Reiswein, Sojasauce und 200 ml Wasser dazugeben. Die Tofuwürfel einlegen und alles bei schwacher Hitze etwa 1 Minute schmoren. Die angerührte Maisstärke hinzufügen und erhitzen, bis die Sauce gebunden ist.

Das Frühlingszwiebelgrün unter den Tofu mischen und alles mit dem Sichuan-Pfeffer bestreut servieren.

Tofu süßsauer

Für Gäste

Für 4 Personen
500 g Tofu
4 EL Sojasauce
1 EL + 1 TL Speisestärke
1 Stange Lauch
2 Knoblauchzehen
1 rote Paprikaschote
100 g Kirschtomaten
1 Gurke
200 g Ananasstücke (Dose)
2 EL Reiswein (ersatzweise Sherry oder Wasser)
2 EL Tomatenketchup
2 EL brauner Zucker
2 EL Reisessig (oder anderer milder Essig)
1/2 l Öl zum Frittieren · Salz

Pro Portion: 270 kcal
Zubereitungszeit: 30 Minuten

Tofu abtropfen lassen und in 2 cm große Würfel schneiden. 2 EL Sojasauce mit 1 EL Speisestärke mischen und unter den Tofu rühren.

Lauch putzen, waschen und fein hacken. Knoblauch schälen und in Scheiben schneiden. Paprikaschote waschen, halbieren, putzen und würfeln. Tomaten waschen und halbieren. Gurke waschen oder schälen, längs halbieren, entkernen und in Scheiben schneiden. Ananas abtropfen lassen, Saft auffangen.

Für die Sauce Reiswein mit Ketchup, restlicher Sojasauce, Zucker, 1 TL Speisestärke, Essig und 75 ml Ananassaft gut verrühren.

Das Öl im Wok erhitzen. Es ist heiß genug, wenn an einem hineingehaltenen hölzernen Stäbchen Bläschen aufsteigen.

Die Tofuwürfel portionsweise im heißen Fett 3–4 Minuten ausbacken. Mit einem Schaumlöffel herausheben und abtropfen lassen.

Öl bis auf einen dünnen Film aus dem Wok gießen. Lauch und Paprika mit dem Knoblauch hineingeben und unter Rühren bei starker Hitze 3 Minuten pfannenrühren. Würzsauce dazugeben, Tomaten, Gurke und Ananas untermischen. Tofuwürfel hineingeben und in 1 Minute sehr heiß werden lassen. Falls die Sauce zu dickflüssig ist, etwas Wasser untermischen. Die Sauce mit Salz abschmecken. Den Tofu sofort servieren.

Frittierter Tofu mit Erdnüssen

Scharf

Für 2 Personen
250 g Tofu
1 EL trockener Sherry
2 EL Sojasauce · Salz
2 TL Speisestärke
150 g Erdnüsse in der Schale
3 getrocknete Chilischoten
4 Frühlingszwiebeln
1 Stück frischer Ingwer (etwa walnussgroß)
2 Knoblauchzehen
150 ml Gemüsebrühe
1 TL Essig · schwarzer Pfeffer
1/2 l Öl zum Frittieren

Pro Portion: 700 kcal
Zubereitungszeit: 45 Minuten

Den Tofu in etwa 2 cm große Würfel schneiden. Sherry, 1 EL Sojasauce, etwas Salz und 1 TL Stärke verrühren. Den Tofu darin umwenden und zugedeckt etwa 30 Minuten ziehen lassen.

Inzwischen die Erdnüsse schälen, die braunen Häutchen entfernen. Die Chilischoten grob zerteilen. Die Frühlingszwiebeln waschen, putzen und schräg in etwa 1 cm große Stücke schneiden. Den Ingwer und den Knoblauch schälen und fein würfeln.

Für die Würzsauce Gemüsebrühe, übrige Sojasauce, Essig, Salz, Pfeffer und restliche Stärke verquirlen und beiseite stellen.

Tofu abtropfen lassen. Das Öl im Wok stark erhitzen (180° oder bis an einem hineingehaltenen Holzstäbchen Bläschen aufsteigen). Chilistücke darin in 30 Sekunden kross ausbacken, herausheben. Jetzt die Tofuwürfel portionsweise hineingeben und in 2 Minuten ausbacken, herausheben. Dann die Erdnüsse 1 Minute frittieren und herausnehmen. Alles auf Küchenpapier abtropfen lassen.

Das Öl bis auf 2 EL abgießen, erneut erhitzen. Frühlingszwiebeln, Ingwer und Knoblauch darin 30 Sekunden unter Rühren braten. Tofu und Chilischoten hinzufügen und 30 Sekunden bei starker Hitze pfannenrühren.

Die Würzsauce angießen, aufkochen und 1 Minute unter Rühren köcheln lassen. Die Erdnüsse untermischen und sofort servieren.

Tofu mit Chinakohl

Preiswert

Für 4 Personen
350 g Tofu
500 g Chinakohl
10 g Ingwerwurzel
1 Frühlingszwiebel
50 g Pflanzenöl
1 EL Sojasauce
3 EL Reiswein · Pfeffer
1 EL Zucker · Salz
3 TL Maisstärke, in 3 EL Wasser angerührt

Pro Portion: 200 kcal
Zubereitungszeit: 30 Minuten

Tofu in Würfel schneiden. Chinakohl waschen, putzen, in 3 cm lange Streifen schneiden. In kochendem Wasser 1 Minute blanchieren, abtropfen lassen. Ingwer schälen und fein hacken. Frühlingszwiebel waschen, putzen, den hellen Teil hacken.

Den Wok und dann das Öl darin erhitzen. Ingwer und die Frühlingszwiebel kurz anbraten. Etwa 150 ml Wasser und 1 EL Sojasauce angießen. Reiswein und Pfeffer untermischen. Tofu und Chinakohl dazugeben und etwa 5 Minuten schmoren. Mit Zucker und Salz abschmecken. Die angerührte Maisstärke untermischen. Alles noch einmal aufkochen, bis die Sauce leicht dicklich ist.

In diesem Register finden Sie alle Rezepte sowie Varianten.

A

B

C

D/E

F

G

H

I/J

K

L

M

N

O

P

R

S

Das Original mit Garantie

IHRE MEINUNG IST UNS WICHTIG. Deshalb möchten wir Ihre Kritik, gerne aber auch Ihr Lob erfahren, um als führender Ratgeberverlag für Sie noch besser zu werden. Darum: Schreiben Sie uns! Wir freuen uns auf Ihre Post und wünschen Ihnen viel Spaß mit Ihrem GU-Ratgeber.

UNSERE GARANTIE: Sollte ein GU-Ratgeber einmal einen Fehler enthalten, schicken Sie uns bitte das Buch mit einem kleinen Hinweis und der Quittung innerhalb von sechs Monaten nach dem Kauf zurück. Wir tauschen Ihnen den GU-Ratgeber gegen einen anderen zum gleichen oder ähnlichen Thema um.

Ihr Gräfe und Unzer Verlag
Redaktion Kochen
Postfach 86 03 25
81630 München
Fax: 089/41981-113
e-mail: leserservice@graefe-und-unzer.de

Redaktion: Reinhardt Hess, Birgit Rademacker
Layout und Umschlaggestaltung: Sibylle Engels
Fotogafie:
Heinz-Josef Beckers: Seite 74, 260, 268
Stockfood: Seite 22, 33, 46, 82, 110, 134, 170, 208, 248
Alle anderen Fotos:
Odette Teubner
Herstellung: Petra Roth
Satz: Edith Mocker
Reproduktion: w&co., München
Druck und Bindung:
Print Consult GmbH

ISBN 3-7742-2231-2

Auflage:	7.	6.	5.
Jahr:	05	04	03

Wok